Lukas Keller

Macht als sozialer Erfolgsfaktor in IT-Projekten

Dokument Nr. V109682 aus dem GRIN Verlagsprogramm

Lukas Keller

Macht als sozialer Erfolgsfaktor in IT-Projekten

GRIN Verlag

Bibliografische Information der Deutschen Nationalbibliothek: Die Deutsche Bibliothek verzeichnet diese Publikation in der Deutschen Nationalbibliografie; detaillierte bibliografische Daten sind im Internet über http://dnb.d-nb.de/ abrufbar.

1. Auflage 2005

http://www.grin.com/
Druck und Bindung: Books on Demand GmbH, Norderstedt Germany
ISBN 978-3-640-86188-0

Macht als sozialer Erfolgsfaktor in IT-Projekten

Diplomarbeit im Fach Informatik

Vorgelegt von:

Lukas Keller
Olten, Schweiz

Angefertigt am:

Institut für Informatik
der Universität Zürich

Abgabe:

20. November 2005

goe@goa-trance.ch
www.goa-trance.ch

Zusammenfassung

In Ergänzung zum klassischen Projektmanagement fokussiert sich der systemische Projektmanagementansatz des Foschungsschwerpunktes "Mensch | Informatik | Organisation" an der Universität Zürich auf soziale Erfolgsfaktoren. In diesem Rahmen soll die Bedeutung von Macht in Informatikprojekten untersucht werden.

Zunächst erfolgt eine Literaturanalyse bezüglich der Thematisierung von Macht und dem Umgang mit Macht. Anschliessend wird Macht aufgrund der Luhmannschen Systemtheorie in Projekten untersucht. Eine Umfrage geht schliesslich der Ausprägung und Erfolgsrelevanz von einzelnen Machtquellen in Informatikprojekten nach. Die Auswertungen gewichten einzelne Machtfaktoren und ergeben eine Skizze eines Führungsansatzes aus der Machtperspektive, der auf dem MIO-Interventionszyklus basiert. Dieser Führungsansatz beinhaltet eine erfolgsrelevante Gewichtung der Machtquellen und integriert einen Methodenkatalog zum Umgang mit Macht.

Abstract

In addition to the classic project management, the systemic project management approach of the main research "Mensch | Informatik | Organisation" of the University of Zurich focuses on social success factors. In this framework, the meaning of power in computer science projects should be examined.

At the outset the paper contains a literary analysis of power and its handling, followed by the concept of power in projects using the Luhmanns system theory. A survey finally pursues the shaping and success relevance of individual power sources in computer science projects. The evaluation puts a weight on individual power factors and thus demonstrates a leadership from the perspective of power, that is based on the “MIO-Interventionszyklus”. This approach comprises of a success-relevant emphasis of the power sources and integrates a method catalogue on how to handle power.

Macht als sozialer Erfolgsfaktor in IT-Projekten

Diplomarbeit in Wirtschaftsinformatik

Inhaltsverzeichnis

1 Prolog

1.1 Ausgangslage

84 Prozent aller Informations- und Informatikprojekte [Haur 2001] werden nicht erfolgreich abgeschlossen. Cox erwähnt in einer Studie von 1985 [nach Welt 1992, Seite 150] sogar, dass 95 Prozent aller untersuchten Softwareprojekte kein brauchbares Ergebnis produziert haben – 47 Prozent wurden dabei bezahlt und nicht geliefert, 19 Prozent wurden aufgegeben, 29 Prozent nicht benutzt.

Warum? Ist es nur, da auf die falsche Technologie gesetzt wurde? Ist es, dass die falsche Organisationsform gewählt wurde?

Es stecken hinter jeder Technologie, hinter jeder Organisation Menschen. Ein wichtiger Bestandteil des Faktors Mensch in einer Organisation ist dabei Macht, wie wir sehen werden.

Macht spielt eine eminente Rolle[1] in jeder Gesellschaft. Macht dient dazu, jemanden zu etwas zu bewegen und ist daher überall dort von Belang, wo auch Interessen sind – und überall wo Menschen aufeinander treffen, existieren Interessen, sowie die Möglichkeit, diese gegenüber einem anderen[2] durchzusetzen zu versuchen. Der MIO-Ansatz [siehe Abbildung 1] sieht dazu das Projekt im Rahmen von Mensch, Informationstechnologie und Organisation und berücksichtigt Macht unter der Dimension Mensch.

[1] Bertrand Russell geht sogar so weit und stellt Macht in soziologischen Systemen dem Ausdruck Energie in der Physik an die Seite

[2] Wie weiter unten aufgeführt, sind für Macht zwei Parteien notwendig, damit diese überhaupt entstehen kann [siehe genauere Ausführungen Kapitel 3].

Abbildung 1 **MIO-Ansatz nach Huber**
Der Mio-Ansatz versteht das Projekt eingebettet in die drei Gebiete Informationstechnologie, Mensch sowie Organisation [nach Hube ades]

Trotz dieser augenscheinlichen Relevanz für alle menschlichen sozialen Systeme wird das Thema in der Fachliteratur nicht in gebührendem Umfang aufgeführt. Sandner [Sand 1993, Seite 4] erwähnt 1993, dass abgesehen von wenigen Ausnahmen kaum Literatur existiert und die Voraussetzungen und Ursachen von Macht noch weniger thematisiert werden. In organisationstheoretischen Büchern werde der Begriff meistens an Max Weber angelehnt und im gleichen Atemzug die Typologie von French und Raven [Fren 1960] genannt. Das mag sich geändert haben, jedoch ist Machtliteratur tendenziell immer noch untervertreten.

In der meisten von mir durchgesehenen Literatur für Informatikprojektmanagement wird dabei die Komponente Mensch nur am Rande erwähnt. Der Begriff Macht taucht dementsprechend noch seltener auf und mit Vorliebe in Verbindung mit hierarchischen Machtbeziehungen. Eher fündig wurde ich in der Literatur von Projektmanagement im Allgemeinen und Organisationslehre.

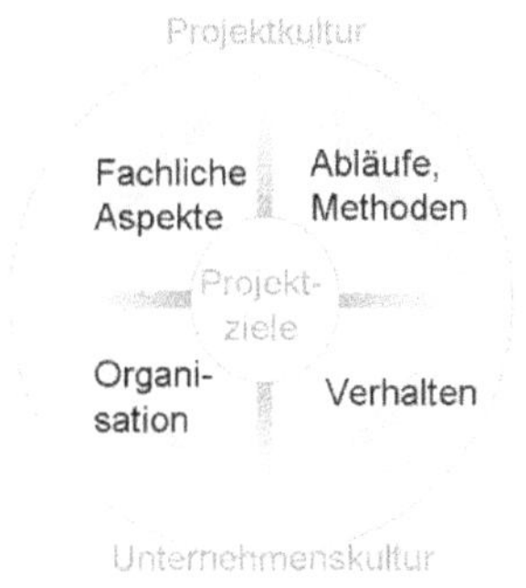

Abbildung 2 **Dimensionen der Projektarbeit nach Lomnitz [Hans 2003, Seite 17]**

Hansel und Lomnitz [Hans 2003, Seite 17 uff.] beispielsweise erwähnen fünf Einflussgrössen auf den Projekterfolg [siehe Abbildung 2]. Sie sehen den Projekterfolg abhängig von fachlichen Aspekten, Abläufen und Methoden, Projektaufbauorganisation, Verhalten und schliesslich Kultur. Hansel und Lomnitz nennen dabei explizit Macht unter des Aspektes des Verhaltens: "*Kommunikation, Teamarbeit, Umgang mit Konflikten, Machtprozessen und Widerständen sind entscheidende Einflussgrössen für den Projekterfolg. Das ergibt sich bereits aus dem Grundverständnis von Projektarbeit*" [Zitat: Hans 2003, Seite 18]

1.2 Aufgabenstellung

Das am Schwerpunkt "Mensch | Informatik | Organisation" (MIO) der Universität Zürich entwickelte Projektmanagement behandelt Informatikprojekte als soziale Systeme und fokussiert sich auf die Förderung von sozialen Erfolgsfaktoren. Vor diesem Hintergrund soll die Diplomarbeit die Bedeutung von Macht näher beleuchten. Dabei gilt es, Machtstrukturen in Informatikprojekten ausfindig zu machen, um darauf Möglichkeiten zu deren Beeinflussung zu entwickeln.

Zunächst ist ein handlungsrelevanter Machtbegriff zu definieren, um schliesslich auf eindeutigen Definitionen aufbauen zu können. Im Rahmen einer Literaturanalyse werden bereits bestehende Informationen zum Thema gesucht. Die Thematik ist dabei in einen systemischen Kontext zu stellen, um eine theoretische Ausgangslage zu schaffen. Dieser theoretische Teil der Arbeit ist mit geeigneten Fallbeispielen zu vertiefen, damit ein erster Praxisbezug geschaffen werden kann. Die Fallbeispiele werden darauf nach Machtbeziehungen analysiert, um einen konstruktiven Methodenrahmen zu schaffen. Diesen gilt es in den MIO-Integrationszyklus einzubinden, um einen handlungsrelevanten systemischen Kontext zu schaffen.

1.3 Aufbau der Arbeit

Kapitel 2 beinhaltet eine Literaturanalyse. In einem ersten Schritt werden Begrifflichkeiten geklärt und grundlegende Ausdrücke definiert. Darauf aufbauend bietet die Arbeit einen Querschnitt durch die Fachliteratur betreffend der Thematisierung von Macht und Methoden zum Umgang damit.

Kapitel 3 geht von der sozialen Systemtheorie von Niklas Luhmann aus und beschreibt in diesem Rahmen Macht und Machtzusammenhänge unter Berücksichtigung der Erkenntnisse aus Kapitel 2. Macht wird in den Kontext der Luhmannschen Systemtheorie gestellt um von dieser Ausgangslage her das System des Informatikprojektes zu betrachten. Entwickelt wird ein theoretischer Verständnisrahmen, nach dem sich Projektleiter von Informatikprojekten mit ihrem Handeln richten können.

Kapitel 4 analysiert Untersuchungsmethoden zur Ermittlung von Machtstrukturen und dem Umgang mit Macht in Informatikprojekten. Anschliessend wird in diesem Zusammenhang ein Fragebogen erstellt – nachdem die Leitdifferenz der Macht nach dem MIO-Ansatz in bisherige Erkenntnisse aus Kapitel 3 eingegliedert wurde.

Kapitel 5 widmet sich der Auswertung der rückläufigen Antworten auf den Fragebogen. Dieses Kapitel ermittelt den Einfluss verschiedener Machtquellen auf den Projekterfolg und zeigt auf, wie weit diese den Projekterfolg beeinflussen könnten.

Kapitel 6 bildet den Abschluss der Diplomarbeit. Handlungsrelevante bisherige Erkenntnisse werden zusammengezogen, um schliesslich Empfehlungen zum Umgang mit Macht in Informatikprojekten abgeben zu können. Die Arbeit stellt dabei einen Führungsansatz aus der Machtperspektive vor.

Kapitel 7 beinhaltet abschliessende Worte. Das sind eine persönliche Würdigung der Arbeit, eine Einschätzung des persönlichen Nutzens sowie weiterführende Forschungsvorschläge zum Thema Macht in Informatikprojekten.

2 Literaturanalyse

2.1 Der Begriff Macht

Beginnen wir ganz von vorne mit der Frage: „Woher stammt eigentlich der Begriff 'Macht' in der deutschen Sprache?“ Er kommt – so die sprachwissenschaftliche Erklärung des Bibliographischen Institutes Leipzig [nach Best 1995] – vom Alt- und Mittelhochdeutschen 'maht' und ist auf 'mugan' respektive 'mügen' zurückzuführen. Der Ursprung des Wortes findet sich nach Canetti [Cane 1980, S. 313 uff.] im Gotischen 'magan'. Er bedeutet soviel wie können und vermögen. Macht haben bedeutet demnach, über die Möglichkeit zum Handeln zu verfügen und kommt entgegen der offensichtlich scheinenden Verwandtschaft nicht von 'machen'. Das deutsche Wort 'machen' fusst nämlich auf dem althochdeutschen 'mahhon', was die Tätigkeit kneten und formen beschreibt.

Die nach Wikipedia [Wiki mach] wohl bekannteste Definition von 'Macht' kommt von Max Weber: "*Macht bedeutet jede Chance, innerhalb einer sozialen Beziehung den eigenen Willen auch gegen Widerstreben durchzusetzen, gleichviel worauf diese Chance beruht.*" [Zitat: Webe 1922]. Bertrand Russell[3] hebt Macht sogar als Fundamentalbegriff der Sozialwissenschaften hervor, da kaum eine soziale Situation ohne Interessen oder Willen und daher kaum ohne virtuelle Machtlagen denkbar ist. Für ihn ist der Begriff von grundlegender Wichtigkeit - er stellt ihn daher dem Ausdruck Energie in der Physik an die Seite.

Robert A. Dahl drückt sich bei der Definition von Macht mathematischer aus. Für ihn bedeutet Macht "*die Fähigkeit von Akteur A einen Akteur B zu einer Handlung zu bewegen, etwas zu tun was Akteur A von ihm verlangt, abzüglich der Wahrscheinlichkeit, dass der Akteur B die von Akteur A gewollte Handlung auch ohne den Einfluss von Akteur A getan hätte.*" [Zitat Dahl 1957, Seite 201-215 nach Wiki mach].

Aus obigen Definitionen ist eindeutig zu erkennen, dass sich Macht als ein relationales Phänomen zwischen zwei interagierenden Personen oder Gruppen zeigt. "*Macht lebt von denen, die sich ihr unterwerfen, mindestens ebenso wie von denen, die sie ausüben. Nur weil die einen mitspielen, haben die anderen Macht*" [Zitat: Bern mach]. Berner veranschaulicht das am für das Geschäftsleben ein wenig überspitzten Beispiel des

[3] Bertrand Russel lebte von 1872 bis 1970. Er war ein britischer Mathematiker, Schriftsteller und Philosoph – als solcher veröffentlichte er viele gesellschaftskritische Studien

Bankräubers mit der pistolenunterstützten Forderung 'Geld oder Leben'. Der Räuber rechnet mit einer Kooperation statt mit der Antwort "*Wenn Sie mich erschiessen, dann habe ich endlich Ruhe – und sie die Mordkommission auf dem Hals. Sie wissen ja: Nach Mördern wird mit allen Mitteln gefahndet. Aber ich mache Ihnen ein Angebot: Lassen Sie mich in Ruhe, dann brauchen Sie nicht lebenslänglich in den Knast!*" [Zitat: Bern mach].

Niklas Luhmann[4] ordnet dabei Macht den so genannten Kommunikationsmedien zu. Er grenzt Macht aber explizit von anderen Kommunikationsmedien ab: "*Von anderen Kommunikationsmedien unterscheidet Macht sich dadurch, dass ihr Code auf beiden Seiten der Kommunikationsbeziehung Partner voraussetzt, welche Komplexität durch Handeln - und nicht nur durch Erleben - reduzieren.*" [Zitat: Luhm 2003, S. 19]. Für Luhmann kann sich demnach Macht in einem sozialen System erst aufbauen, wenn die einzelnen Partner bezüglich der Kommunikation "Macht" auch handeln.

2.2 Dualismus der Macht

"*Und nun ist die Macht an sich böse, gleichviel wer sie ausübe. Sie ist kein Beharren, sondern eine Gier und eo ipso unerfüllbar, daher in sich unglücklich und muss also andere unglücklich machen.*" [Zitat: Burc 1905 nach Wiki mach]. Wie hier sich Burckhard im Sinne vieler ausdrückt, wird Macht meist in einem negativen Zusammenhang erwähnt und einseitig eingeordnet. Das hat sicher diverse Gründe:

Von vielen wird Macht erst wahrgenommen, wenn sie das Opfer einer Machtausübung werden und somit zu etwas gezwungen werden, das sie sonst nicht tun würden. Sie sehen Macht als Einschränkung der Freiheit im Sinne Rousseaus, der die These der Minimalisierbarkeit der Ausübung von Macht in der Gesellschaft vertritt. Nach ihm ist Macht ein Indiz für die Deformation sozialer Interaktionen und der Organisation [Enno unma]. "*Der natürliche Trieb zur Entropie ... und zum Schlaraffenland wird durch Machtansprüche gestört*" [Zitat: Gehl matr, Absatz 5].

Tabuisierung kann seinerseits selbst ein machtpolitisches Instrument sein. Indem eine breite Diskussion über Macht vermieden wird, muss man sie auch nicht begründen und rechtfertigen. Der Preis für die Tabuisierung ist jedoch, dass eine gründliche Reflexion über Macht ausbleibt und der Umgang damit entsprechend unprofessionell ausfällt [Bern mach]. Haben die Akteure das Gefühl, es sei nicht angezeigt, sich bezüglich ihren Interessen offen zu bekennen, kommt es zunächst zu verdeckten Handlungen [Bern eint]. Je stärker die Tabuisierung ausgeprägt ist, desto weniger können die Akteure ihre Interessen offen zeigen

[4] Auf Niklas Luhmann und die soziologische Systemtheorie wird in Kapitel 3 detaillierter eingegangen.

und desto eher kommt es zu solchen verdeckten Handlungen. Interessanterweise findet Berner eine ausgeprägte Tabuisierung von Eigeninteressen häufig in Organisationen, wo gemeinsame Werte und Ziele sehr hoch geschrieben werden und eine einheitliche Meinung als hohes Gut angesehen wird.

Neid spielt sicher auch eine Rolle. Man hätte lieber selber die gewünschte Macht inne. Um die eigene Ohnmacht zu entwerten und um sich daher besser zu stellen, tabuisiert man die Macht.

Macht ist jedoch nicht nur negativ geprägt, sondern hat durchaus positive Aspekte. Ob Macht destruktiv oder konstruktiv wirkt, hängt nach dem Individualpsychologen Fritz Künkel [nach Bern miss] davon ab, ob sie 'ichhaft' oder 'sachbezogen' ist. Künkels Betrachtungen basieren dabei auf der Gesellschaft. Auf der einen Seite sieht er das destruktive 'ichhafte', das gegen die Gesellschaft gerichtet ist. Auf der anderen Seite hingegen dient das 'sachbezogene' dazu, gemeinsam ein Ziel zu erreichen. Diese sachbezogene Seite hat einen gemeinschaftsfördernden Charakter – sie wird als konstruktive Komponente oftmals kaum wahrgenommen, oder im Gegensatz zur 'ichhaften' Macht als "wohlwollend ordnende Hand" empfunden.

Der Philosoph Thomas Hobbes sieht in der Macht die Kunst, eine Gesellschaft ohne Lebensgefahr koexistieren lassen zu können. Erst durch Macht wird ein Zusammenleben möglich. Er geht dabei von einem unerziehbaren "homini homo lupus" aus, der quasi übereinander herfällt, wird er nicht diszipliniert. Durch Macht muss der Mensch daher in der Gesellschaft zum Wohle der Allgemeinheit eingeschränkt werden [Enno unma].

Auch Gehlen erwähnt die Macht mitunter als positive Kraft. Eine der von Gehlen als Anthropologeme[5] beschriebenen Machtquellen[6] fusst auf der Arbeitsteilung in der menschlichen Gesellschaft. Da es für das einzelne Individuum zu mühsam ist, alles selbst zu machen, bedeutet Arbeitsteilung einerseits Entlastung, andrerseits wird das Individuum jedoch abhängig vom Organisator der sozialen Kohärenz. Um einen Mehrwert durch Arbeitsteilung und Organisation zu schaffen, ist der Mensch somit auf Machtstrukturen angewiesen. So gesehen ist Macht als Zusammenhalt eines sozialen Gefüges grundsätzlich als positiv zu betrachten. Sie ermöglicht erst die Organisation. Das gilt auch für Projekte: Nicht klar gesetzte Verbindlichkeiten von getroffenen Abmachungen werden dem

---

[5] Anthropologeme sind Grundeigenschaften des Menschen

[6] Gehlen führt zudem weitere zwei Machtquellen auf: Jeder Mensch hat eine 'Verfügungssphäre' und dadurch Interessen. Wer somit Interessen befriedigen kann und Bedürfnisse belohnen, der hat Macht. Als zweite Machtquelle erwähnt Gehlen Anstrengung und Demoralisation. Machtsituationen haben daher die Funktion, die Energie und 'Risikowachheit' des Menschen aufrecht zu erhalten und wirken so dem 'Abspulen des Spannungspotientials' entgegen [aus Enno phil]

Projektleiter von den Akteuren nicht offen kommuniziert. So ist zwangsläufig eine steuernde Macht notwendig, die klare Entscheidungen trifft und deutliche Verbindlichkeiten setzt, um gute Voraussetzungen für einen Projekterfolg zu schaffen. Dadurch werden Situationen vermieden, wo vereinbarte Entscheidungen zerredet werden, nach Lomnitz [Lomn mapr] ein grosses Problem in Projekten.

2.3 Macht und Organisation

2.3.1 Machtquellen

Der Einfluss der Manager und Akteure, die Macht ausüben, stützt sich dabei auf bestimmte Machtquellen oder Machtressourcen. Solche sind an Personen oder an Strukturen gebunden. Die personellen Machtquellen fussen dabei auf gewissen Fähigkeiten oder dem Wissen der Akteure. Strukturelle Machtquellen beinhalten das Verfügen über bestimmte Rechte und Legitimationen oder können sich sogar vollständig personenunabhängig zeigen.

Zunächst werden einige bekannte Übersichten über Machtquellen aufgeführt [siehe Abbildung 3], darauf wird das Vorkommen dieser Machtressourcen in Projekten als Organisation näher beleuchtet und analysiert.

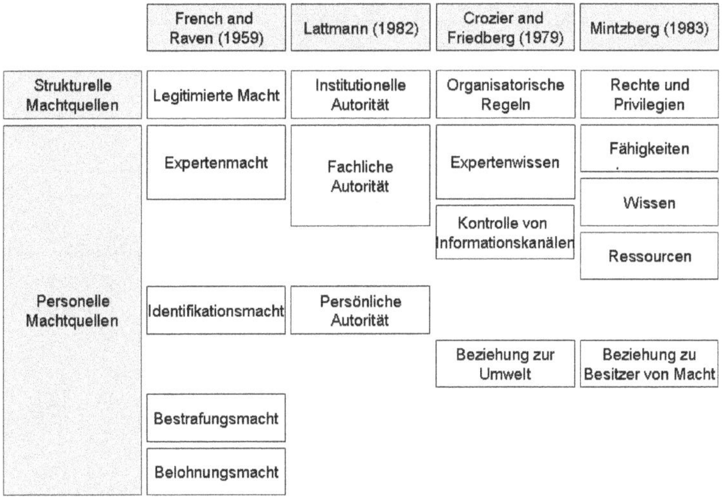

Abbildung 3 **Machtressourcen:**
Überblick über die besprochenen Aufstellungen von Machtressourcen.

2.3.1.1 Das Machtmodell von French und Raven

Die meistgebräuchliche Beschreibung von Macht liefert das nach den Worten Sandners [Sand 1993] schon ein bisschen betagte Machtmodell von French und Raven [aus Fren 1960] und stammt aus dem Jahr 1960. French und Raven führen ursprünglich folgende Machtgrundlagen[7] auf: Belohnungsmacht, Bestrafungsmacht, Expertenmacht, Referenzmacht und legitimierte Macht. Untenstehende weiterführende Erläuterungen richten sich dabei nach Kraviec [Kraw 2001] und Changingminds [Chan frra].

Belohnungsmacht (reward power) beschreibt folgende Situation: Wer Belohnungen in Aussicht stellen kann, vermag Einfluss zu nehmen und hat Macht. Bleiben Belohnungen auf Zeit aus, schlägt sich das nieder in Demotivation. Bewährte Belohnungsstrategien vor allem im Berufsleben sind Lohnerhöhungen, Karriere und Förderungsmassnahmen. Auch Zuwendung und Liebe können als Belohnung fungieren.

Bestrafungsmacht (coercive power) ist der Gegenpol zur Belohnungsmacht. Dadurch kann eine Person gegen ihren Willen zu etwas gezwungen werden. Durch Massnahmen wie Lohnabzüge und Versetzungen kann Druck auf Mitarbeiter ausgeübt werden. Solche Massnahmen sollten hingegen das letzte Mittel darstellen, auf jemanden Einfluss zu nehmen.

Über Expertenmacht (expert power) verfügt jener, der Wissen und Fähigkeiten besitzt, die jemand anders benötigt. Diese Macht ist sehr gebräuchlich und scheint in der Wirtschaft mit zunehmender (technologischer) Komplexität zusehends wichtiger aufgrund der wachsenden Spezialisierung.

Referenz- oder Identifikationsmacht (referent power) hat derjenige, mit dem sich andere identifizieren. Eine solche Person sprüht Charisma aus – indem sich Menschen in ihre Nähe begeben, hoffen sich diese, dass dieses Charisma auf sie überspringt.

Legitimierte Macht (legimate power) oder Legitimationsmacht fusst auf gegeben Regeln und Gesetzen wie beispielsweise vorgegebenen Hierarchien. Der Gesellschaftszusammenhalt in einem Staat funktioniert mitunter nach diesem Prinzip[8] – Die Judikative sorgt für Ordnung.

---

[7] Mintzberg bezeichnet die hier genannten Machtgrundlagen von French und Raven als "Machtkategorien" [Mint 1983, Seite 25]

[8] Dies wirft durchaus philosophische Fragen auf: braucht man nur Macht, um den Menschen zum Zusammenleben zu erziehen (Rousseau), oder ist dauernd Macht vonnöten, da sich sonst der unerziehbare 'homo homini lupus' gegenseitig den Kopf einschlägt (Hobbes)?

2.3.1.2 Machtquellen nach Lattman

Nach Lattmann [Latt 1982, S. 76 uff] basiert die Macht in einer hierarchischen Top-Down Beziehung zwischen Vorgesetzten und Mitarbeiter auf nachstehenden Autoritäten. Folgende Ausführungen lehnen an Thommen an [Thom 1996, Seite 257].

Institutionelle Autorität fusst auf Rechtsgrundlagen, der Unternehmungsorganisation sowie auf sozialen Normen. Diese Form der Autorität ergibt sich aufgrund der Aufgaben und aufgrund der Verantwortung. Rechtsgrundlagen basieren auf gesetzlichen Regelungen[9]. Die Unternehmensorganisation ergibt sich aus unternehmensinternen Regelungen. Soziale Normen beeinflussen die Organisation und sind in der Gesellschaft selbst verankert.

Fachliche Autorität basiert auf Fachwissen und Führungsfähigkeiten. Einerseits kennt sich der Vorgesetzte gut aus in seinem Fachgebiet und kann bei Problemen mit Rat zur Seite stehen. Andrerseits vermag der Vorgesetzte seine Mitarbeiter zu führen, zum Beispiel anhand der Vorgabe von klaren Zielen, Fällen von eindeutigen Entscheidungen sowie angepasster Kontrolle.

Persönliche Autorität beinhaltet Mitarbeiterbehandlung, Integrität und Durchsetzungskraft. Diese Autorität beruht auf Gefühlen in Form von Zuneigung und Abneigung, die in zwischenmenschlichen Beziehungen eine grosse Rolle spielen. Die Mitarbeiterbehandlung beschreibt den Umgang des Vorgesetzten mit seinen Untergebenen. Die Integrität fusst auf der Beispielhaftigkeit und dem Vorbild des Vorgesetzten. Die Durchsetzungskraft äussert sich in der Macht der persönlichen Ausstrahlung des Vorgesetzten.

2.3.1.3 Machtquellen nach Crozier und Friedberg

Crozier und Friedberg nennen folgende Machtquellen [Croz 1979]: Expertenwissen, Beziehungen zur Umwelt, Kontrolle von Informations- und Kommunikationskanälen sowie die Nutzung organisatorischer Regeln. Expertenwissen sowie organisatorische Regeln als Machtquellen wurde bereits bei French und Raven erwähnt. Kontrolle über Informations- und Kommunikationskanäle ist ein Spezialfall oben genannter Informationsmacht.

Zusätzlich zu den schon erwähnten Machtmodellen führen Crozier und Friedberg Beziehungen zur Umwelt separat auf. Sie werden dabei als Spezialfall des Expertenwissens dargestellt und bauen auf diesem auf.

2.3.1.4 Machtquellen nach Mintzberg

Mintzberg [Mint 1983, Seite 24 uff.] beschreibt in seinem Machtmodell folgende allgemeine Grundlagen von Macht: die Kontrolle über Ressourcen (resources), das Verfügen von

[9] zum Beispiel Arbeitsvertrag in Art. 319uff OR

technischen Fähigkeiten und Fertigkeiten (technical skills) und die Kontrolle von Wissen (knowledge) sowie das Verfügen über Rechte und Privilegien (legal prerogatives) und das Verfügen über Netzwerken.

Netzwerke beziehen sich auf die ersten vier Machtquellen und ermöglichen den Zugriff auf diese. Durch einen möglichen Rückgriff auf jene Akteure, die über eine oder mehrere der ersten vier Machtquellen verfügen, kann sich Zugang zu diesen Machtgrundlagen verschafft werden. Netzwerke stellen somit eine eigene Machtquelle dar.

Mintzberg erwähnt dabei explizit die Macht, die von der Verfügbarkeit von Ressourcen ausgeht. Ressourcen wie das bekannte Beispiel Erdöl können erheblich Macht ausüben und liessen schon ganze Nationen die Säbel rasseln, wie uns die jüngste Geschichte wieder zeigt.

2.3.1.5 Zusammenfassender Machtentwurf

Oben erwähnte Machtmodelle fasse ich nun in einem weiterführenden Entwurf zusammen, anhand von dem ich die Machtquellen im Hinblick auf das Projekt als Organisation diskutieren werde [siehe Abbildung 4].

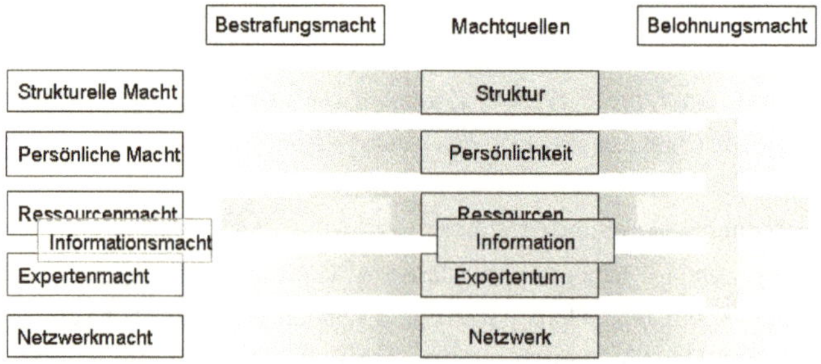

Abbildung 4 Machtquellen
Aus den oben erwähnten Machtmodellen zusammengezogener Entwurf.

Strukturelle Macht, Persönliche Macht, Ressourcenmacht, Informationsmacht, Expertenmacht sowie Netzwerkmacht werden folgend separat behandelt. Informationsmacht sehe ich dabei als Spezialfall von Ressourcenmacht und Expertenmacht. Einerseits kann Information eine Ressource sein, andrerseits auch intrinsisches Wissen.

Bestrafungsmacht und Belohnungsmacht bilden ihrerseits den Dualismus, in dem Macht schliesslich umgesetzt wird. Beispielsweise kann mit der materiellen Ressource Geld durch Provisionen und Umsatzbeteiligungen Belohnungsmacht ausgeübt werden, andererseits

Bestrafungsmacht durch Bussen bei Verstoss gegen Regeln. Freilich kann man nur dann von Macht sprechen, wenn die Belohnung jemanden zum Handeln[10] (hier im Beispiel den Umsatz zu steigern) motiviert, respektive wenn die Bestrafung jemanden vom Handeln abhält (im Beispiel gesetzliche Normen zu brechen).

Machtentwicklungsgeschichtlich kann man anmerken, dass sich im Grunde genommen sämtliche Machtquellen aus persönlicher Macht und Expertenmacht ableiten lassen.

2.3.2 Strukturelle Machtquellen

Oben aufgeführte Machtmodelle erwähnen strukturelle Machtquellen: Lattmann nennt die institutionelle respektive die formale Macht, French und Raven erwähnen die legitimierte Macht, Crozier und Friedrich führen organisatorische Regeln auf und schliesslich definiert Minzberg Rechte und Privilegien im Rahmen struktureller Machtquellen.

Strukturelle Macht beinhaltet sämtliche Machtquellen, die sich aus der Struktur der Organisation ergeben. Diese Machtquellen sind implizit oder explizit definiert auf Grund von Gesetzen, Normen und Regeln.

Die bürokratische Hierarchie als traditionell gewachsene Organisationsform von Industriebetrieben spielt hier eine grosse Rolle [nach Bahr 1974, Seite 133 uff.]. Die ursprünglichen Betriebe wurden einerseits immer grösser, andrerseits nahm der Grad an Arbeitsteilung und Technologieeinsatz zu. Das Bedürfnis hingegen blieb bestehen, das komplexe soziale Gebilde noch effizienter und rationeller zu führen und den Ertrag im Verhältnis zum Aufwand zu maximieren. Als Organisationsform bildete sich die bürokratische Hierarchie. Sie war primär aus folgenden zwei Gründen effizient:

Sämtliche Erlasse, Abläufe, Verträge etc. der Organisation werden schriftlich festgehalten und passieren die hierarchische Struktur. Somit sind alle Abläufe nachvollziehbar und kontrollierbar. Das Management verfügt nun über Controlling-Mechanismen, die zudem eine Analyse der Vergangenheit und dadurch Zukunftsprognosen erlauben.

Ein zweiter Grund für die Effizienz der neuen Hierarchieform ist "*...die Tatsache, dass allein die vertikalen Verbindungslinien institutionalisiert werden. Horizontale gegenseitige Abhängigkeitsverhältnisse gelten als regelwidrig...*" [Zitat, Bahr 1974, S. 134]. Kompetenzprobleme bei komplexen aufgeteilten Aufgaben werden somit zumindest theoretisch gelöst, da sie automatisch in den Kompetenzbereich einer höheren Instanz

[10] Nach der Definition Luhmanns sprechen wir von dann Macht, wenn ein Partner das Handeln seines Gegenübers beeinflusst [siehe insbesondere Kapitel 3.1.3]

fallen. Mit einem solchen transparenten System vermag das Management auch sehr komplizierte Vorgänge technisch präzise steuern.

Die hierarchische bürokratische Organisationsform stösst jedoch mit wachsender Komplexität der anstehenden Aufgaben an ihre Grenzen. Infolge der technologischen Entwicklung sowie durch die anschwellende Vernetzung und Komplexität des Unternehmensumfeldes mit zunehmender Geschwindigkeit sind neue Organisationsformen gefragt.

Einen Ausweg zur Lösung der neuen Komplexität bietet das Projektmanagement. Projekt definiert Jenny dabei folgendermassen: "*Projekte sind in sich geschlossene, komplexe Aufträge, deren Erfüllung eine Organisation bedingt, die für die Umsetzung der Tätigkeiten eine Methode anwendet, mit der alle anfallenden Arbeiten geplant, gesteuert, durchgeführt und kontrolliert werden können*" [Zitat: Jenn 2000, Seite 58]. Das Projektmanagement beinhaltet dabei nach der Deutschen Industrie Norm [siehe DIN 69901] "*die Gesamtheit der Führungsaufgaben, -organisation, -techniken und –mittel zur Abwicklung eines Projektes*". Nach Hansel [Hans 2003, Seite 104] zeichnet sich das Projektmanagement vor allem durch folgende zwei Faktoren aus. Zum einen fusst es auf einer domänenübergreifenden Vernetzung und Kooperation der beteiligten Personen. Hier sind hierarchieübergreifende Ansätze gefragt. Zum anderen wird vor allem fachliche Qualifikation verlangt. Unabhängig von Hierarchie müssen Entscheide auf eine fachlich sichere Basis gestellt werden. Nach Doppler und Lauterburg [Dopp 2000, Seite 118] bestehen dabei in der Projektgruppenorganisation markante Vorteile bezüglich Effizienz, Kreativität und Entwicklung von Know-how sowie von Flexibilität und Innovationsfähigkeit.

Werden nun Projektorganisationen neben hierarchische Strukturen aufgezogen, entsteht ein strukturell bedingtes Spannungsfeld während der Dauer des Projektes. Das Projekt ist den bisherigen Bereichen und Hierarchien übergestellt und bildet daneben ein weitgehend eigenständiges Konzept. Nach Lauterburg führt die Projektorganisation zu "*strukturellen Ungereimtheiten, zu Rollenkonflikten, zur programmierten Verwirrung*", da die "*neuen Prinzipien mit einer 'sauberen Arbeitsteilung' und mit einer 'klaren Hierarchie' unvereinbar sind*" [Zitat: Laut 1978, Seite 121 nach Hans 2003, Seite 104], welche die bisherige Grundstruktur der Organisation bot. Tatsächlich kann daraus eine Vielfalt an Problemen entstehen. "*Die Macht liegt in der Linie, die eigentliche Kraft aber im Projekt. Häufige Konsequenz: unnötiger Reibungsverlust*" [Zitat: Haur 2001]

Wie wird nun strukturelle Macht in einem Projekt etabliert? Zündorf [Zünd 1986, Seite 33 uff.] führt technische Bürokratie, Arbeitsorganisation und Arbeitstechnik, die Etablierung eines Organisationsvokabulars und die Vorgabe von Handlungs- und Entscheidungsprämissen sowie die Vorgabe von 'Ausführungsprogrammen' als mögliche Mechanismen der Ausübung struktureller Macht auf.

Ein wichtiger Punkt ist dabei die Organisationsform des Projektes. Nach Jenny [Jenn 2000, Seite 105 uff.] existieren drei verschiedene grundsätzliche Projekt-Organisationsformen, die je nach Grösse, Dauer, Kosten und Ressourcengebrauch der anstehenden Aufgabe gewählt werden. Jenny erwähnt die reine Projektorganisation, die Stab-Linien-Projektorganisation und die Matrix-Projektorganisation. In der Praxis existieren selbstverständlich noch weitere situationsbezogene Organisationsformen, die sich jedoch zumeist aus den drei Grundformen ableiten lassen. Nachfolgende Ausführungen richten sich nach Jenny[11]:

Reine Projektorganisation

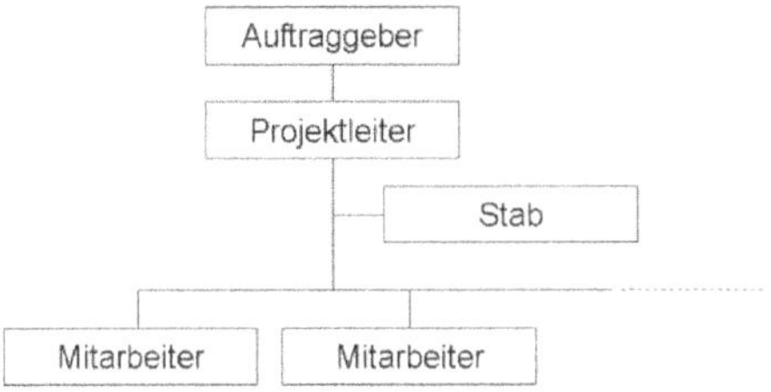

Abbildung 5 Die reine Projektorganisation [vereinfacht nach Jenn 2000, Seite 107]

Die reine Projektorganisation ist eine eigene Abteilung unter der Leitung des Projektleiters, der die volle fachliche Projekt- wie auch Führungsverantwortung innehat [siehe Abbildung 5]. Er besitzt daher die disziplinarischen Kompetenzen sowie auch die fachlichen Befugnisse über seine Mitarbeiter. Die Projektarbeiter werden zu 100 Prozent für die Projektarbeit eingesetzt.

Mit dieser Projektorganisation steht ein effizientes und flexibles Instrument zur Verfügung. Durch 100 Prozent zur Verfügung stehende Mitarbeiter und dank der konfliktarmen Organisation ist diese Projektorganisation zu erhöhten Leistungen fähig - die Projektdauer kann dadurch verkürzt werden. Auf Basis der klaren Befugnisse einer ganzheitlichen Führung und aufgrund der eindeutigen Verantwortlichkeiten innerhalb des Projektes zeichnet sich diese Projektorganisation durch Konfliktarmut aus.

Problematisch ist das Herauslösen der Mitarbeiter aus der ursprünglichen Firmenhierarchie sowie deren Wiedereingliedern. Wie oben aufgeführt kann es zu Rollenkonflikten kommen, da sich die Machtverhältnisse gegenüber den Vorgesetzten oder Mitarbeitern zwischen der

---

[11] Hier werden die Projektorganisationsformen vor allem aus der Perspektive der Machtverhältnisse aufgeführt. Vollständige Aufführungen der Vorteile und Nachteile der jeweiligen Projektorganisationen sind gegebenenfalls unter Jenny [Jenn 2000, Seite 105 uff.] nachzulesen.

Firma und des Projektes unterscheiden können. Mitunter findet eine Abkapselung der Projektgruppe gegenüber den Linienstellen und anderen Projektgruppen ab.

Stab-Linien-Projektorganisation

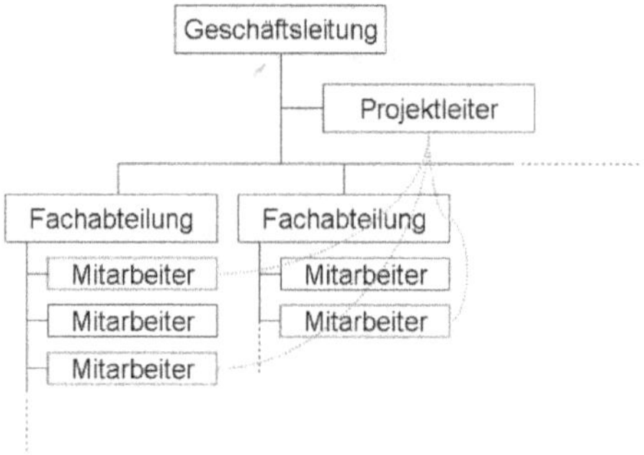

Abbildung 6 **Die Stab-Linien-Projektorganisation**
Die Projektleitung fungiert als Stab und kommuniziert über die gegebene Hierarchie (hier Fachabteilungen) [vereinfacht nach Jenn 2000, Seite 108]

Die Stab-Linien-Projektorganisation [siehe Abbildung 6] unterscheidet sich darin massgeblich von der reinen Projektorganisation, indem dem Projektleiter nur die Führung des Projektes in Form von Koordinationskompetenzen übertragen wird. Die formalen Weisungsrechte bleiben hingegen bei der Geschäftsleitung. Der Projektleiter schlägt dabei seinen Vorgesetzten Massnahmen vor, die von diesen durchgesetzt werden. Der Projektleiter kann somit nur beschränkt verantwortlich gemacht werden bezüglich Projektzielerreichung. Die Hierarchie der Unternehmung bleibt bei der Stab-Linien-Projektorganisation unangetastet, womit die Projektmitarbeiter bei ihren angestammten Organisationseinheiten bleiben können – im Gegensatz zur reinen Projektorganisation kommt es dadurch zu keiner möglichen Verschiebung der strukturell gegebenen Machtverhältnisse während der Projektlaufzeit.

Zwischen Abteilungsleitern und Projektmitarbeitern können jedoch aufgrund unterschiedlicher Interessenslagen Konflikte entstehen (Jenny nennt als Grund den Umstand, dass das Projekt hier über keine eigenen Sachmittel wie Computer und Tools etc. verfügt). Umständlich, vor allem für die Entscheidungsfindung, kann sich der Umstand auswirken, dass die Aufgaben, Kompetenzen sowie Verantwortungen über diverse Stellen verteilt sind – das erhöht den nötigen Informationsaufwand und Informationsfluss und somit die Möglichkeiten zur Ausübung von Informationsmacht, indem dass Informationen zurückbehalten werden können. Ausserdem wird nach Jenny meistens der Projektleiter für ein negatives Resultat verantwortlich gemacht – trotz deren mangelnder Kompetenz und fehlenden Zuständigkeiten.

Matrix-Projektorganisation

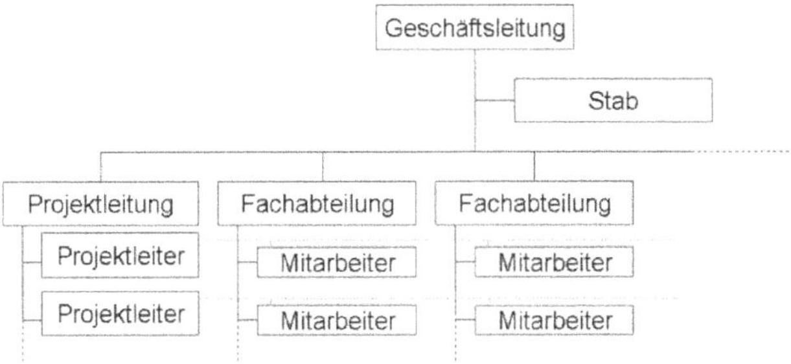

Abbildung 7 **Die Matrix-Projektorganisation**
Die Mitarbeiter unterstehen einem doppelten Kompetenzbereich, nämlich einerseits den Projektleitern, andrerseits den angestammten Fachabteilungen. [vereinfacht nach Jenn 2000, Seite 109]

Die zweidimensionale Matrix-Projektorganisation ist ein Mehrliniensystem [siehe Abbildung 7]. Horizontal stehen die Linienverantwortlichen der Fachabteilungen, die fachliche, funktionale und disziplinarische Kompetenzen sowie Verantwortungen tragen. Vertikal sind Projektleiter, welche mit Projekt bezogenen Verantwortlichkeiten ausgestattet sind. Die Mitarbeiter werden dadurch mehreren Führungskräften unterstellt. Einerseits können somit die Mitarbeiter optimal ausgelastet werden, andrerseits fördert die Matrix-Projektorganisation den Transfer von Fachwissen der Abteilungen wie beispielsweise des Informatik-Know-hows. Dazu müssen jedoch die Projektleiter wie auch die Fachbereichsleiter grosszügig ihre Informationen tauschen, um eine effiziente Zusammenarbeit zu gestalten.

Problematisch wirkt sich dabei der Umstand aus, dass die Mitarbeiter im Kompetenzbereich von zwei Führungskräften stehen. Das führt zu einer grösseren Anfälligkeit von Interessenkonflikten zwischen den Vorgesetzten, was auch gewisse soziale Anforderungen an die Mitarbeiter stellt, da die Konflikte schliesslich über sie ausgetragen werden.

Geborgte Macht

Eine strukturelle Eigenheit von Projekten ist, dass, wie oben ausgeführt, die Organisation des Projektes neben derjenigen des Unternehmens aufgebaut wird. Berner [Bern quel] erwähnt dabei die geborgte Macht als Besonderheit von Projektleitern wie auch von Beratern: "*Sie haben oftmals sehr viel mehr Macht als es ihrem formalen Status entspricht*" [Zitat: Bern quel]. Mit dem Begriff 'geborgte Macht' bezeichnet Berner unausgesprochen an den Projektleiter geliehene Macht von jenem, der an einem Projekterfolg interessiert ist. Der Projektleiter kommt auf diese Weise durch die geliehene Macht schnell zu sehr viel Einfluss. Berner führt in diesem Rahmen drei Problemfelder auf:

Erstens kann es dazu kommen, dass er die Macht nicht erkennt oder sie sonst nicht annimmt. Es entsteht dadurch ein Machtvakuum, welches von anderen Akteuren ausgefüllt wird, was mitunter einen negativen Einfluss auf den Projekterfolg haben kann.

Zweitens besteht das Problem des Machtmissbrauchs, wenn der Projektleiter den plötzlichen Machtzuwachs persönlich nimmt.

Drittens ist die geborgte Macht nur solange wirksam, wie der Auftraggeber hinter dem Projekt steht. Wenden sich der Auftragsgeber und die unterstellten Mitarbeiter gegen das Projekt, schwindet die Macht des Projektleiters. Wird dem nicht entgegengewirkt, droht das Projekt abzubrechen oder zu versanden.

Projektkultur

Zu der strukturellen Macht gehören auch soziale Normen und Regeln, die sich in der Projektkultur widerspiegeln. "*In gewisser Hinsicht können wir sagen, dass das Wesen einer Kultur auf seinen gesellschaftlichen Normen und Gepflogenheiten beruht und dass wir uns, sofern wir uns an diese Regeln halten, erfolgreich eine entsprechende soziale Realität konstruieren*" [Zitat: Morg 1997, Seite 183]. Die Projekt- oder Organisationskultur basiert dabei auf Werten, alltäglichen Ritualen und Glaubensvorstellungen. Diese Kultur kann nur solange aufrechterhalten werden, wie die Mitglieder sich an die ungeschriebenen Regeln halten. Mit dem entsprechenden Führungsstil und Verhalten kann die Kultur beeinflusst werden [Thom 2000, Seite 33 uff.]. Bleiben dabei die Machtbeziehungen gleich, ändert sich die Kultur auch nicht. Das Führungsverhalten kann sich daher dann ändern, wenn sich die Führungskräften ihrer Machtressourcen bewusst werden [Krau 1986 nach Thom 2000]

2.3.3 Informationsmacht

Informationsmacht wurde bisher in folgenden Machtmodellen angesprochen: Lattmann ordnet Fachwissen der fachlichen Autorität zu, die ein Vorgesetzter innehaben kann, French und Raven erwähnen die Expertenmacht (expert power), Crozier und Friedberg unterscheiden zwischen Expertenwissen und der Kontrolle von Kommunikations- und Informationskanälen und Mintzberg nennt den Besitz von Wissen.

Informationsmacht entsteht, wenn Informationen asymmetrisch verteilt sind, Interesse an diesen Informationen vorhanden ist und die Informationen nicht mit gleichem Aufwand an einem anderen Ort beschafft werden können.

Einerseits können Informationen intrinsisches Wissen sein und somit an Personen gebunden. Andererseits ist Information auch eine handelbare Ressource zum Beispiel in Form einer Nachricht oder Beschreibung. Die Macht entsteht dadurch, dass die Möglichkeit besteht, Information nicht zu übermitteln, falsch zu übermitteln oder eben korrekt zu übermitteln. Empfängerseitig besteht nun das Problem der Prüfung der Information. Vielfach ist es schwierig, falsch oder unvollständig übermittelte oder kommunizierte Information zu erkennen.

Informationsmacht kommt häufig infolge von Konflikten und Widerständen zum Ausdruck. Sie besteht dabei zwischen diversen Stellen:

Auf hierarchisch gleicher Ebene können Mitarbeiter Informationen zurückhalten. Werden beispielsweise neue Mitarbeiter eingestellt kann es dazu kommen, dass die alteingesessenen die neuen als Konkurrenz anschauen und ihnen gezielt Informationen vorenthalten, um "denen zu zeigen, wer der Chef ist". Sie haben so die Möglichkeit, ihre Machtposition bezüglich Erfahrung und Wissen zu demonstrieren. Ein weiteres Beispiel kann mangelnde Kommunikation per se sein, stehen sich die Mitarbeiter nicht allzu nahe.

Auf hierarchisch über- respektive untergeordneten Ebenen besteht Informationsmacht zwischen dem Machthaber und dem Untergebenen. Diese Beziehung hat zwei Dimensionen, nämlich kann der Untergeordnete dem höher Stehenden Informationen nicht kommunizieren, oder der Prozess läuft umgekehrt ab, indem der Vorgesetzte Auskünfte zurückbehält. Nach Ludewig ist in Informatikprojekten vor allem ersteres ein Problem: "*Die Mitarbeiter wollen umfassend informiert werden, lassen ihn [den Projektleiter] aber über den Stand ihrer Arbeiten, über Probleme und Verzögerungen im Dunklen*" [Zitat: Lude 1999, Seite 12].

Macht aufgrund von Informationsasymmetrien zwischen verschiedenen Abteilungen oder vom Projekt zu projektexternen Stellen hin besteht besonders in Projekten, welche die hierarchische Struktur einer Unternehmung durchbrechen. Die bestehende Hierarchie der Unternehmung wird durch das Projekt zum Teil untergraben [siehe auch Kapitel 2.3.2]. Es kann beispielsweise sein, dass Führungskräfte aus einem bestimmten Fachgebiet unzufrieden sind mit den Auswirkungen des Projektes auf ihren Fachbereich. Sie blockieren Informationen spielen somit ihren Informationsmachtvorteil gegenüber dem Projekt aus [Lomn mapr]. Als weitere projektexterne Stellen, die über Informationsmacht verfügen, sind beispielsweise Zulieferer und Supporter von Informationstechnologie zum Projekt zu nennen. Hier sind als Motiv für die Ausübung von Informationsmacht tendenziell eher wirtschaftliche Gründe als Widerstände aufzuführen.

Schlüsselstellen im Informationsaustausch sind dabei ein kritischer Faktor. In den meisten von Weltz und Ortmann [Welt 1992, Seite 61 uff.] untersuchten Softwareprojekten fanden sich Schlüsselpositionen, die fast durchwegs überfrachtet waren. Das schlägt sich mitunter in der Informationsqualität bei der Übermittlung von Nachrichten nieder. Diese Schlüsselpositionen bestanden meistens aus dem Kernteam mit der Projektleitung und mit Stellvertretern sowie aus erfahrenen Mitarbeitern. Nach einer Studie von Brodbeck [nach

Welt 1992, Seite 61] machen dabei Projektleiter im Durchschnitt 6.3 Überstunden pro Woche, ein Drittel ihrer Arbeitszeit sitzen sie in Meetings.

Die Überlastung von Schlüsselpositionen hat massgeblichen Einfluss auf die Leistungsfähigkeit des Projektteams und somit auf den Projektfortschritt. "*Als Folgen dieser Defizite wurden Schwächen in der konzeptionellen Gestaltung des Entwicklungsvorhabens [...], mangelnde Koordination der Tätigkeiten der am Vorhaben Beteiligten oder mangelnde Abstimmung mit den Forderungen der Anwender*" [Zitat: Welt 1992, Seite 61] genannt. Aufgrund von Informationsmangel gestaltet sich die Administration und Projektkoordination aufwändiger. Das Projekt verzögert sich.

2.3.4 Persönliche Machtquellen

Diese Machtquelle wurde oben bereits in folgenden Modellen erwähnt: Lattmann spricht von persönliche Autorität, French und Raven führen in ihrem Machtmodell Referenz oder Identifikationsmacht auf.

Persönliche Macht entwickelt sich aufgrund der individuellen Persönlichkeit, in dem jemand durch Ausstrahlung Einfluss nehmen kann. Zwischenmenschliche Gefühle wie Zuneigung und Abneigung spielen eine grosse Rolle. Der Einfluss solcher Emotionen ist jedoch sehr schwer zu gewichten. Ausserdem werden Gefühle vielfach rationalisiert, das heisst, irrationales emotionales Verhalten wird mit Sachargumenten erklärt [siehe dazu Kapitel 2.3.10].

Die Ursachen für das Entstehen von persönlichen Machtquellen sind diverse: Vor allem bei persönlichen Machtquellen ist neben dem Machthaber auch der Machtempfänger zu betrachten. Hansel greift die Thematik knapp unter dem Titel "*Wo bin ich verführbar?*" [Zitat: Hans 2003, Seite 112] auf. Er führt diverse Quellen als mögliche Ursache für erhöhte Empfänglichkeit von Macht auf. Hansel nennt stichwortartig als mögliche Faktoren: Konkurrenz, Status, Titel und Prestige, Zeitdruck, Geld, Erotik, "Bei der Ehre packen", "Ich muss immer artig sein", Helfersyndrom, Schuldgefühle und autoritäres Verhalten. Je nach Neigung spricht dabei jemand eher auf Macht an, falls diese mit einem der oben genannten Faktoren zusammen auftritt. Winken beispielsweise Prestige und Geld, oder steht der Akteur unter Zeitdruck oder aber wird konkurrenziert, handelt er je nach Neigung eher nach dem Willen seines Vorgesetzten, als wenn diese Faktoren nicht vorhanden sind. Appelliert der Auftraggeber beispielsweise an die Ehre, an das Helfersyndrom, oder auch an die Schuldgefühle des Mitarbeiters, ist dieser dann unter Umständen zu hervorragenden Leistungen fähig.

Eine massgebliche Rolle spielt es, wie der Machtempfänger für die ausgeübte Macht empfänglich ist und wie er darauf anspricht. Reagiert man gelähmt, verlegen, positiv motiviert, oder zeigt man absichtlich keine Regung? Oder hat die Art der Ausübung von Macht gar keine Wirkung[12]?

Hansel erklärt diese Reaktionen auf Formen ausgeübter persönlicher Macht anhand des Konzepts von Zuschreibungen: Das sind individuelle Konstrukte oder Vorstellungen der Realität über Macht, Führung, Hierarchie etc. Solche Zuschreibungen entstehen nach Hansel [Hans 2003, Seite 113] aus folgenden Gründen:

Zur Stabilisierung des Selbstkonzepts entwickeln wir unsere Vorstellungen gegenüber Machtunterschieden, vor allem auch bezüglich Führung. Dabei spielt die Persönlichkeitsstruktur eine eminente Rolle. Zum Beispiel werden "*eigene Unsicherheiten dadurch kompensiert, dass andere zu Helden, allwissenden Geschäftsführern oder zu Versagern und Tyrannen*" gestempelt werden [Zitat: Hans 2003]. Informationen werden zuwenig kritisch gefiltert und vor allem jene aufgenommen, die sich in unser Selbstkonzept einfügen lassen. Zusätzlich werden vor allem beim Eintritt in ein neues soziales Umfeld wie einer Unternehmung einem 'Organisationsmythen' angeboten, die man zunächst kaum kritisch überprüfen und objektiv betrachten kann.

Das Vorkommen von persönlichen Machtquellen wird folgend aufgeteilt nach Hierarchiestufe und intern-extern aufgezeigt:

Auf gleicher Hierarchiestufe finden sich beispielsweise in gewissen Gruppen so genannte Meinungsführer (opinion leaders) als Inhaber von persönlichen Machtquellen [Manh 2004]. Sie verfügen über hohe soziale Intelligenz; dadurch richtet sich ein grosser Teil der Gruppe nach ihnen. Solche Meinungsführer können das Klima nachhaltig beeinflussen – sie können motivieren wie jedoch auch demotivieren.

Auf unterschiedlichen Hierarchiestufen schlägt sich persönliche Autorität nach Lattmann [Latt 1982, Seite 78] vor allem in der Mitarbeiterbehandlung, in der Beispielhaftigkeit und der Durchsetzungskraft eines Vorgesetzten nieder. Eine gerechte Mitarbeiterbehandlung zeigt sich anhand der Anwendung von gleichen Regeln für alle, mit Beispielhaftigkeit geht der Vorgesetzte mit seiner Grundhaltung voran, mit Durchsetzungskraft gewinnt der Vorgesetzte durch sein Charisma die Mitarbeiter. Diese Eigenschaften ermöglichen es ihm, die Mitarbeiter zu motivieren und sich Glaubwürdigkeit zu verschaffen. Der Vorgesetzte kann dadurch ein Vertrauensverhältnis aufbauen und somit verhindern, dass es beispielsweise zu der Situation kommt, wo sich die Mitarbeiter kaum getrauen, sich in Sitzungen kritisch in Anwesenheit der Vorgesetzten zu äussern [Lomn mapr, Praxisfall 5]. Dies kann beidseitig zu

[12] Hat die Form zur Ausübung von Macht keine Wirkung, so kann eigentlich per definitionem keine Macht entstehen bezüglich dieser Form.

Unverständnis führen. Eine grosse Rolle spielen hier auch die 'inneren Zuschreibungen' der Mitarbeiter gegenüber dem Vorgesetzten (und umgekehrt).

Ein interessanter Aspekt ist zudem die strukturell bedingte geborgte Macht in Projekten und wie damit umgegangen wird [siehe dazu Kapitel 2.3.2, geborgte Macht]

Es ist denkbar, dass durch den einmaligen und zeitlich beschränkten Charakter eines Projekts persönliche Machtquellen im Gegensatz zu einer Unternehmung eine bedeutende Rolle spielen. Hervorzuheben ist hier die Bedeutung der Gruppenprozesse in einem Projekt, massgeblich die 'Storming'- Phase [siehe Kapitel 2.3.8.1].

2.3.4.1 Gruppenrollen

In einer Gruppe nimmt jeder Akteur Rollen an. Einerseits richtet er sich nach Sozialnormen der Gruppe, andererseits erreicht er Wertschätzung, indem er einen gewissen Status einnimmt.

Es existieren diverse Gruppenrollen [siehe Abbildung 8], welche sich auf die Effizienz einer Gruppe auswirken. Daher sollte der Projektleiter versuchen, allen Mitgliedern der Gruppe eine positive Rolle zuzuweisen, indem er die Fähigkeiten und Fertigkeiten sowie persönliche Eigenschaften der Person berücksichtigt.

Positive Rollen	Negative Rollen
Schlichter	Störenfried
Animator	Rechthaber
Fachmann	Passiver
Moderator	Nörgler
Führer	Alleswisser
Ideengeber	
Kritiker	
Koordinator	

Abbildung 8 Gruppenrollen
[nach Jenn 2000, Seite 443] Der Projektleiter soll vermeiden, dass Gruppenmitglieder negative Rollen annehmen.

2.3.5 Netzwerkmacht

Macht auf Grund der Machtquelle Netzwerk wurde bisher von Crozier und Friedberg sowie von Mintzberg angesprochen. Erstere nennen Beziehungen zur Umwelt als Machtquelle, letztere führen die Beziehung zu Besitzern von weiteren Machtquellen auf.

Netzwerkmacht liegt bei jenem, der Zugang zu einem Träger von weiteren Machtquellen ist. Dies kann auch wiederum Netzwerkmacht sein. Seine sozialen Verbindungen ermöglichen es ihm, von den Machtquellen anderer profitieren. Bei der Entstehung von Netzwerken spielen daher Gruppenprozesse und persönliche Macht eine grosse Rolle.

Durch Netzwerkmacht kann einerseits die Organisation, andrerseits das Individuum von der Macht Dritter profitieren. Macht aufgrund von Netzwerken hat diverse Facetten: Netzwerke können zum Beispiel der Wissenseinbringung in das Projekt durch ein Netzwerk zu Trägern von Expertenmacht oder Informationsmacht, jedoch auch der persönlichen Absicherung dienen. Häufig werden externe Berater hinzugezogen, um den eigenen Standpunkt zu verteidigen: "*Betriebliche Akteure zogen externe Expertisen heran, um die eigene Position zu stärken, um mögliche Widerstände zu umgehen oder auszuhebeln*" [Zitat: Welt 1992, Seite 69]. Netzwerkmacht ist aber auch dienlich, um Widerstand in einer Fachabteilung zu erkennen, die Informationen zurückhält [siehe dazu Kapitel 2.3.3]

2.3.6 Ressourcenmacht

Ressourcenmacht wurde oben einzig von Mintzberg explizit aufgeführt.

Sind Ressourcen einseitig verteilt, verfügt der Besitzer mit der knappen Ressource über denjenigen Macht, welcher Interesse an dieser Ressource hat. Macht aufgrund von Ressourcen hat somit ihre Ursache in der ungleichen Verteilung von Ressourcen und am Interesse der Akteure an dieser.

Einesteils existieren materielle Ressourcen wie zum Beispiel Geld, Erdöl etc., demgegenüber haben wir immaterielle Ressourcen wie beispielshalber Informationen. Macht aufgrund von Informationen wird hier unter Informationsmacht [siehe Kapitel 2.3.3] abgehandelt, kann jedoch als Spezialfall von Ressourcenmacht betrachtet werden.

Als materielle Ressource spielen in Informatikprojekten einerseits Geld sowie der Projektoutput eine grosse Rolle, andererseits kann auch Arbeitsleistung als materielle Ressource betrachtet werden. Ein interessanter Aspekt ist dabei, dass auf strukturelle Macht, denen beide Parteien ausgesetzt sind, zurückgegriffen wird, um sich vertraglich abzusichern. Es wird üblicherweise das Gesetz hinzugezogen, um sicherzustellen, dass die Abhängigkeit, die durch den Projektauftrag entsteht, vom Vertragspartner nicht oder nur vermindert ausgenutzt werden kann. Die Beziehung wird sozusagen durch einen Rückgriff auf die strukturelle Macht des Gesetzgebers abgesichert.

2.3.7 Expertenmacht

Expertenmacht wurde in den folgenden bisherigen Machtmodellen angesprochen: Lattmann nennt die fachliche Autorität, French und Raven führen Expertenmacht (expert power) auf, Crozier und Friedberg sprechen von Expertenwissen und Minzberg erwähnen technische Fähigkeiten und Fertigkeiten sowie Wissen.

Expertenmacht entsteht aufgrund von bestimmten fachlichen Fähigkeiten und Fertigkeiten sowie Fachkenntnissen, die gefragt sind. Diese Fähigkeiten, Fertigkeiten und Fachkenntnisse entstehen dabei aufgrund von Bildung und Erfahrung sowie dem persönlichen Werdegang.

Nachfolgend betrachte ich das Vorkommen von Expertenmacht anhand der hierarchischen Beziehung zwischen den Akteuren.

Auf unterschiedlichen Hierarchiestufen manifestiert sich Expertenmacht zwischen Mitarbeitern und Vorgesetzten sowie zwischen Projektleiter respektive dem Projekt und dem Auftraggeber. Zur Autorität von Vorgesetzten nennt Lattmann [Latt 1982, Seite 76 uff] einerseits Fachwissen, andererseits Führungsfähigkeit. Das Fachwissen in seinem Gebiet ermöglicht dem Projektleiter, die Mitarbeiter zu unterstützen, durch Führungsfähigkeiten kann er das Projekt führen. Im Projektalltag wird jedoch der Schwerpunkt meistens zu sehr auf technische Fähigkeiten gesetzt. Mandl-Striegnitz und Lichter untersuchten dazu acht Projekte – in keinem von diesen hatte der Projektleiter jemals an einer Projektmanagement-Schulung teilgenommen [Mand 1999, Seite 6]. Führungsqualifikationen kommen hier eindeutig zu kurz – nach Jenny sind allerdings für die Projektleitung Persönlichkeit und Führungseigenschaften sowie Methodik eindeutig wichtigere Eigenschaften als Fach- und Branchenwissen [Jenn 2000, Seite 122].

Macht in die entgegengesetzte Richtung von den Mitarbeitern zum Vorgesetzten hin entsteht insbesondere bei so genannten Spezialisten, Mitarbeitern mit besonderen Kenntnissen oder bei Stäben. Krüger [Krüg 1976] untersuchte in diesem Kontext Unternehmungen auf die Unterschiede zwischen formeller und faktischer Machtverteilung. Er kam zum Ergebnis, dass die faktische Macht vor allem bei den Stäben liegt, obwohl formell die Geschäftleitung und die Linieninstanzen weit mehr Macht innehaben [siehe Abbildung 9]. Ausserdem ist die Geschäftsleitung stark auf funktionale Spezialisten wie EDV-Abteilung und Controlling sowie Leiter wichtiger Produktbereiche angewiesen. Das Informatikprojekt als Gesamtheit gesehen verfügt zudem über Expertenmacht gegenüber dem Auftraggeber, da es über spezifische Fähigkeiten und Fachkenntnisse verfügt.

In der Beziehung vom Projekt zum unmittelbar vom Projekt miteinbezogenen Fachbereich spielt die Expertenmacht eine grosse Rolle. Für ein erfolgreiches Abschliessen ist das Projekt auf Kooperation angewiesen. Beispielsweise ist dazu der Mitarbeiter eines Fachbereichs aufzuführen, der Widerstand ausübt, indem er sich nicht kooperativ verhält und möglicherweise sein intrinsisches Wissen nicht kommuniziert und damit Erfahrungswerte zurückbehält [Siehe dazu Kapitel 2.3.10 und 2.3.3]. Eine weitere mögliche

Abhängigkeitsquelle vieler Projekte sind zweifelsohne externe Outsourcingaufträge[13]. Schützt man sich nicht mit geeigneten Mitteln, ist man der Macht des Geschäftspartners ausgesetzt.

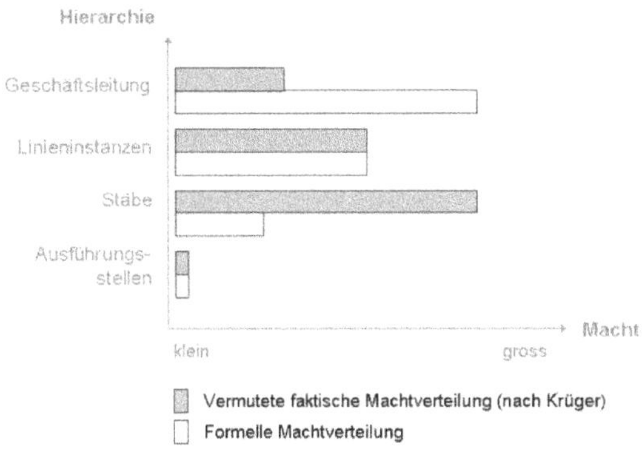

Abbildung 9 Machtverteilung nach Krüger
Krüger untersuchte Unternehmungen auf die Unterschiede zwischen formeller und faktischer Machtverteilung. Er kam zum Ergebnis, dass die faktische Macht vor allem bei den Stäben liegt, obwohl formell die Geschäftleitung und die Linieninstanzen weit mehr Macht innehaben [Krüg 1976].

2.3.7.1 Führungsverhalten

Lattmann [nach Thom 1996] setzt die Führungsfähigkeit unter fachlicher Autorität an. Das Verhalten von Führungskräften hat dabei einen massgeblichen Einfluss auf die Projektkultur. Hauptsächlich kann zwischen den Gegensätzen des autoritären und des kooperativen Führungsstil unterschieden werden [siehe Abbildung 10]. Ich gehe zur Vereinfachung nur auf diese zwei ein. Folgende Ausführungen lehnen dabei an Krausz an [Krau 1986].

Beim autoritären Führungsstil trifft der Projektleiter alle Entscheidungen alleine. Zur Führung stützt er sich hauptsächlich auf Bestrafungsmacht und strukturelle Macht in Form von Hierarchie. Persönliche Macht ist dabei nicht gefragt. Die Organisationskultur wird geprägt durch unterdrückende Normen und Regelungen. Da die persönliche Entfaltung dadurch verhindert wird, dominiert Passivität das Projektklima.

Auf der anderen Seite finden wir den kooperativen Führungsstil. Wie der Name sagt, gestaltet der Projektleiter die Projektarbeit zur Aufgabe des gesamten Teams. Die vorwiegend verwendeten Machtquellen sind dabei Belohnungsmacht, Expertenmacht in

---

[13] In den von Weltz [Welt 1992, Seite 65 uff.] untersuchten Projekten wurden in 57 Prozent der Projekte externe Leistungen beansprucht.

Form von Unterstützung sowie persönliche Macht. Die eingesetzten Machtquellen fördern die Eigenverantwortung, Kreativität und Leistung. Die Projektkultur ist daher geprägt durch Vertrauen, persönliche Wertschätzung und Respekt.

Zwischen oben erwähnten Formen sind diverse Nuancierungen denkbar. Ausserdem ist der Laisser-faire Führungsstil zu erwähnen, wo der Projektleiter nur die benötigten Mittel zur Verfügung stellt – sonst hat die Gruppe völlige Freiheit. Beim situativen Führungsverhalten wird der Führungsstil entsprechend der jeweiligen Situation angepasst [Jenn 2000, Seite 414].

Das Führungsverhalten beeinflusst, wie oben dargestellt, die Leistungsbereitschaft und die Effizienz der Leistungserbringung. Bei der Wahl des Führungsstils sollte daher der Einfluss auf die Projekt- respektive Organisationskultur berücksichtigt werden.

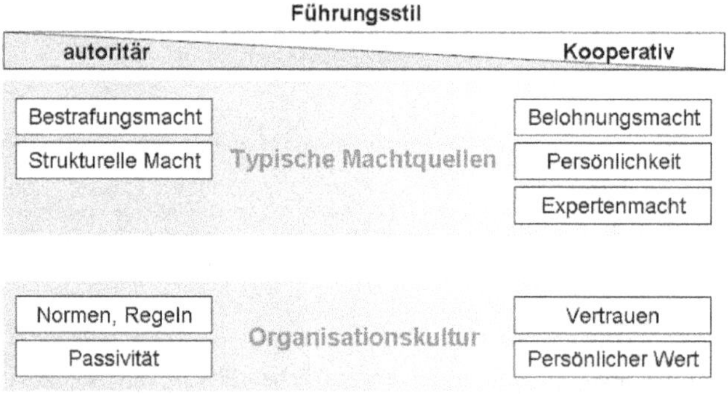

Abbildung 10 Einfluss des Führungsstils auf die Organisationskultur.

2.3.8 Zeitliche Veränderung von Machtverhältnissen

Machtstrukturen bleiben bekanntlich nicht immer gleich, das Machtgefüge kann sich ändern und ändert sich. Ich möchte daher die Diskussion um den zeitlichen Faktor erweitern und analysieren, wie weit Macht bei der Entwicklung einer Gruppe zum Tragen kommt und welche Machtstrukturen sich wann zeigen. Dabei gehe ich einerseits auf die Gruppenprozesse nach Tuckmann ein, andererseits betrachte ich kurz die Verantwortungen im Projekt bezogen auf den zeitlichen Verlauf.

2.3.8.1 Gruppenprozesse

In der Fachliteratur wird meistens an die Theorie von Tuckmann [Tuck 1965, Seiten 419-427] angelehnt, welche die Gruppengestaltung in vier Phasen aufteilt. Die ersten drei Phasen (Forming, Storming, Norming) bewirken eine Veränderung der Gruppenstruktur, die vierte

Phase (Performing) beinhaltet den stabilen operativen Teil. Die Intensität der ersten drei Phasen hängt massgeblich davon ab, ob eine Gruppe neu gebildet wird – die Gruppenstruktur erstellt wird -, oder ob neue Mitglieder hinzutreten und dadurch die Gruppenstruktur modifiziert wird. Die 4 Phasen werden in Anlehnung an Jenny unten aufgeführt [Jenn 2000, Seiten 446 uff.]

In der Orientierungsphase (Forming) orientieren und formieren sich die Teilnehmer einer Gruppe. Frühere Verhaltensmuster werden herangezogen und ausprobiert. Diese erste Phase ist gekennzeichnet durch Unsicherheit der Gruppenmitglieder, die bei einem anderen Gruppenmitglied "Schutz suchen". Man lernt sich vorsichtig kennen und tastet sich mit Fragen ab. Die Mitglieder suchen nach Regeln und Normen. Grundsätzlich zeigt man sich dabei von der freundlichen Seite, um nichts anbrennen zu lassen. Machtstrukturen gelten dabei die gegebenen und definierten – es entwickeln sich keine neuen.

In der Zweiten Phase (Storming) positionieren sich die Gruppenteilnehmer und es bilden sich Konflikte. Sind die sozialen Normen und Regeln in der Gruppe nach der Orientierungsphase festgelegt, kennen sich die Teilnehmer näher und sind sich sicherer, können die Mitglieder mit ihrem Verhalten experimentieren. Kennzeichnend sind ausbrechende Machtkämpfe: Kritik wird laut und es bildet sich Widerstand, mitunter auch an der Führungsart des Vorgesetzten. Die Mitglieder suchen ihre eigene Identifikation in der Gruppe und schliessen sich zu Untergruppen zusammen. Diese Konfliktphase ist daher die schwierigste für Führungspersonen, die sich jetzt konsequent durchsetzen müssen. Kennzeichnend für diese Phase ist die Bildung von neuen Machtbeziehungen parallel zu der gegebenen Machtstruktur.

Die dritte Phase wird Organisationsphase (Norming) genannt. Sind die sozialen Normen innerhalb einer Gruppe festgelegt, kann die Normierungsphase respektive Organisationsphase beginnen. Die Gruppe schafft sich eine Identität und hält soziale Normen und Spielregeln ein, was zu einem Gruppenzusammenhalt führt. Das Klima ist geprägt von Konsensbewusstsein, zuvorkommender Stimmung, deutlich werdenden Zielsetzungen, so dass alle an einem Strick ziehen.

Die vierte Phase wird als Produktivitätsphase (Performing) bezeichnet. Die Gruppenrollen sind nun verteilt - die Gruppenprobleme gelöst. Die Gruppe ist nun fähig, konfliktfrei zu arbeiten und kann sich jetzt vollumfänglich der gegebenen Aufgabe widmen. Die Machtstruktur innerhalb der Gruppe hat sich eingespielt und wird in dieser Phase nicht mehr stark verändert.

Zunächst wirken primär die zu Beginn definierten strukturellen Machtbedingungen. Im zeitlichen Verlauf kristallisieren sich hauptsächlich in der Storming-Phase neue Machtstrukturen heraus, die sich danach etablieren.

2.3.8.2 Verantwortungen im Projektverlauf

Die Verantwortungsbereiche ändern sich im Laufe des Projektfortschritts [Jenn 2000, Seite 115], was die Definition von Kompetenzen und Verantwortlichkeiten für die einzelnen Hierarchiestufen kompliziert [siehe dazu Abbildung 11].

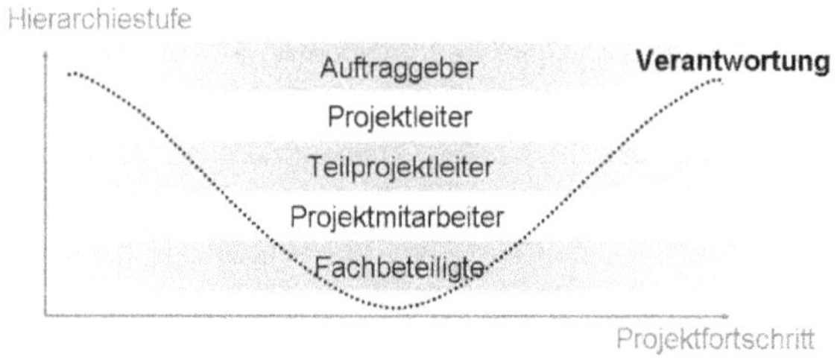

Abbildung 11 Die Verantwortungskurve nach Jenny
Die Kurve stellt stark vereinfacht die wechselnden Verantwortungsträger im Verlauf des Projektes dar [nach Jenn 2000, Seite 115].

2.3.9 Machtspiele

Einen interessanten Aspekt gibt uns die psychologische Spieltheorie auf die Thematik. Psychologische Spiele bauen auf erlernten Verhaltensweisen und Reaktionsmustern[14] auf, und stellen keine bewusste Vorgehensweise dar [nach Thom 2000, Seite 22].

In einem Psychologischen Spiel entwickeln die Beteiligten hauptsächlich drei Rollen, um die Kommunikationsmuster auszuleben, nämlich die Opferrolle, die Retterrolle und die Verfolgerrolle. In der Opferrolle zeigt die Person dabei ein Verhalten, dass es ihr immer schlecht geht. Der Person in der Retterrolle hingegen geht es gut, wenn sie anderen Personen helfen kann. Sie stellt dabei ihre eigenen Bedürfnisse in den Hintergrund. Die Person in der Verfolgerrolle schliesslich handelt überlegen, um sich nicht unterlegen fühlen zu müssen.

Machtspiele, so genannte Power Plays, sind nun eine Art, ein psychologisches Spiel zu spielen. Nach Steiner [Stein 1998] liegt dann ein Machtspiel vor, wenn einer einem anderen nicht durch direktes Fragen, sondern auf irgendeine andere Weise etwas zu entlocken versucht. Machtspiele werden angewendet, wenn jemand an einer Sache interessiert ist und davon ausgeht, dass das Gewünschte nicht einfach zu erlangen ist oder nicht freiwillig weggegeben wird. Steiner unterscheidet vier verschiedene Power Plays [nach Thom 2000,

[14] Nach English [Engl 1998] werden die Grundlagen für psychologische Spiele während der Kindheit gesetzt. Spiele basieren auf stereotypen Ersatzgefühlen, mit denen in der Kindheit angemessene Emotionen abgewehrt oder substituiert wurden.

Seite 19 uff.]: Das 'Alles oder Nichts' – Machtspiel, Power Plays, die auf Einschüchterung im Gespräch beruhen, Machtspiele die auf Lügen basieren und solche, die über Passivität gestützt werden.

Das 'Alles oder Nichts' - Machtspiel ist abhängig von der Verfügbarkeit einer Ressource. Wenn etwas knapp ist, kann damit persönlich Gewinn erzielt werden.

Die Machtspiele, die auf Einschüchterung im Gespräch basieren, stehen in Verbindung mit Kontrolle. Um diese ausüben zu können um beispielsweise ein Gespräch zu beeinflussen, stellt man sich ungläubig, wendet Logik scheinbar korrekt an, um den anderen zu täuschen, man lenkt ab mit Themenwechseln oder 'schneidet dem Gegenüber den Faden ab'.

Mit Lügen kann man sich der Leichtgläubigkeit anderer bedienen und diese missbrauchen. Lügen können dabei differenziert angewendet werden: Die bewusste 'kaltschnäuzige' Lüge, die Lüge durch ausgelassene Wahrheiten, um jemanden irrezuführen, die Lüge als Lockvogel, um mit einer Scheinwahrheit Interesse an einem Nichtbegehrten zu wecken, sowie Klatsch und Gerüchte.

Durch Passivität kann der Power Player die Erwartungen von anderen Personen abblocken und diese ignorieren. Er setzt dabei entweder auf Ahnungslosigkeit oder Nicht-Zuhören, oder appelliert an das Schuldbewusstsein des Gegenübers.

Machtspiele spielen eine grosse Rolle bei der nicht bewussten Kommunikation und Machtausübung. Das Kapitel Umgang mit Machtspielen geht dabei näher auf adäquate Massnahmen ein.

2.3.10 Widerstand in Projekten

Nach Berner [Bern team] bildet das Projekt das wichtigste Instrument, um in Organisationen Veränderungen zu bewirken. Er sucht im Beitrag "*Teamarbeit: oder woran scheitern Projekte*" nach dem Grund, warum dass viele Projekte im Sand verlaufen oder sonst in Schwierigkeiten geraten, unabhängig von Zeit- und Ressourcenplanungsfehlern. Berner führt das Scheitern auf das Phänomen Widerstand zurück. Macht wird schliesslich benötigt, diesen Widerstand zu eliminieren. Widerstand an sich bietet jedoch auch das Potential der konstruktiven Kritik. Häufig werden praxisnahe und akzeptierte Lösungen erst dadurch erarbeitet, indem betroffene Mitarbeiter mit der ursprünglich geplanten Lösung nicht zufrieden waren.

Doppler und Lauterburg [Dopp 2000, Seite 302] nennen vier Grundsätze zum Widerstand.

Der erste Grundsatz: "Es gibt keine Veränderungen ohne Widerstand."

Da durch Veränderungen das innerbetriebliche Interessensgefüge bedroht werden könnte, liegt Widerstand auf der Hand. "*Die Kräfte, die ... zur Stabilität, zur Beibehaltung eines*

Zustandes bei Personen, Gruppen und bei Unternehmungen beitragen, können wir als Widerstandskräfte verstehen" [Zitat: Hans 2003, Seite 123]. Der Mensch wehrt sich gegen die Veränderung, da die bisherige Stabilität und die damit bekannte und quasi garantierte Sicherheit möglicherweise bedroht sind. Widerstand ist zunächst eine innere psychische Auseinandersetzung und wird verarbeitet. Dieser psychische Vorgang ist Voraussetzung für die Akzeptanz und für eine Identifikation mit dem Neuen. Produktiv wird Widerstand dann, "*wenn neben der inneren auch die äussere Auseinandersetzung möglich wird, wenn also Pro- und Contra-Kräfte um gemeinsame Lösungen ringen. Dann wird aus dem Widerstand eine produktive, kreative ... Kraft...* " [Zitat: Hans 2003, Seite 125] die sich positiv auf den Projektverlauf auswirkt.

Treten bei einer Veränderung keine Widerstände auf, bedeutet dies, dass niemand an die Realisierung glaubt. Es ist also vielmehr Anlass zur Beunruhigung, wenn durch ein Projekt keine Widerstände hervorgerufen werden als wenn sich solche entwickeln.

Der zweite Grundsatz: "Widerstand enthält immer eine 'verschlüsselte Botschaft'"
Widerstände haben Motive, die durch die Veränderung hervorgerufen werden. Nach Steiger und Lippmann [Stei 1999, Seite 271] entsteht Widerstand, wenn Eigeninteressen bedroht sind, wenn Informationsmangel besteht oder wenn jemand persönlich bedrängt wird.

Wenn Eigeninteressen bedroht werden, führt der Widerstand darauf zurück, dass die Akteure ihre Eigeninteressen zu bewahren versuchen. Beispielsweise betrifft das Ressourcen wie Geld und soziale Stellenwerte wie Macht und Einfluss, Rang und Status oder Prestige. Da die Projektorganisation starre herkömmliche Hierarchien aufweicht, spüren viele betroffene Führungskräfte, denen ein Projekt unterstellt ist, "*den drohenden oder tatsächlichen Machtverlust: Sie können nicht mehr allein über den Einsatz bestimmter Mitarbeiter entscheiden, sondern müssen sich eigentlich mit dem Projektleiter absprechen*" [Zitat: Hans 2003, Seite 126]

Besteht Informationsmangel, kann daraus Widerstand resultieren. Der Widerstand kann dabei seine Ursachen im Unwissen und in der Unkenntnis der Situation haben. Das Informationsmanko kann sich zum einen auf die Ist-Situation beziehen, zum anderen auf die Soll-Situation wie Ziele und erwartete Ergebnisse, zum dritten auf die Umwelt und auf die Rahmenbedingungen. Sieht der Akteur den Änderungsbedarf und den resultierenden Gewinn nicht, lohnt es sich für ihn nicht, Veränderungen zu unterstützen. Häufig sogar scheint den Mitarbeitern nicht klar zu sein, warum überhaupt ein Projekt gebildet wurde [Hans 2003, Seite 126].

Unter persönlicher Bedrängung verstehen sich Einengungen aufgrund von Identitätsverlust und mangelndem Selbstvertrauen.

Die Schwierigkeit bei der Diagnose der Gründe von Widerständen besteht nach Berner [Bern wide] darin, dass diese meist in Form von Sachargumenten verkleidet formuliert werden, da über Emotionen im Geschäftsleben in aller Regel nicht diskutiert wird.

Der Dritte Grundsatz: "Nichtbeachtung von Widerstand führt zu Blockaden"
Steter Widerstand deutet darauf hin, dass die 'verschlüsselte Botschaft' des Widerstandes nicht verstanden und die Ursache nicht aus dem Weg geräumt wurde. Wird der Widerstand mit Druck behandelt, reagiert dieser mit Gegendruck. Blockaden entstehen, aus denen sich Machtkämpfe entwickeln können.

Der vierte Grundsatz: "Mit dem Widerstand gehen, nicht gegen ihn"
Die Ursachen für den Widerstand müssen verstanden werden. Um die im Grundsatz drei angesprochenen Blockaden zu vermeiden, ist es förderlich, das Widerstandsmotiv aus dem Weg zu räumen.

Abbildung 12 Allgemeine Symptome für Widerstand nach Doppler [Dopp 2000, Seite 296]

Widerstand kann durch verschiedenste Formen zum Ausdruck kommen[15]. Doppler und Lauterburg [Dopp 2000, Seite 296] klassifizieren die allgemeinen Symptome für Widerstand einerseits in aktive Symptome, die auf eine Konfrontation hinauslaufen, und in passive, welche sich in Rückzug und Desinteresse bemerkbar machen. Andrerseits gliedern Sie die Symptome in verbale sowie nonverbale Anzeichen, welche sich im Verhalten zeigen [siehe Abbildung 12].

Aktiv-verbaler Widerstand äussert sich in 'Widerspruch': Das kann sich in sachlichen Gegenargumentationen oder uneinsichtigen Debatten äussern, wie auch in Vorwürfen und Drohungen, oder in sturem Formalismus zum Vorschein kommen.

[15] Hansel [Hans 2003, S. 121] nennt dazu diverse Symptome von Widerstand

Aktiv-nonverbaler Widerstand zeigt sich in 'aufgeregtem' Verhalten. Die Akteure können sich unruhig verhalten, suchen Streit, verwickeln sich in Machenschaften und streuen Gerüchte.

Passiv-verbaler Widerstand manifestiert sich in ausweichendem Verhalten. Mögliche Aspekte sind Schweigen, Verharmlosen oder die Konzentration auf Irrelevantes. Auch Blödeln und Sachverhalte ins Lächerliche ziehen kann Ausdruck für Widerstand sein.

Passiv-nonverbales Verhalten zeigt sich in Unlust und Lustlosigkeit. Das äussert sich beispielsweise in Unaufmerksamkeit und Ermattung einerseits, in Abwesenheit andrerseits. Der Akteur ist nicht bei der Sache, oder aber bleibt gänzlich fern. Widerstand kann sich schliesslich im Extremfall auch in Krankheit zeigen.

Welche Handlungsstrategie schliesslich gewählt wird, hängt nach Hansel [Hans 2003, Seite 124] von zwei Komponenten ab, nämlich von der persönlichen Komponente und von der organisationskulturellen Komponente.

Die persönliche Komponente wird bestimmt durch das individuelle Reaktionsverhalten. Jeder Mensch hat sich in seinem Leben eine Überlebensstrategie angeeignet, mit der er mit Veränderungen und möglichen Bedrohungen umgeht.

Die organisationskulturelle Komponente ist geprägt durch die unternehmensspezifische Veränderungskultur. Wegweisend sind insbesondere die Verhaltensmuster der Führungskräfte auf Erneuerungen und wie sie mit alternativ denkenden Mitarbeitern sowie mit Meinungsvielfalt umgehen. Herrscht eine intolerante Unternehmenskultur vor, die keine kritischen Bemerkungen und Querdenker duldet, vermeiden die Kritiker Konfrontationen. Der Widerstand tritt in einer solchen Umgebung in den Hintergrund und zeigt sich anhand von passiven Verhaltensweisen.

2.4 Methoden zum Umgang mit Macht

2.4.1 Umgang mit Machtspielen

Im Umgang mit Machtspielen zählt Kraviec [Kraw 2001] folgende mögliche Antworten auf: Entweder "man neutralisiert das Machtspiel", "man spielt besser" und eskaliert damit das Power Play oder aber "man gibt nach".

Zum ersten Fall der Neutralisation des Machtspiels und Kooperation schreibt Steiner [Stein 1998], dass zu jedem eröffneten Powerplay als Antwort eine Antithese möglich sei. Durch die Antithese wird das Machtspiel neutralisiert. Kraviec nennt dazu als mögliche Massnahmen eine Argumentation auf der Sachebene oder ein Aufschieben der Diskussion, um Distanz zu gewinnen. Jedenfalls lässt sich ein Powerplay nur stoppen, wenn auf die Kraft des Powerplayers mit so genannter 'Power Parity', also mit Gegenmacht reagiert wird.

Spielt man im zweiten Fall besser und überbietet ein Powerplay mit einem anderen, eskaliert das Machtspiel. Dieses Spiel führt zu einer 'win-loose-Situation'. Damit man nicht auf der Verliererseite steht, muss versucht werden, dieses Machtspiel zu gewinnen.

Im dritten Fall kann es Sinn machen, nachzugeben, je nach dem wie stark die andere Partei ist. Im eingangs erwähnten Beispiel des Bankräubers ist es möglichenfalls vorteilhaft, den Forderungen nachzukommen [siehe dazu Kapitel 2.1].

2.4.2 Umgang mit struktureller Macht

Um zu verhindern, dass Personen zwar verantwortlich sind, jedoch keine Macht ausüben können, muss zunächst strukturelle Macht etabliert werden. "*Definierte Handlungsspielräume bilden [dabei] eine gute Grundlage für erfolgreiche Projektarbeit...*" [Zitat: Hans 2003, Seite 100]. Es sind klare strukturelle Grundlagen zu erarbeiten. Zündorf zeigt dafür eine Aufstellung zur Etablierung von struktureller Macht [siehe Kapitel 2.3.2].

Um die Zusammenarbeit zwischen Auftraggeber und Projekt positiv zu gestalten, soll das Projekt und seine Anbindung an den Kunden auf eine vertragliche Grundlage gestellt werden. Es sind nach Jenny Ziele zu definieren und Verantwortlichkeiten festzulegen [Jenn 2000, Seite 469 uff.]. Jenny geht auf die Ziele unter den Aspekten 'Was soll erreicht werden' und 'wie soll etwas erreicht werden' näher ein. Zudem gilt es zu definieren, welche Akteure wo und wann Entscheidungen treffen, für die sie auch verantwortlich sind: Diese Akteure sind nach Jenny der Auftraggeber, die Auftragnehmer, diverse Gremien, allfällige Projektmitarbeiter sowie Fachbeteiligte. Somit sind vertraglich Projektumfang, Zuständigkeiten und Verantwortungen, Ressourcen, Zeitumfang zwischen Auftraggeber und Projektleitung zu definieren.

In der Projektorganisation selber sind klare Definitionen der Verantwortlichkeiten und Entscheidungsspielräume der Beteiligten sowie Kontrollmechanismen festzulegen. Für jede Stelle gilt es Aufgaben, Kompetenzen sowie Verantwortungen festzuhalten. Der Verantwortlichkeitsbereich darf dabei den Kompetenzbereich nicht überschreiten [Jenn 2000, Seite 115], was jedoch in der Praxis problematisch sein kann, da sich die Verantwortlichkeiten mit dem Projektverlauf ändern [siehe dazu Abbildung 11].

Ein wichtiger Punkt zum Etablieren von impliziten Normen und Regeln ist die Unternehmens- respektive Projektkultur. Diese gilt es nachhaltig zu beeinflussen. Nach Hauri [Hau2 2001] sind dabei ein gemeinsames Grundverständnis und eine ähnliche Denkweise zu fördern sowie eine gemeinsame Terminologie zu etablieren. Hauri schlägt zunächst eine Analyse der kulturellen Situation sowie der Rollen der Mitarbeiter im und um das Projekt vor. Gegebenenfalls können hier externe Berater hinzugezogen werden, die eine unbefangene Perspektive haben und daher eine objektive Situationsanalyse ermöglichen. In der Folge kann eine Kommunikation etabliert werden, die gezielt auf Rollen und Kulturdifferenzen eingeht. Die Verständnisförderung durch Kommunikation von Arbeitsformen und unterschiedlichen Erfolgs- sowie Misserfolgsfaktoren unter den Beteiligten ist dabei zu begünstigen.

2.4.3 Umgang mit Informationsmacht

Informationsmacht kann sich dadurch negativ auf den Projekterfolg auswirken, indem einerseits Informationen falsch übermittelt oder weitergegeben oder andererseits Informationen zurückgehalten werden.

Beispielsweise sind Führungskräfte aus einem Fachbereich mit dem Projekt nicht zufrieden, da sie befürchten, das Projekt werde ihre Situation verschlechtern. Sie halten daher Informationen zurück, um das Projekt zu blockieren [Lomn mapr, Kapitel negative Machtprozesse, Praxisfall 1]. Es werden Informationen von extern zurückgehalten.

Zunächst muss überhaupt erkannt werden, dass Informationen zurückbehalten oder verfälscht übermittelt werden, was in der Praxis ein echtes Problem darstellen kann. Hier ist nach Lomnitz ein gutes persönliches Netzwerk zu den Stellen mit Informationsmacht oder deren Umgebung - hier vor allem zu dem betroffenen Unternehmen - hilfreich. Hilfsmittel dazu sind häufige Gespräche und ein Prüfen des Informationsflusses.

Als nächstes gilt es die Ursachen des Informationsproblems zu analysieren. Basiert es auf Widerstand, auf unzureichender Kompetenz oder auf Überbelastung? Es ist ein konstruktives Gespräch zu suchen, um den Grund des Problems zu eruieren.

Beruht das Informationsproblem auf Widerstand, so ist dieser mit geeigneten Massnahmen zu behandeln [siehe dazu Kapitel 2.4.8]. Überbelastete Schlüsselpositionen hingegen sind wenn möglich durch Änderungen im Informationsfluss oder in der Informationskultur zu entlasten. Es gilt jedoch, ein Optimum zu finden zwischen zu starker Aufsplitterung[16] und Zentralisierung der Schlüsselfunktion, vor allem bei grösseren Projekten [Welt 1992, Seite 64]. Ausserdem sind das Informationsverhalten und die Informationskultur der Mitarbeiter zu fördern. "*Sie sollen strikt nach Vorgabe arbeiten, Unklarheiten systematisch klären und ihren Arbeitsfortschritt sauber dokumentieren*" [Zitat: Lude 1999, Seite 13]. Die Projektleitung darf sich die Informationen nicht holen müssen, sondern diese soll gebracht werden.

---

[16] Eine starke Aufsplitterung verlangt tendenziell einen höheren Organisationsaufwand

2.4.4 Umgang mit persönlicher Macht

Der Führungsstil sowie die Projektkultur werden massgeblich beeinflusst von der Führungspersönlichkeit.

Die einzelnen Akteure von Gruppen nehmen Gruppenrollen an. Dabei ist zu beachten, dass nur positive Gruppenrollen besetzt werden [siehe auch Abbildung 8]. Vorhin wurden zum Beispiel Meinungsführer erwähnt, welche die Mitarbeiter nachhaltig beeinflussen [siehe dazu Kapitel 2.4.8]. Werden diese Meinungsführer speziell miteinbezogen und damit motiviert, kann so die Gruppendynamik positiv beeinflusst werden.

2.4.5 Umgang mit Ressourcenmacht

Ressourcenmacht kann als Führungsinstrument eingesetzt werden. Geld beispielsweise eignet sich für Belohnungsmassnahmen sowie Bestrafungsmassnahmen. Bei der Projektarbeit kann ein Belohnungssystem als Instrument genutzt werden, wenn zum Beispiel Projektziele termingerecht erreicht werden sollen. Dieses beinhaltet jedoch automatisch ein Bestrafungssystem, da der nicht belohnte Mitarbeiter nicht den Zuschlag bekommt. Das Resultat von Belohnungsstrategien sind daher oft Neid, Intrigen und Demotivation. Die Projektleitung muss daher im Voraus wissen, was sie damit erreichen möchte. Erfolgreich ist die Strategie in der Praxis nur, wenn allen Betroffenen sämtliche Bedingungen von Anfang an bekannt sind.

Ein möglicher Einsatz eines Belohnungs- respektive Bestrafungssystem liegt zwischen Projektleiter und Mitarbeiter einerseits, jedoch auch zwischen Projekt und Auftrageber andererseits. Die Konsequenzen sollten jedoch durchdacht werden, ein Belohnungs- und Bestrafungssystem kann das gegenseitige Vertrauen, den gegenseitigen Respekt und die gegenseitige Toleranz empfindlich stören [nach Jenn 2000, Seite 275].

2.4.6 Umgang mit Netzwerkmacht

"*Nur wenige Menschen sind in einer so mächtigen Position, dass sie es sich leisten können, die Machtquellen Persönlichkeit und Beziehungsnetz [Netzwerk] zu ignorieren*" [Zitat: Bern quel]. Netzwerke sind grundsätzlich wichtig, um Machtquellen gemeinsam nutzen und quasi auf 'Skaleneffekte der Macht' setzen zu können. Ein Beziehungsnetzwerk erleichtert beispielsweise Führungsaufgaben, dient durch indirekte oder direkte Kontrolle von Mitarbeitern [siehe dazu Kapitel 2.4.8], vereinfacht den Zugang zu Ressourcen wie Informationen etc.

Solange Netzwerke nicht missbraucht werden, um zum Beispiel die eigene Position zu stärken durch beeinflusste und damit pseudounabhängige Expertisen, zieht die Organisation Vorteil aus Netzwerken. Um allen möglichen Missbräuchen vorzubeugen, müssten die

Netzwerke der einzelnen Mitarbeiter kontrolliert werden. Jedoch: Um die Netzwerkmacht einzelner Akteure auszumachen, wäre es notwendig, einerseits sämtliche Beziehungen des Akteurs zu untersuchen, andererseits aber auch die Machtquellen der Akteure zu ermitteln, die mit Ersterem in Verbindung stehen. In der Annahme, dass diese Machtquellen wiederum Netzwerkmacht sein könnten, führt das zu einer unüberschaubaren Komplexität.

2.4.7 Umgang mit Expertenmacht

Mit der Stärkung des eigenen Expertenwissens in einem Projekt erschafft man sich Unabhängigkeit von externem Expertenwissen und Outsourcing: Einerseits kann internes Expertenwissen Outsourcing überflüssig machen, andererseits ist durch internes Know-how eine Kontrolle des Outsourcers möglich.

Unumgänglich ist die Stellung des Projektleiters als interner Träger von Know-how und Expertenwissen – sein Schwerpunkt sollte jedoch in Führungsfähigkeiten und nicht in informatikspezifischem Wissen liegen. Projektleiter müssen vermehrt als Führungsexperten wie als Informationstechnologieexperten ausgebildet werden [Lude 1999, Seite 12 uff.]. Ludewig stellt dabei gravierende Mankos in der Managementausbildung der Projektleiter fest [siehe auch Kapitel 2.3.7] und fordert daher eine spezifische praxisnahe Förderung der Führungskräfte.

Expertenmacht zeigt sich durch das Projekt gegen aussen, wie auch innerhalb des Projektes, wo die einzelnen Akteure Expertenmacht innehaben können. Gegen aussen tritt das Projekt gegenüber dem Auftraggeber hauptsächlich mit Expertenmacht in Erscheinung. Innerhalb ist Expertenwissen vor allem an Individuen und Gruppen geknüpft. Diese gilt es zu motivieren, damit diese ihr Expertenwissen zugunsten des Projektes einsetzen. Um die Expertenmacht einzelner Mitglieder zu entkräften, ist einerseits die Kommunikation von Wissen und Erfahrungswerten zu fördern, andererseits deren Wissen zu speichern, damit Expertenwissen von einzelnen Akteuren unabhängig wird.

2.4.8 Umgang mit Widerstand

Bei Veränderungen tritt Widerstand immer auf und bietet positives Potential bezüglich des Projekterfolges. Er soll möglichst rechtzeitig erkannt werden, damit der Widerstand nicht zu Blockaden führt und schliesslich in Machtkämpfen ausartet. Ausserdem können bei einer frühzeitigen Erkennung konstruktive Impulse des Widerstandes möglichst früh aufgenommen und eingebracht werden.

Zunächst muss Widerstand überhaupt erkannt werden, um reagieren zu können. Er wird sichtbar auf der kommunikativen wie auch auf der Beziehungs- und der Arbeitsebene. Problematischerweise werden Eigeninteressen meist in Form von Sachargumenten verkleidet. Solche Sachargumente sachlich-logisch zu entkräften, schlägt daher fehl und führt zu unnötigen Diskussionen, die, falls der Grund des Widerstands nicht aufgedeckt wird, immer neu aufflammen [Bern wide]. Nach Berner gibt es folgende Möglichkeit, Sachargumente von Widerständen zu unterscheiden. Echte Sachargumente reagieren auf logische Argumentation, denn bei einer sachlichen Argumentation geht es um inhaltliche Klärung. Vorgeschobene Argumente bei Widerständen verhalten sich hingegen konträr: Sie suchen nicht nach Klärung, sondern möchten behindern. Berner bezeichnet das Wesen von solchen Argumenten als polymorph, das heisst sie wechseln ihre Gestalt bei gleichem Motiv. "*Wenn ausdiskutierte Themen bei nächster Gelegenheit mit geringfügigen Veränderungen wieder kommen*" und "*immer neue Grundsatzdiskussionen vom Zaun gebrochen*" werden, handelt es sich um Widerstand [Zitate: Bern wide]. Wie unterscheidet man jedoch nun Eigeninteressen von Ängsten und persönlicher Bedrängung? Berner fordert, jeden Widerstand zunächst so behandeln, als wäre er auf persönliche Bedrängung zurückzuführen. "*Das hat zwei Vorteile: Erstens werden Sie damit in den meisten Fällen richtig liegen, denn in der Praxis geht mehr als die Hälfte, wahrscheinlich 90 Prozent der Widerstände gegen Veränderung auf Angst zurück. Und zweitens richten Sie damit, wenn Sie doch falsch liegen sollten, keinen Schaden an. Denn interessengeleiteter Widerstand reagiert weder positiv noch negativ auf Zuwendung...*" [Zitat: Bern wide]

Steiger und Lippmann [Stei 1999] schlagen sehen drei Hauptmotive des Widerstandes und nennen dazu je angebrachte Massnahmen und Vorgehensstrategien.

Beruht der Widerstand auf Eigeninteressenverteidigung, sind ein übergeordnetes Aufgabenverständnis zu fördern und Identifikationsmöglichkeiten zu schaffen.

Liegt der Grund für den Widerstand in fehlenden Informationen, sind diese nachzuholen. Hansel und Lomnitz nennen Projektforen als hilfreiches Instrument zur Klärung von Sachfragen, vor allem in der Anfangsphase eines Projektes. Möglichst frühe Information kann den Widerstand vermindern oder sogar erübrigen. Hansel [Hans 2003, Seite 134] setzt hier vor allem Informationsschwerpunkte[17] auf Transparenz was den Sinn des Projektes anbelangt, betreffend Sachfragen und im Hinblick auf Vorgehensweisen: Alle Betroffenen sollten sich bezüglich des Sinnes und des Projekthintergrundes im Klaren sein und alle Betroffenen sollten vollständig bei Sachfragen und über Vorgehensweisen informiert werden.

Wird der Widerstand durch 'persönliche Bedrängung' und Ängste veranlasst, soll die Person und deren Umfeld mit Respekt behandelt werden. Ihr sind Verständnis entgegenzubringen wie auch Sicherheit zu vermitteln. Nach Berner darf hier die Gesprächführung nicht bezwecken, die Ängste mit Sachargumenten aus dem Weg zu räumen, sondern das Ziel

[17] Sinn macht eine vorgängige Analyse, wer wie zu informieren ist [Hans 2003, Seite 134]

muss sein, die Ängste zu verstehen. Erweisen sich die Ängste jedoch als berechtigt, dann muss man nach einer Lösung suchen. Um Ängste zunächst zu verstehen, schlägt Berner folgende Grundregeln[18] vor:

- Nicht erklären, sondern verstehen
- Nicht argumentieren und überzeugen, sondern zuhören
- Nachfragen, um genauer zu verstehen
- Die Aussagen des anderen zutreffend mit eigenen Worten wiedergeben

Berner schlägt folgende Präventionsmassnahmen vor, um dem Widerstand, der bei der ersten Krise kommen wird, zu begegnen [nach Bern miss]: Einerseits ist Überzeugungsarbeit zu leisten wie zum Beispiel in Gesprächen, Diskussionen und Vorträgen, um einen Zielkonsens zu fördern. Andererseits ist möglichst früh für greifbare Resultate zu sorgen, und deutlich zu machen, dass das Projekt die volle Unterstützung des Top Managements geniesst.

Saeco [nach Manh 2004] wählte einen interessanten praktischen Ansatz bei der Einführung eines neuen CRM -Systems, um Misstrauensstimmung und Widerstand unter den Mitarbeitern abzufangen. Sie integrierte die Meinungsführer (Opinion Leaders) aus der vom neuen EDV-System betroffenen Abteilung ins Entscheidungsteam. Sie wurden in der Definitionsphase vor der Ausschreibung des Projektes miteinbezogen und so möglichst früh ins Projekt eingegliedert. "*Die Meinungsführer waren keine Super EDV-Verwender, sondern bei ihren Kollegen gut angesehen… mit hoher sozialen Intelligenz*" [Zitat Eberle[19] in Manh 2004]. Diese Meinungsführer wurden nun mit verstärktem emotionalem Einsatz dazu motiviert, die CRM-Lösung als Vorteil wahrzunehmen und dementsprechend gegenüber von Kollegen so zu vertreten. Die Akzeptanz des neuen Systems konnte auf diese Weise erfolgreich gesteigert werden.

2.5 Zusammenfassung

Macht bedeutet, jemanden zu einer Handlung zu bewegen. Für Macht oder für ein Machtverhältnis sind immer zwei Akteure notwendig: der Machthaber, welcher die Macht ausübt, und der Machtempfänger, der die Macht 'empfängt'. Abbildung 13 zeigt, welche Machtarten in diesem Kapitel untersucht und welche Aspekte dazu erwähnt wurden. Macht kann sich dabei negativ oder positiv auf den Projekterfolg ausprägen.

---

[18] Weiterführend findet sich bei Hansel und Lomnitz [Hans 2003, Seite 137] eine Liste im Kapitel "Wie gehe ich als Projektleiter persönlich mit Widerstand um".

[19] Peter Eberle ist der IT-Chef der Saeco Austria AG, 2001

Abbildung 13 Aspekte der Macht

Um Macht gewinnbringend und nachhaltig einsetzen zu können, sind dabei die positiven Aspekte der Macht zu fördern [siehe Abbildung 14].

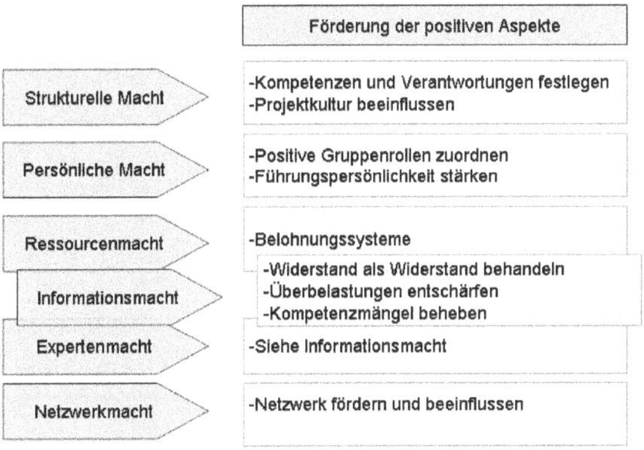

Abbildung 14 Umgang mit Macht

3 Grundlegende Begriffe und theoretischer Rahmen

Im folgenden Kapitel werden zunächst die grundlegenden Begriffe der Arbeit erklärt. Ausgangspunkt der Begriffsbildung ist die soziale Systemtheorie von Niklas Luhmann. Das Kapitel geht auf die Abhandlung von Macht bei Luhmann ein und versucht, Machtarten aufgrund der bisher erwähnten Machtquellen Struktur, Expertentum, Ressourcen, Information, Netzwerk und Persönlichkeit einzuordnen. Basis der Betrachtungen bilden dabei soziale Systeme.

3.1 Systemtheorie nach Niklas Luhmann

Zunächst gehe ich kurz auf Niklas Luhmann als Person ein, um dann im Allgemeinen die Systemtheorie und im Speziellen Luhmanns soziale Systeme anzuschauen.

3.1.1 Niklas Luhmann

Niklas Luhmann lebte von 1927 bis 1998. Er war ein Mitbegründer der soziologischen Systemtheorie und holte sich damit auch in der Philosophie einen Namen. Bekannt ist seine Arbeitsweise mit den so genannten Zettelkästen, mit deren Aufbau er 1952 begann [Wiki luhm]. Seine Zettel bestehen aus eindeutig mit Nummern oder Zahlen markierten Notizblättern, die Verweise auf andere Blätter enthalten können. Mit diesem Instrumentarium bewältigte er die Komplexität, die in seinen Werken vorliegt. Um ein Buch zu verfassen, konnte er dadurch 'einfach' den Verweisen nachgehen.

Sein Schaffen zeichnet sich hauptsächlich in 4 Phasen ab [nach Berg 2003, Seite 17 uff]: Zunächst erfolgte ein 'Probelauf für die Theorie der Gesellschaft'. Darunter fällt auch sein Werk Macht. 1984 erscheint das Buch 'Soziale Systeme', in dem er die Grundbegriffe seiner sozialen Systemtheorie grundlegend darstellt. In den folgenden Jahren wendet er die Theorie auf konkrete gesellschaftliche Bereiche[20] an. Schliesslich präsentiert er mit der Veröffentlichung 'die Gesellschaft der Gesellschaft' 1997 seine Theorie der Gesellschaft ausführlich und weniger abstrakt als in dem Werk ' soziale Systeme'.

Die Luhmannsche Systemtheorie gilt heute im Deutschen Sprachraum als eines der erfolgreichsten Theoriemodelle. Es kommt vor Allem in der Soziologie zur Anwendung,

[20] auf die so genannten Funktionsbereiche der Gesellschaft

jedoch auch in diversen Bereichen wie Literaturtheorie, Management und Psychologie [Wiki luhm].

3.1.2 Einführung in die Systemtheorie

In diesem Kapitel erfolgt eine Einführung in die Systemtheorie, um eine systemtheoretische Grundlage zu schaffen[21]. Der Luhmannschen Begriff der Macht in sozialen Systemen wird darauf in diesem Rahmen eingeführt.

3.1.2.1 Historischer Abriss

Der Begriff Systemtheorie wurde von Bertalanffy geprägt. Bertalanffy bildet mit der Kybernetik und der Informationstheorie die Basis des Wissenschaftsansatzes Systemtheorie. Im Gegensatz zur klassischen Wissenschaft erklärt sie Phänomene in ihrer Vernetzung und untersucht Wechselwirkungen unabhängig der linearen Kausalität. Ein System wird als neue Einheit verstanden, die bestimmte Elemente als Voraussetzung hat, aber nicht als blosse Summe dieser Elemente zu verstehen ist[22]. Weitere wichtige Beiträge stammen von Maturana und Varela, die den Begriff Autopoiesis einführten. Luhmann wird später die Autopoiesis weiter präzisieren und zum zentralen Mechanismus in seiner sozialen Systemtheorie erheben. Luhmann und Parson gelten dabei als die wichtigsten Vertreter der soziologischen Systemtheorie. Talcott Parson prägte den Begriff des Strukturfunktionalismus[23]. Er betrachtet in sozialen Systemen Handlungen als konstitutive Elemente. Strukturen sind bei ihm dabei Systemelemente, die von Schwankungen zwischen dem System und seiner Umwelt unabhängig sind, Funktionen beschreiben hingegen die dynamischen Aspekte. Luhmann erweitert die Theorie Parsons und integrierte neue Ansätze in die Systemtheorie. Er wendet sich vom Handlungsbegriff ab - die neuen zentralen Operationen von sozialen Systemen sind nun Kommunikationen [nach Wiki syst].

3.1.2.2 Systeme

Luhmann unterscheidet vier Arten von Systemen: organische, psychische und soziale Systeme sowie Maschinen [Luhm 1984, Seite 15], die ihrerseits wiederum Subsysteme bilden. Soziale Systeme stehen dabei bei Luhmann im Mittelpunkt [siehe Kapitel 3.1.2.3].

---

[21] Berghaus [Berg 2003] empfiehlt sich als eine Einführung

[22] Diese Erkenntnis wird Übersummation genannt [nach Wenz syst]

[23] Strukturfunktionalismus oder Systemfunktionalismus: eine strukturell-funktionale Theorie. Luhmann bezeichnet seinen Ansatz in Abgrenzung zu Parson in den Anfangsjahren funktional-strukturell

Er definiert Systeme über die Eigenschaften Differenzieren und Autopoiesis. Durch diese operieren[24] sie. Neben dem Operieren gibt es noch eine zweite Aktivität von Systemen, nämlich das Beobachten: Dabei wird anhand der Differenz zur Umwelt[25] beobachtet und unterschieden [siehe Abbildung 15].

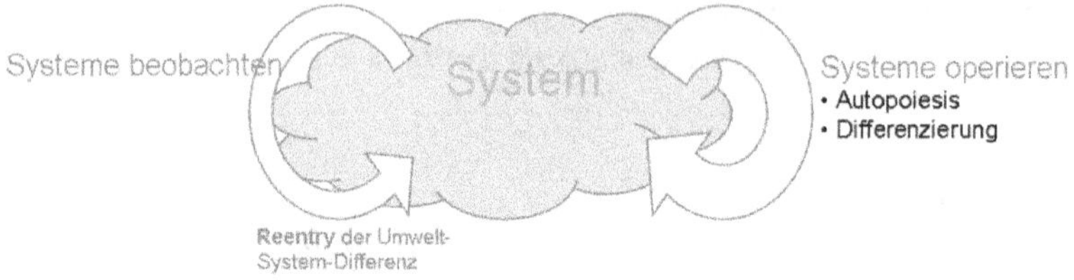

Abbildung 15 **Systemoperationen nach Luhmann**
Systeme operieren durch Autopoiesis und Differenzierung und Beobachten

Differenz

Durch die Differenz unterscheidet sich ein System zur Umwelt [siehe Abbildung 16]. Die Differenzierung findet anhand des binären Codes [nach Porr 1997] statt. Ein binärer Code ist nach Luhmann eine zweiseitige Form[26], die z.B. aus Macht/Nicht-Macht oder Geld/Kein-Geld besteht. Der eine Wert besteht aus der 'Negation' des anderen. Anhand des binären Codes können Systemgrenzen[27] gebildet werden: Im System wird mit dem binären Code unterschieden, die Umwelt hingegen kann mit dem binären Code nichts anfangen. Im Wirtschaftssystem beispielsweise wird mit Geld bezahlt, der binäre Code Geld respektive Kein-Geld spielt eine massgebliche Rolle. In der Umwelt des Wirtschaftssystems hingegen bedeutet Geld nichts. Es spielt da keine Rolle und hat keinen Sinn.

Der binäre Code wird auch Leitdifferenz genannt [nach Porr 1997]. Mit dieser Leitdifferenz differenziert sich das System von der Komplexität[28] der Umwelt. Es filtert nur die systemrelevanten Informationen heraus [nach Wiki autp] und schränkt so die Gesamtheit der in der Welt möglichen Ereignisse ein. Die Reduktion von Komplexität durch das Zuordnen des binären Codes ist daher die zentrale Funktion von Systemen.

---

[24] "Systeme bestehen nicht aus Dingen, sondern aus 'Operationen'" [Zitat: Luhm 1984, Seite 46 nach Berg 2003, Seite 39]. Berghaus [Berg 2003, Seite 39 uff] führt die Thematik genauer aus.

[25] Dieser 'Wiedereintritt der Differenz' nennt Luhmann nach George Spencer 'reentry'.

[26] Binäre Codes sind vergleichbar mit Dichotomien, d.h. paarweise auftretende Eigenschaften

[27] Luhmann verwendet auch den Begriff Formgrenzen

[28] Komplex ist ein System dann, wenn es mehr als einen Zustand annehmen kann

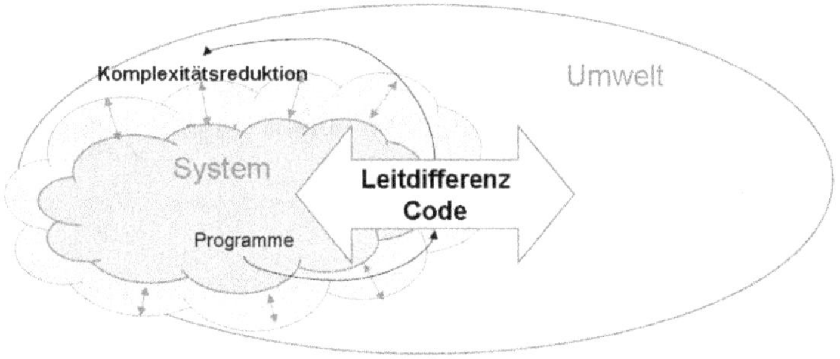

Abbildung 16 Leitdifferenz
Programme ordnen den systemspezifischen binären Code zu, anhand von dem sich das System von der komplexen Umwelt differiert. Das System unterscheidet sich durch die Leitdifferenz von der Umwelt

Autopoiesis

Die Autopoiesis[29] ist der zentrale Begriff in der Luhmannschen Systemtheorie. Der Begriff setzt sich zusammen aus den altgriechischen Ausdrücken 'auto' und 'poiesis' und bedeutet soviel wie 'selbstschaffend' oder 'selbstschöpfend' [Wiki autp]. Autopoietische Systeme produzieren und reproduzieren sich selbst. Sie bestehen aus einem Netzwerk von interagierenden Komponenten, die durch ihre Interaktionen wiederum das systeminterne Netzwerk konstituieren und sich so von der Umwelt abgrenzen. Sie werden durch Umwelteinflüsse nicht determiniert, sondern allenfalls irritiert. Die konkreten Systemzustände werden daher vom System selbst bestimmt [nach Pick 2004].

Beispielsweise ist das System Organismus aufzuführen: Er produziert sich und seine Grenze gegenüber der Umwelt. Er nimmt von Aussen Substanzen wie etwa Nahrung auf, die für ihn wichtig sind. Unwichtige Stoffe hingegen, die keinen Einfluss haben, ignoriert er [nach Wiki autp].

Luhmann bezeichnet dabei Systeme als einerseits operativ geschlossen, andererseits als offen.

Systeme sind operativ geschlossen bezüglich Operationen der Umwelt. Der Code sorgt dabei für die operative Schliessung des Systems.

Offen ist das System bezüglich dessen, was es zulässt. Programme sorgen für die Offenheit von Systemen. Nach diesen Programmen wird die eine oder andere Seite einer Entscheidung gewählt, womit sich das System von der Umwelt abgrenzt (die Differenz

[29] Einführungen zum Thema Autopoiesis finden sich in [Berg 2003, Seite 51 uff] und [Wiki autp]

zwischen System und Umwelt bildet), indem diese den binären Code festlegen und zuordnen [Wiki syst]. Anlässe zu Entscheidungen können dabei von einem anderen System kommen. Durch solche 'Irritationen' ermöglicht es Systemen, sich gegenseitig zu beeinflussen. Luhmann erwähnt die strukturelle Kopplung und die Interpenetration[30], mit denen sich Systeme gegenseitig erschliessen können [Nehr 2001].

3.1.2.3 Soziale Systeme

Alle sozialen Systeme gehören der Gesellschaft an. Diese bildet quasi das umfassende soziale System. Soziale Systeme tendieren dabei dazu, sich funktional zu differenzieren[31] und Subsysteme auszubilden. Personen in solchen Systemen können verschiedenen Subsystemen angehören.

Luhmann unterscheidet drei besondere Typen von sozialen Systemen: Interaktionssysteme, Organisationssysteme und Gesellschaftssysteme [Luhm 1984 Seite 15 uff].

Gesellschaftssysteme umfassen Interaktionssysteme und Organisationssysteme. Sie sind somit diesen zwei anderen Systemen übergeordnet; Gesellschaftssysteme sind jedoch mehr als bloss die Summe deren[32]. Interaktionssysteme begründen sich auf den Interaktionen zwischen Beteiligten. Sie charakterisieren sich durch den gegenseitigen Bezug der Mitglieder. Organisationssysteme basieren auf Organisation. Mitglieder sind dabei an bestimmte Bedingungen geknüpft. Die Organisation legt daher bestimmte Handlungsabläufe fest. Sie wird dadurch für Mitglieder und Nicht-Mitglieder der Organisation berechenbar [Pick 2004, Seite 28].

Luhmann stellt die Kommunikation in den Mittelpunkt von sozialen Systemen. Soziale Systeme bestehen bei Luhmann nicht aus einzelnen Individuen, sondern aus Kommunikationen. Sie sind die kleinsten Einheiten des Kommunikationssystems. Wäre das soziale System hingegen aus Personen aufgebaut, müssten diese durch Autopoiesis Menschen produzieren, und nicht soziale Systeme [Wiki luhm]. Individuen sind dabei Identifikationspunkte, Prozessoren der Kommunikation.

Doppelte Kontingenz

Die Ausgangslage für eine soziale Begegnung wie Kommunikation betrachtet Luhmann als doppelte Kontingenz [siehe Abbildung 17], die sich aus der Kontingenz zweier Individuen ergibt. Kontingenz beschreibt die Beliebigkeit von Selektionen, nämlich die Zufälligkeit, wie

---

[30] Auf die Interpenetration wird im nächsten Kapitel 3.1.2.3 detaillierter eingegangen

[31] Soziale Systeme bilden funktionale Subsysteme aus. Abbildung 21 gibt zum Beispiel einen Überblick über ausgewählte Funktionssysteme.

[32] Dieser Sachverhalt wird Übersummation genannt [nach Wenz syst]

zwei Individuen die Umwelt auffassen respektive aus allen verschiedenen gegebenen Möglichkeiten differenzieren können [Berg 2003, Seite 108]. Kommunikation ist aus dieser Perspektive nach Luhmann denkbar 'unwahrscheinlich'.[33]

Die doppelte Kontingenz[34] überwindet nun diese Zufälligkeit, indem die eine Seite jeweils an die andere Seite anknüpft. Beide Parteien der sozialen Begegnung sind im Ungewissen über den Fortgang des Verhaltens der jeweils anderen Partei, sie schliessen sich jedoch mit ihrem Verhalten dem der anderen Seite an. Kommunikation entsteht dabei, wenn das Geschehen von einer allgemeinen Beliebigkeit auf etwas Bestimmtes geführt wird. Kommunikation kristallisiert sich so durch die Kontingenzreduktion heraus.

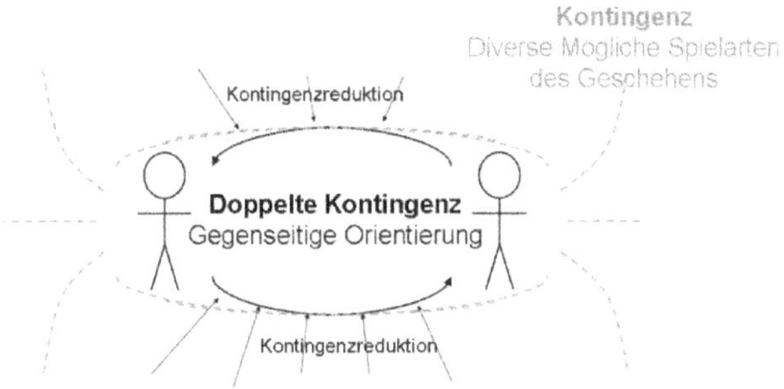

Abbildung 17 Doppelte Kontingenz
Doppelte Kontingenz entsteht durch Kontingenzreduktion aufgrund des gegenseitigen Bezugs zweier Parteien. Dabei wird unter den diversen möglichen Spielarten des Geschehens selektiert.

Da die doppelte Kontingenz sich jeweils an der anderen Seite orientiert und das Geschehen am Anfang kontingent ist, bedarf der Mechanismus der doppelten Kontingenz eines Anstosses. Dieser kann beispielsweise die Geschichte der Zusammenkunft, die Sozialisation oder die Organisation sein [Wiki doko].

Kommunikation

Die Kommunikation[35] selbst besteht nun aus folgenden Schritten: Der Information, der Mitteilung und dem Verstehen, wodurch die Kommunikation einem dreistufigem Selektionsprozess untersteht [siehe Abbildung 18].

---

[33] Unwahrscheinlich in dem Sinn, dass zwei Personen aus der Unzahl der ihnen zur Verfügung stehenden Handlungsmöglichkeiten genau diejenige der Kommunikation mit dem Gegenüber wählen.

[34] siehe auch in [Berg 2003 Seite 107 uff.] und [Wiki doko]

[35] Siehe für ausführlichere Quellen [Luhm 1984, Seite 191 uff.] oder [Berg 2003, Seite 73 uff.]

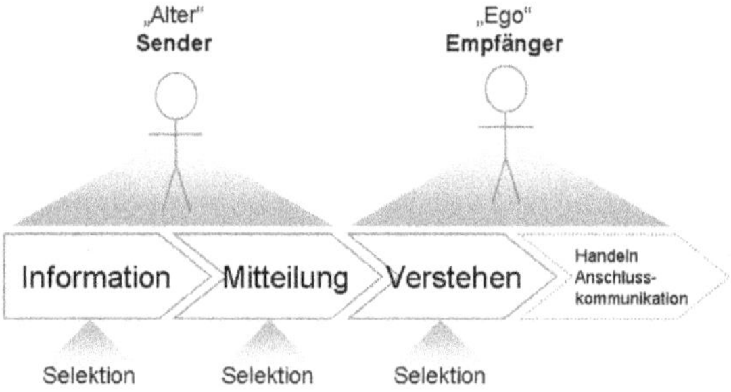

Abbildung 18 Kommunikation bei Luhmann
Die Kommunikation besteht aus der Information und der Mitteilung beim Sender, sowie aus dem Verstehen des Empfängers. Massgeblich ist, dass bei jedem Schritt selektiert wird

Der Sender verschafft sich die Information durch Beobachten. Erst durch den selektiven Akt der Aufmerksamkeit wird etwas zu Information. Er differenziert diese von Nicht-Information.

Der Sender wählt nun aus der Information aus, was er mitteilen möchte und wie er es kommunizieren will. Durch die Wahl des 'was' und des 'wie' untersteht die Kommunikation wiederum einem Selektionsprozess. Einerseits muss der Sender den relevanten Sinninhalt von der Gesamtheit der Information, die ihm zur Verfügung steht, differenzieren, andererseits wählt er die Form der Mitteilung sowie das Medium der Kommunikation. Medien sind dabei Träger von Information.

Die dritte Selektion findet nun beim Empfänger statt. Die Kommunikation ist erst dann erfolgreich, wenn der Empfänger diese als Mitteilung erkennt, das heisst, diese zwischen Information und Mitteilung differieren kann. Die Kommunikation kommt also erst zustande, wenn zum einen ein Empfänger existiert, und dieser zum anderen die Kommunikation erkennt. Da darum der Empfänger entscheidend ist, ob eine Kommunikation vorliegt, nennt Luhmann diesen 'Ego' und den Mitteilenden 'Alter' [Berg 2003, Seite 86].

Anschlusskommunikation

Die Anschlusskommunikation baut auf einer vorhergegangenen Kommunikation auf. Der Empfänger wechselt nun in die Rolle des Senders. Unter die Informationsphase des Senders fällt nun mitunter der vorhergehende Schritt des Verstehens.

Anschlusskommunikationen fällt eine tragende Rolle zu. Soziale Systeme nach Luhmann sind auf Anschlusskommunikation angewiesen, denn Kommunikation ist die Operation, mit der sich soziale Systeme autopoietisch konstituieren. Mit anderen Worten:

Kommunikationssysteme reproduzieren sich selbst durch Kommunikationen [Berg 2003, Seite 67][36].

Medien

Medien spielen bei der Kommunikation eine wichtige Rolle. Sie sind quasi der Träger von Kommunikationen. Sie reduzieren dabei die so genannten Unwahrscheinlichkeiten[37] der Kommunikation, um sie in Wahrscheinliches zu transformieren: Diese Unwahrscheinlichkeiten sind Missverständnis, beschränkte Reichweite und Ablehnung der Kommunikation [Porr 1997]. Durch die Wahl des Mediums lässt sich dabei die Selektivität und Differenzierung beim Empfänger beeinflussen: Solche Medien sind das Kommunikationsmedium Sprache, Verbreitungsmedien sowie Erfolgsmedien [Berg 2003, Seite 117].

Die Sprache reduziert Missverständnis und steigert das Verstehen von Kommunikation weit über das Wahrnehmbare hinaus.

Verbreitungsmedien vergrössern die Reichweite des Kommunikationsprozesses. Verbreitungsmedien sind beispielsweise die Schrift, Druck, Elektronische Medien etc.

Erfolgsmedien oder auch symbolisch generalisierte Kommunikationsmedien konditionieren die Selektion der Kommunikation so, dass sie zugleich als Motivationsmittel wirken. Sie beeinflussen die Selektion des Empfängers, um eine mögliche Ablehnung zu minimieren. "*Wahrheit, Liebe, Eigentum / Geld, Macht / Recht; in Ansätzen auch religiöser Glauben, Kunst und heute vielleicht zivilisatorisch standardisierte Grundwerte*" [Zitat: Luhm 1984, Seite 222] sind beispielsweise solche symbolisch generalisierte Kommunikationsmedien. Sie sind auf bestimmte Gebiete in ausdifferenzierten Gesellschaften spezialisiert. Symbolisch generalisiert bedeutet dabei, dass der Sinn der Kommunikation sich nicht nur mit der (Macht-) Kommunikation selbst bildet, sondern er wird kontextunabhängig. Das betreffende Medium berührt so nicht nur eine Kommunikation, sondern wird für einen bestimmten Typus von Kommunikationen generell [Luhm 2003, Seite 36].

Ein Spezialfall bildet das Medium Sinn als allgemeines Medium oder als Universalmedium.

Interpenetration

Im Allgemeinen definiert Luhmann Interpenetration als gegenseitige Penetration von zwei Systemen. Penetration ist dabei "*(...), wenn ein System die eigene Komplexität (und damit: Unbestimmtheit, Kontingenz und Selektionszwang) zum Aufbau eines anderen Systems zur*

[36] Siehe zur Vertiefung auch [Berg 2003, Seite 97 uff.]

[37] "Die (...) Errungenschaften, die (...) Unwahrscheinliches in Wahrscheinliches transformieren, wollen wir Medien nennen" [Zitat: Luhm 1984, Seite 220]

Verfügung stellt" [Zitat: Luhm 1984, Seite 290]. Penetrieren sich Systeme gegenseitig, sind sie voneinander abhängig, beeinflussen sich und bauen sich gegenseitig auf. "*Entscheidend ist, dass die Grenzen des einen Systems in den Operationsbereich des anderen übernommen werden können*" [Zitat: Luhm 1984, Seite 295]. Beide Systeme orientieren sich so an den Systemgrenzen des anderen.

Ein Beispiel von Interpenetration, dem grosse Bedeutung zukommt in der sozialen Systemtheorie, ist die Beziehung von sozialen Systeme und psychischen Systemen. Sie sind strukturell eng aneinander gekoppelt und können ohne einander nicht existieren. Bewusstseinssysteme sind Voraussetzung für soziale Systeme. Die Kommunikation von sozialen Systemen kann nur über das Bewusstsein beeinflusst werden. "*Das Bewusstsein bildet (quasi) eine Vermittlungsinstanz zwischen der Aussenwelt und der Gesellschaft*" [Zitat: Berg 2003, Seite 71]. Es verarbeitet aufgenommene Informationen und leitet diese weiter. Ermöglicht wird hier die Interpenetration durch Sinn und Sprache.

Sinn

Sinn gilt nach Luhmann als Universalmedium für soziale und psychische Systeme, da es Grundlage für Anschlusskommunikationen ist. Solche Kommunikationen können dabei nur stattfinden, wenn in der Kommunikation Sinn erkannt wird. Mit den Worten Luhmanns: "*ein Prozessieren nach Massgabe von Differenzen*" [Zitat: Luhm 1984, Seite 102]. Sinn wird so durch Selektionen und Unterscheidungen konstruiert. Das soziale System definiert seine Grenzen daher über Sinn. Diese Grenzen können sich selbstverständlich verändern, wenn neue Sinnkontexte hinzu stossen [Porr 1997]. Es gibt nach Luhmann dabei drei Sinndimensionen [Berg 2003, Seite 122 uff.]: die Sachdimension, die Zeitdimension und die Sozialdimension[38].

Die Sachdimension differiert nach Zugehörigkeit und Nicht-Zugehörigkeit, respektive zwischen System und Umwelt. Die Zeitdimension unterscheidet nach den zeitlichen Aspekten vorher respektive nachher. Die Sozialdimension schliesslich unterscheidet die Perspektive vom Ego, welcher eine Kommunikation versteht, von der vom Alter, der die Mitteilung sendet.

3.1.3 Macht in der Luhmannschen Systemtheorie

Macht im Allgemeinen ist in der vollständig ausdifferenzierten Gesellschaft völlig diffus verbreitet. Durch Differenzierung von operativ geschlossenen sozialen Systemen gegenüber

[38] Für detaillierte Ausführungen siehe [Luhm 1984, Seite 114 uff]

der Umwelt[39] entstehen Möglichkeitsüberschüsse und damit die Notwendigkeit, Entscheidungen zu treffen. Jedes soziale System erzeugt somit Macht selbst [Luhm 1981 nach Kara 2002, Seite 58]. In Verbindung mit Kommunikation kann dabei Macht als Medium dienen.

"*Von anderen Kommunikationsmedien unterscheidet sich Macht dadurch, dass ihr Code auf beiden Seiten der Kommunikation Partner voraussetzt, welche Komplexität durch handeln, und nicht nur durch Erleben reduzieren*" [Luhm 2003, Seite 19]. Luhmann grenzt es damit, indem dass die Reduktion sich auch auf Handlungsalternativen des Ego bezieht, ab von Einfluss [siehe Abbildung 19]. Letzterer definiert Luhmann als "*die Übertragung von Reduktionsleistungen*" [Luhm 2003, Seite 74]. Einfluss ist somit im Luhmannschen Sinne bloss die Reduktion von Selektionsmöglichkeiten beim Empfänger und somit umfassender als Macht.

Macht ist dabei ein Medium, das die dritte Art von Unwahrscheinlichkeit, nämlich die Ablehnung von Kommunikation, reduziert. Es zählt somit zu den symbolisch generalisierten Kommunikationsmedien oder Erfolgsmedien, die jemanden zur Annahme einer Kommunikation motivieren, sodass jener den angebotenen Selektionsvorschlag aufnimmt. Macht ist somit sozusagen ein Selektionsvorgang von Verhaltensprämissen seitens des Senders für den Empfänger, um dessen Selektionsspielraum zu beschränken und sein Handeln zu beeinflussen.

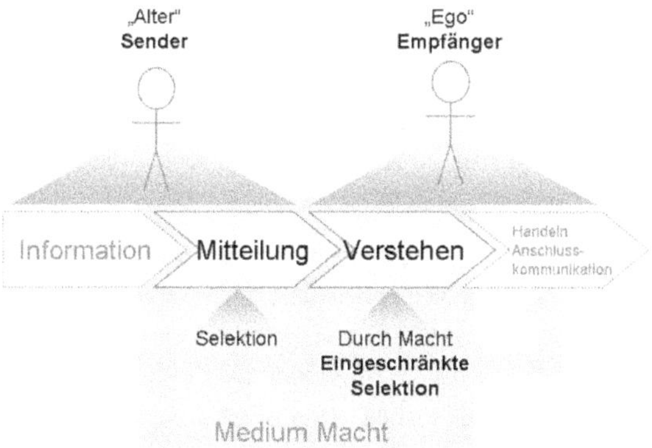

Abbildung 19 Macht bei Luhmann
Durch das Erfolgsmedium Macht schränkt der Sender den Selektionsspielraum beim Empfänger ein. Von Macht ist dann zu sprechen, wenn "Alter" ebenfalls die Handlungsalternativen beim "Ego" einschränkt.

[39] siehe für 'Differenzierung' Kapitel 3.1.2.2

Aus folgenden Gründen wirkt Macht als symbolisch generalisiertes Kommunikationsmedium: Macht ist nicht abhängig von einem unmittelbaren Einwirken des Machthabers auf den Machtempfänger. Es setzt Kommunikation voraus, nämlich dass der Empfänger von der Selektivität von vorgegangenen Machthandlungen des Machthabers erfährt [Luhm 1988, Seite 13]. Macht fusst somit auf "*einer Differenz von Code und Kommunikationsprozess*" [Zitat: Luhm 2003, Seite 15]. Sie wird so kontextunabhängig und bezieht sich somit nicht mehr nur auf einen Akt [Luhm 2003, Seite 27]. Macht generalisiert sich. Symbolisch generalisierte Kommunikationsmedien sind daher Systemstrukturen, die einer Kommunikation Erfolgswahrscheinlichkeit sichern[40]. "*Machtausübung ist in dieser Funktion, Selektionsleistungen zu übertragen, abhängig von Systemstrukturen, die unter Ausschluss anderer Möglichkeiten eine bestimmte Konstellation von Alternativen garantieren, ohne welche Macht nicht zustande kommt*" [Zitat: Luhm 1969, Kapitel 4, §7]. Hypothetisch steigt damit der Aufwand, Selektionsleistungen zu übertragen mit der Komplexität des Systems und der daraus resultierenden steigenden Anzahl alternativen Selektionsmöglichkeiten.

Systeme bilden die Machtstruktur, indem sie anhand des Codes[41] die überhaupt möglichen Alternativen für den Machthaber sowie den Machtempfänger aus der Umwelt differenzieren. "*Systeme erzeugen Macht durch Selektion bestimmter Alternativkonstellationen, ..., und erst kraft dieser Selektion gewinnt die Selektion des Machthabers Motivwert, also Ursächlichkeit für die Bestimmung fremder Selektionsprozesse*" [Zitat: Luhm 1969, Kapitel 4, §7]. Der Machtempfänger kann dabei motiviert werden, indem seiner Selektion von Handlungsalternativen Sinn zugeordnet wird. Vorausgesetzt ist dabei eine gemeinsame Sinnorientierung beider Akteure [Luhm 2003, Seite 74].

Macht ist ausdrücklich von Zwang zu unterscheiden. Bei Zwang reduziert der Ausübende die Selektivität beim 'Empfänger' auf ein Minimum und lässt ihm keine Entscheidungsalternativen [Luhm 2003, Seite 9].

"*Macht kann nur entstehen, wenn ... (in) einem Sozialsystem eine unterschiedlich pejorisierte*[42] *Alternative vorhanden ist*" [Zitat: Luhm 1969, Kapitel 4, §9]. Das bedeutet, dass beide Seiten einen Rückgriff auf die Machtbasis vermeiden möchten, der Machtempfänger jedoch eher als der Machtsender. Das "*ist die Grundlage dafür, dass Macht als Möglichkeit erscheint und auch als solche wirkt*" [Luhm 2003, Seite 24 uff.]. Dabei geht Macht verloren,

---

[40] Siehe auch [Luhm 1984, Seite 220 uff.]

[41] Anhand des binären Codes werden die Systemgrenzen eines Systems durch Differenzieren (nach diesem Code) festgelegt. Siehe auch Kapitel 3.1.2.2

[42] pejorisiert lehnt an das lateinische 'peior' an. 'peior' bedeutet dabei schlechter - 'pejorativ' gemäss Duden [Dude 1971] verschlechternd. Im Kontext heisst dies, dass im Sozialsystem von den Akteuren unterschiedlich 'schlecht' gewichtete Handlungsalternativen existieren. Die Akteure wollen den Zugriff auf diese Handlungsalternativen unterschiedlich stark vermeiden.

wenn der Machtempfänger eine Alternative wählt und der Machthaber Sanktionen ergreifen oder aufgeben muss. "*Alle Macht hängt letztlich davon ab, dass der Rückgriff auf ihre Basis unterbleibt*" [Zitat: Luhm 1969, Kapitel 4, §9]. Damit Macht bestehen bleibt, müssen daher Sanktionen die zu vermeidende Alternative bilden.

Im Handlungsbereich des Machthabers liegen nun im zeitlichen Verlauf folgende Möglichkeiten [Luhm 2003, Seite 27 uff.]. Er kann den gewünschten Handlungsverlauf andeuten, falls sich Widerstand zeigt explizit zur Kommunikation der Macht ansetzen und somit drohen. Er kann Sanktionen ausführen und die Entscheidungsalternative realisieren oder nicht. Diese Kette ist system- und somit codeabhängig.

In einem elementaren Sinn ist Macht selbst Code [Luhm 2003, Seite 34]. Sie ordnet nämlich jeder vom Machtsender angestrebten Handlungsselektion des Machtempfängers eine Vermeidungsalternative zu[43]. Diese Relation zwischen Selektionsvorschlag und Alternative wird um eine Zweit-Codierung erweitert. Diese erfolgt in unserer Tradition durch den "binären Schematismus von Recht und Unrecht", um gesellschaftlich tragfähig respektive legitim zu sein.

Zu Macht und Organisation führt Luhmann mitunter folgende Aspekte auf[44]:

Das Kommunikationsmedium lässt sich konvertieren: Indem man über Einflussmöglichkeiten des einen Mediums verfügt, kann Einfluss nach den Bedingungen eines anderen Mediums zu gewonnen werden. Das bedeutet zum Beispiel den Umtausch von Wissen in Macht, wenn das Wissen beispielsweise aus Wahrheiten besteht, die Drohpotentiale zu steigern vermögen. Das vollzieht sich über den Wechsel von Systemreferenzen, wobei die Konversion auf Organisationsebene geschieht [Luhm 2003, Seite 101 uff].

Luhmann unterscheidet Organisationsmacht von Personalmacht [Luhm 2003, Seite 104]. Die förmliche Organisationsmacht beruht auf Kompetenzen zu dienstlichen Weisungen. Anerkennung dieser Weisungen bedeutet Mitgliedschaft in der Organisation. Personalmacht hingegen beruht auf der 'Disposition der Stellenbesetzungen' und bezieht sich auf die jeweilige Stellenrolle. Die Organisationsmacht steigt dabei mit der Anzahl 'brauchbaren Personals' und tendiert dazu, Personalmacht zu schwächen durch Bindung an formale Regeln. Je knapper die begehrten Stellen in einer Organisation sind, desto schwächer wird die Personalmacht.

[43] Siehe oben: Solches Zuordnen von Vermeidungsalternativen, nämlich die Anwendung von Duplikationsregeln, ist die typische Code-Funktion. "Infolge dieser Duplikationsregel der Konstitution komplementärer Vermeidungsalternativen ist Macht immer schon ein Code" [Luhm 2003, Seite 34]

[44] Ausführlicher sind diese bei Luhmann [Luhm 2003, Seite 98 uff.] aufgeführt.

Macht in Organisationen bildet Ketten mit transitiven Eigenschaften [Luhm 1988, Seite 29]. Ein Machthaber ist jedoch mit zunehmender Komplexität der Machtstrukturen und seiner Beschränkung in der Verarbeitung von Informationen 'rasch überfordert'. Macht erzeugt daher in Organisationen Gegenmacht [Luhm 2003, Seite 108]. Das entstehende Machtvakuum wird gefüllt und von anderen übernommen. Nach dem Prinzip der Machtsummenkonstanz [Luhm 2003, Seite 52], nach dem Macht in einer bestimmten Menge gegeben ist, bedeutet jeder Wechsel eine Machtumverteilung. Demnach verringert sich die Macht des Machthabers. Jedoch: Wie bleibt die asymmetrische Struktur von Machtkommunikationen und damit die Organisationsmacht erhalten, wenn sich Gegenmacht bildet? Luhmann sieht eine mögliche Lösung darin, dass sich Machtquellen differenzieren lassen, Machtthemen hingegen nicht [Luhm 2003, Seite 111].

3.1.4 Die Machtquellen

In Kapitel 2.3 wurden die Machtquellen Struktur, Persönlichkeit, Ressourcen, Information, Expertentum und Netzwerk erwähnt. Im folgenden Abschnitt werden diese in den Kontext der Luhmannschen Systemtheorie gestellt und analysiert.

Strukturelle Macht

Strukturelle Macht basiert auf impliziten oder expliziten Normen und Gesetzen. Es sind dabei folgende Aspekte zu beachten: Strukturelle Macht durch Organisation, durch Bezug auf Gesetze und strukturelle Macht aufgrund von gesellschaftlichen Normen und Regeln.

Strukturelle Macht beinhaltet zum einen Teil Organisationsmacht[45]. Diese beruht auf dem Erteilen, respektive Befolgen von dienstlichen Weisungen. Wer dies tut, ist Mitglied der Organisation. Selektionsalternativen seitens der Machtempfänger sind Nicht-Befolgen von Weisungen und damit der Ausschluss aus der Organisation.

Zum anderen bezieht sich strukturelle Macht auf das funktionale Rechtssystem, indem sie sich selbst auf Gesetze bezieht. "*Gelingt es, ... die Verknüpfung (von Macht Code mit Recht und Unrecht) universell relevant zu setzen, hat das weittragende Folgen für den Technisierungsgrad der Macht, nämlich für ihre relativ kontextfreie Verwendbarkeit*" [Zitat: Luhm 2003, Seite 48]. Die Organisation ist dabei ein Subsystem des Rechtssystems und legitimiert Normen, Handlungsabläufe, Weisungen etc. Legitimation von Macht erfolgt darin durch eine Zweit-Codierung von Macht[46].

---

[45] Siehe dazu Kapitel 3.1.3 oder ausführlicher unter Luhm 2003, Seite 104 uff.

[46] Siehe dazu auch Kapitel 3.1.3 und Luhm 2003, Seite 34.

Ebenfalls als Zweit-Codierung sehe ich den Einfluss von Moral aufgrund zivilisatorisch standardisierten Grundwerten auf Macht [siehe dazu unter Erfolgsmedien im Kapitel 3.1.3]. Eine Rolle spielt dabei das Funktionssystem Moral, das in der Gesellschaft verankert ist in Form von gesellschaftlichen Werten, welche die Gesellschaft als implizite Regeln wahrnimmt[47]. Macht kann sich dadurch moralisch legitimieren. Werden diese zivilisatorisch standardisierten Werte nicht eingehalten - also eine Entscheidungsalternative gewählt - sind hier gesellschaftliche Sanktionen möglich, analog zur iudikativen Funktion des Rechtsstaates bei einer Zweit-Codierung durch das Rechtssystem.

Ressourcenmacht

Ressourcenmacht entsteht auf der Quelle von Eigentum oder Besitz von Ressourcen. Besitz und Eigentum spielen dabei im Wirtschaftssystem eine eminente Rolle als Medium. Das Programm Knappheit ordnet den binären Code Haben respektive Nicht-Haben dem System zu. Die Systemfunktion wird mit materieller Reproduktion bezeichnet [nach Nehr 2001]. Macht basiert auf dem Wechsel des Kommunikationsmediums Ressourcenbesitz in das Kommunikationsmedium Macht [siehe dazu Kapitel 3.1.3]. Einflussmöglichkeiten des einen Mediums Geld respektive Eigentum können so dazu benutzt werden, Einfluss nach den Bedingungen des Mediums Macht zu gewinnen.

Informationsmacht

Macht aufgrund Informationsbesitzes behandle ich als Spezialfall von Ressourcenmacht. Explizite Informationen sind als solche handelbar und besitzbar als Produkt. Die Knappheit dieser Ressource entsteht dabei durch Faktoren, welche einer Verbreitung von Information entgegenwirken. Das können beispielsweise gesetzliche Schranken sein wie Urheberrechte und Besitzrechte, verwehrter Zugang durch bauliche und technische Massnahmen etc. Wie bei Ressourcenmacht aufgeführt, findet auch hier auf Organisationsebene ein Wechsel des Mediums Besitz in Macht statt.

Expertenmacht

Expertenmacht fusst auf Fachkenntnissen und fachspezifischen Fertigkeiten und Fähigkeiten. Betrachtet man solche Kenntnisse und Fertigkeiten als wirtschaftliche Ressource, lässt sich diese durch Konversion auf Organisationsebene in Macht umwandeln, solange diese ein Subsystem des Systems Wirtschaft ist.

---

[47] Hier stellt sich die interessante Diskussion, wie weit Moral das Gesetz beeinflusst und umgekehrt. Das Gesetz deckt einen Teil von moralischen Werten ab, es kann jedoch auch von diesen abweichen. Ich gehe von einer gegenseitigen Wechselwirkung und daher einer gewissen strukturellen Koppelung aus.

Ausserdem führt Luhmann den Begriff Reputation als sachlich generalisierten Einfluss auf [Luhm 1988, Seite 75]. Der Machtempfänger wird dabei in Bezug der sachlichen Sinndimension [siehe dazu Kapitel 3.1.2.3] motiviert und verallgemeinert sachliche Kommunikationserfolge. Reputation beruht nun darauf, dass seitens des Machtempfängers 'relativ unkritisch' von bewährten Fällen, wo der Machthaber sachlich richtig lag, auf neue übertragen wird. Die Bewährung des Kommunikationsinhaltes wird dabei auf einen folgenden übertragen.

Persönliche Macht

Persönliche Macht entwickelt sich aufgrund der individuellen Persönlichkeit und wird mit Begriffen wie Charisma oder Ausstrahlung umschrieben.

Um persönliche Macht auf der Grundlage von Machtquellen wie Ausstrahlung und Charisma erklären zu können, führe ich ein soziales Subsystem ein, das nonverbal über Emotionen kommuniziert. Es ist Teil des Kommunikationssystems und differiert sich über die Attribution des Codes emotional/nicht emotional. Das Zuweisen des Codes geschieht bewusst oder unbewusst. Emotionen können so als Erfolgsmedien fungieren und beispielsweise das Medium Sprache unterstützen, damit das Kommunizierte eher angenommen wird. Um Macht aufgrund von Emotionen erklären zu können, verweise ich auf die Zweit-Codierung von Macht durch Emotionen.

Eine mögliche Quelle persönlicher Macht erklärt sich durch moralische Zweit-Codierung. Durch die Wertung der Macht und der Sinndimension durch das moralische Subsystem des Machtempfängers kann Macht moralisch legitimiert werden. Handelt es sich um Moral aufgrund zivilisatorisch standardisierter Grundwerte in der Gesellschaft, möchte ich von struktureller Macht sprechen. Problematisch ist dabei die Abgrenzung hin zu persönlicher Macht. Allgemeingültige Moral und starke Verwurzelung in der Gesellschaft weisen auf strukturelle Macht hin, schwach in der Gesellschaft verankerte Werte und individuelle Moralvorstellungen sprechen für persönliche Macht.

Ferner können Medien wie Liebe und Erotik als potentielle Machtgrundlagen hinzugezogen werden[48]. Es erklärt sich ebenfalls über den Mechanismus der Zweit-Codierung, dass solche Medien gegebenenfalls als Machtgrundlage fungieren.

Luhmann sieht dabei folgende Generalisierungsmöglichkeiten[49] der Motivation zur Annahme von Einfluss[50], welche persönliche Macht verstärken: Autorität und Führung. Solche

---

[48] Siehe dazu auch Kapitel 2.3.4.

[49] Sämtliche Generalisierungsmöglichkeiten sind nach Luhmann [Luhm 2003, Seite 74 uff.]: Autorität, Reputation und Führung. Hier werden unter persönlicher Macht Autorität und Führung genannt, Reputation befindet sich unter Expertenmacht.

Einflussmöglichkeiten entstehen dabei sozusagen durch die Sinngebung beim Beeinflussten. Die persönlichen Machteigenschaften des Machthabers entwickeln sich gewissermaßen beim Empfänger[51].

Mit Autorität bezeichnet Luhmann die zeitliche Generalisierung von Einfluss [Luhm 2003, Seite 75]. Die Motivation zur Annahme des Selektionsvorschlages beim Empfänger schliesst von der Vergangenheit auf die Zukunft. Hatten einflussnehmende Kommunikationen Erfolg, so steigen die Erwartungen, dass zukünftige auch Erfolg haben werden – sie verstärken somit die Wahrscheinlichkeit, dass diese wirklich erfolgreich verlaufen.

Führung bedeutet sozial generalisierter Einfluss. Luhmann beschreibt damit die Neutralisierung sozialer Unterschiede: Das heisst, Einfluss wird angenommen, da es andere auch tun. Mit anderen Worten: Die Motivation oder die Sinngebung besteht aus der Imitation von Folgebereitschaft anderer.

Netzwerkmacht

Netzwerkmacht entsteht durch den Zugang zu Machthabern. Um Netzwerkmacht grundsätzlich ausüben zu können, bedarf der Machthaber des Zugriffs auf weitere Machthaber. Diese müssen dazu angeregt werden können, Macht auszuüben, das heisst, die Selektion beim Dritten – dem Machtempfänger – zu beeinflussen. Um die Machthaber an zweiter Stelle dazu zu bringen, Macht im Sinne des ersten Machthabers auszuüben, das bedeutet beim Empfangen und Handeln eine übertragene Selektionsleistung des Ersteren anzunehmen, erfolgt die erste Kommunikation per definitionem auch über das Medium Macht[52]. Folglich muss der erste Machthaber im Besitz einer Machtquelle sein, um weitere Macht zu bewirken.

Was nun, wenn Macht aufgrund von Netzwerken besteht, der Rückgriff auf die Basis nicht mehr möglich ist? Das bedeutet, die Machtquelle Netzwerk existiert nicht mehr als solche. Jedoch kann Macht aufrechterhalten werden durch zeitliche Sinngeneralisierung. Sie bleibt so lange bestehen, bis die vermiedenen Handlungsalternativen gewählt werden müssten – Mit anderen Worten: Es muss Bezug auf die Machtquellen genommen werden. Ich möchte daher generalisierte Netzwerkmacht, der die Grundlage (also der mögliche Rückgriff auf die vernetzten Machthaber) fehlt, der persönlichen Machtquellen zuordnen.

---

[50] Einfluss ist allgemeiner als Macht [siehe dazu Kapitel 3.1.3]. Er bedingt nicht – wie Macht – eine Übertragung von Reduktionsleistungen auch bezüglich des Handels vom Machtempfänger. Luhmann spricht von Einfluss, wenn 'Alter' die möglichen Selektionsalternativen beim Verstehen des 'Ego' reduziert [siehe auch Abbildung 19].

[51] Hanseln und Lomnitz [Hans 2003] erwähnen den Sachverhalt mit dem Ausdruck 'Zuschreibungen' [siehe Kapitel 2.3.4]

[52] Mit anderen Worten: Damit B auf C im Sinne von A Macht ausübt, muss A auf B Macht ausüben.

3.1.5 Widerstand

Aufgrund seiner Bedeutung im Zusammenhang mit Macht und da er nicht eindeutig einer Machtquelle zugeordnet werden kann, gehe ich auf Widerstand separat ein[53]. Doppler und Lautenburg [Dopp 2000, Seite 296] teilen diesen in aktiven und passiven Widerstand ein [siehe auch Abbildung 12]. Aktiver Widerstand kann sich dabei durch den direkten Rückgriff auf eine der oben erwähnten Machtquellen zeigen, bei passivem Widerstand unterbleibt dies.

Anhand der sozialen Systemtheorie ist Widerstand so zu erklären: Grundsätzlich schliesst sich derjenige, der Widerstand ausübt, vom System aus, gegen das er Widerstand ausübt[54]. Beispielsweise ignoriert oder vernachlässigt der Auftraggeber eines Informatikprojekts sämtliche Pflichten, die ihm im Zusammenhang des Projektes entstehen. Er verhindert dadurch, dass er in das System des Informatikprojektes miteinbezogen wird. Durch seinen passiven Widerstand beeinflusst er das Projekt, indem er in diesem System eine Reaktion hervorruft. Es wird zum Handeln infolge seines Widerstands veranlasst. Im Luhmannschen Sinne kann man daher von Macht sprechen, die durch Widerstand erzeugt wird. Die Konsequenz können im Beispiel zeitliche Verzögerungen, unentdeckte Fehler, nicht wahrgenommene Controllingaufgaben etc. sein.

3.2 Soziale Systeme in Informatikprojekten

Zunächst stelle ich die Akteure im und um das Informatikprojekt vor, um die sozialen Systeme in diesem Zusammenhang untersuchen zu können. Abbildung 20 zeigt uns einen Überblick über die 'Systeme', die in diesem Kapitel erwähnt werden. Dabei wird zwischen dem Projekt, der unmittelbaren Umwelt und der Umwelt unterschieden. Das Projekt beinhaltet die Mitglieder des Projektes, die unmittelbare Umwelt zieht den Auftraggeber sowie die Endbenutzer hinzu. Diese sind schliesslich in die Umwelt eingebettet und Teil dieser Umwelt. Ein spezielles Augenmerk ist auf die Informationstechnologie (IT) zu werfen. Diese untersteht dabei einer starken Koppelung mit dem Informatikprojekt, wie wir weiter unten sehen werden.

---

[53] Eine Einführung ist Kapitel 2.3.10 nachzulesen.

[54] Idee nach Andreas Huber, Gespräch vom 21.07.2005 in Hausen am Albis / CH

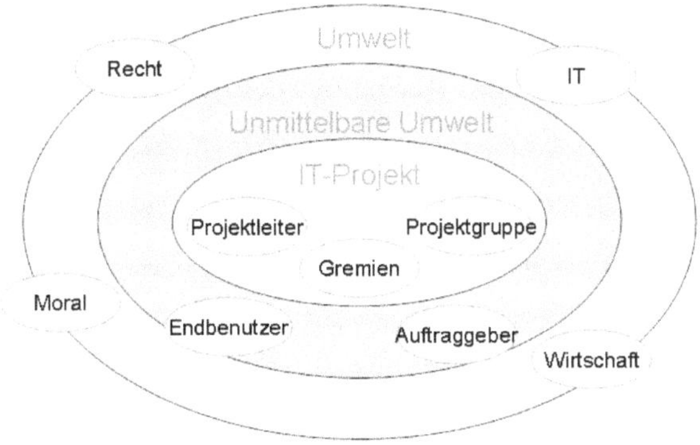

Abbildung 20 'Systeme' des Informatikprojektes

3.2.1 Akteure im Informatikprojekt

Das Projekt widmet sich einem geschlossenen und komplexen Auftrag, der durch die Projektsorganisation abgewickelt wird [Jenn 2000, Seite 520]. Jenny führt folgende Stellen auf, die in ein Informatikprojekt involviert sind: Die Projektleitung, die Mitglieder der Projektgruppe – bestehend aus einem Informatikbereich, dem Organisationsbereich, den Fachmitarbeitern sowie funktionalen Beteiligten und Spezialisten - , diverse Gremien sowie den Auftraggeber und gegebenenfalls den Generalunternehmer [Jenn 2000, Seite 117 uff].

Projektleitung

Die Projektleitung wird vom Auftraggeber eingesetzt und ist verantwortlich, dass das Projekt zeitlich eingehalten sowie fachgerecht abgewickelt wird. Sie führt das Projekt und übernimmt Steuerungs-, Planungs- sowie Kontrollaufgaben. Dazu gehören Organisation von Arbeitsprozessen, Projekttätigkeiten und Budget.

Die Projektleitung repräsentiert das Projekt gegenüber dem Auftraggeber. Sie ist verantwortlich, dass zuständige Gremien informiert werden. Sie regelt den bedürfnisgerechten Informationsfluss zu den Usern der Projektgruppe.

Je nach Organisationsform ist die Projektleitung für die personelle Betreuung der Mitarbeiter verantwortlich. Bei der reinen Projektorganisation kann sie über sämtliche Weisungsbefugnisse verfügen, bei der Stablinien-Projektorganisation hingegen reduzieren sich diese auf Empfehlungen. Jedoch: "*Disziplinarische Befugnisse werden meistens nur in begrenzter Form auf den Projektleiter übertragen*" [Zitat: Jenn 2000, Seite 124]

Bei grossen Projekten kann die Projektleitung aufgeteilt werden in Projektmanager und Teilprojektleiter.

Projektgruppe

Die Projektgruppe wird zu Beginn vom Auftraggeber und Projektleiter gebildet. Im Gegensatz zur Projektleitung ist sie für Ausführungsaufgaben zuständig und widmet sich dem Projektauftrag. Die Projektgruppe kann nach Jenny weiter aufgeteilt werden in einen Informatikbereich, in einen Organisationsbereich, in Fachmitarbeiter und in funktionale Beteiligte.

Der Informatikbereich beinhaltet Mitarbeiter mit 'spezifischen allgemeinen Informatikkenntnissen'. Sie widmen sich Entwicklungs- und Implementierungsaufgaben von Systemen mit umliegenden informationstechnischen Aufgaben, mitunter Dokumentationen. Zusammen mit dem Organisationsbereich bilden sie den Hauptbestandteil der Projektgruppe.

Mitarbeiter im Organisationsbereich sind für die Organisation des Projektes zuständig. Sie betreuen vor allem die Systemintegration im soziotechnischen Bereich und widmen sich Aufgaben wie Prozessstrukturierungen, Erhebungen, Analysen etc.

Fachmitarbeiter leisten einen wertvollen Beitrag, indem sie Praxiskenntnisse und Erfahrungen in die Projektarbeit einfliessen lassen können, um benutzerfreundliche Resultate entstehen zu lassen. Ihre Aufgabe besteht in der Kommunikation von Know-how zwischen Projektteam und Fachabteilung. Ausserdem vereinfachen Fachmitarbeiter eine Identifikation der Benutzer mit dem neuen System, um dessen Akzeptanz zu fördern.

Funktionale Beteiligte oder Spezialisten führen fachspezifische Arbeiten in einem Projekt durch und sind häufig nur temporär ins Projekt miteinbezogen.

Gremien

Gremien sind hierarchieübergreifende Gruppierungen, die diverse Funktionen innehaben können. Grundsätzlich haben sie zwei unterschiedliche Aufgaben, nämlich zum einen Projektträgerfunktion mit letzter Entscheidungskompetenz, indem sie die Aufgaben des Auftraggebers übernehmen, sowie zum anderen Beratungs- und Unterstützungsfunktion. Jenny führt dabei für Gremien folgende Funktionen auf [Jenn 2000, Seite 130 uff]:

- Planungs- und Kontrollgremien bestehen aus Mitgliedern verschiedener Fachbereiche, die für die Planung und Kontrolle zuständig sind
- Steuerungsgremien überwachen den Projektablauf und nehmen steuernden Einfluss auf das Projektgeschehen.
- Entscheidungsgremien prüfen Entscheide und vermindern dadurch Fehlentscheide. Die Projektleitung erhält so Rückendeckung.

- Kommunikationsgremien haben die Aufgabe, den Informationsfluss in Projekten zu gewährleisten. Kommunikationsgremien sind vor allem bei reinen Projektorganisationsformen nützlich.
- Beratungsgremien und Unterstützungsgremien fördern und unterstützen den Informationsfluss zwischen verschiedenen Bereichen.

3.2.2 Unmittelbare Umwelt

Als unmittelbare Umwelt des Informatikprojekts kann dessen Auftraggeber und Abnehmer betrachtet werden – also quasi das Zielpublikum des Informatikprojektes. Es wird dabei der Einfachheit halber angenommen, die User und der Auftraggeber arbeiten in derselben Unternehmung, sind also beide Teilnehmer desselben Systems, nämlich der Auftraggeberfirma.

Ein Spezialfall zwischen Projekt und Auftraggeberfirma ist der Generalunternehmer. Er tritt quasi zwischen das Projekt und den Auftraggeber.

Auftraggeberfirma

Ich gehe im Folgenden davon aus, die User sowie die Fachmitarbeiter sind in der Auftraggeberfirma angestellt. Die Auftraggeberfirma umfasst dabei den Auftraggeber selbst sowie die User oder Endbenutzer.

Der Auftraggeber ist die primäre Projektträgerinstanz. Er besitzt sämtliche Kompetenzen für das in Auftrag gegebene Projekt, er kann diese jedoch auf Projektträgergremien übertragen. Seine Perspektive gegenüber der Informationstechnologie ist dabei von Wirtschaftlichkeit geprägt. Ihn interessiert die Effizienz und Effektivität des Projektes respektive des Resultat. Auftraggeber neigen daher im Gegensatz zu Informatikspezialisten dazu, Innovationen und neue Technologien, welche Risiken beinhalten können, nicht zu unterstützen.

Die User sind die Endbenutzer des Produkts des Informatikprojektes. Sie sind primär an Benutzerfreundlichkeit und Funktionsfähigkeit des Systems interessiert. Die Benutzer sehen das System als Blackbox, technische Belange und Innovation im Hintergrund sind daher für die User von zweitrangiger Bedeutung.

Generalunternehmer

Ein Generalunternehmer übernimmt den Auftrag eines Projektes von einem Auftraggeber und fungiert seinerseits wiederum als Auftraggeber, indem er weitere Firmen hinzuziehen kann. Mit Verträgen werden die Leistungen gegenüber dem Auftraggeber definiert – häufig werden Systeme zum Fixpreis erstellt. Er stellt die Projektleitung oder vergibt diese als

Auftrag an eine weitere Unternehmung – dem Projekt gegenüber tritt er somit quasi in Form des Auftraggebers.

3.2.3 Umwelt

Das Informatikprojekt und die Auftraggeberunternehmung sind Organisationssysteme sowie Interaktionssysteme. Als solche sind sie eingebettet in die komplexe Umgebung des Gesellschaftssystems. Die unten ausgewählten Funktionssysteme Recht, Moral und Wirtschaft spielen dabei eine interessante Rolle, vor allem auch bezüglich ihrer Interaktion mit dem Medium Macht. Abbildung 21 zeigt dabei einen Überblick über erwähnte Funktionssysteme.

System	Codierung	Programm	Medium	Funktion
Wirtschaft	Haben/Nicht Haben	Knappheit	Geld, Eigentum	Materielle Reproduktion
Recht	recht/unrecht	Gesetze	Entscheidungen	Sicherheit und Konfliktentscheidung
Liebe	Ja/nein	Passion	Erotik	Partnerwahl
Ethik	Gerechtfertigt / ungerechtfertigt	Praktische Philosophie	Moral	Moralreflexion, Moralbegründung
Moral	Gut / böse	Wertvorstellungen	Werturteile	Subinstitutionelle Orientierung und Regulierung
Emotionen	Emotional/ nicht emotional	Psychisches System	ausgedrückte Gefühle	Kommunikation

Abbildung 21 Ausgewählte Funktionssysteme[55]

Recht

Das Funktionssystem Recht spielt eine massgebende Rolle beim Erfolgsmedium Macht. Gesetze fungieren als Programme und ordnen im Rechtssystem den Code Recht respektive Unrecht den Situationen oder Tatbeständen zu [Nehr 2001]. Vielfach findet zur Legitimation der Macht eine Zweitcodierung durch die Codierung des Rechtssystems statt. Macht wird in Beziehung gesetzt zum Schematismus Recht und Unrecht [siehe dazu Kapitel 3.1.3]. Mit anderen Worten: Macht hat, wer im Recht ist.

[55] Die Funktionssysteme lehnen mit Ausnahme des Systems 'Emotionen' an Rees 2000 nach Nehr 2001 an. Das System 'Emotionen' wurde hier eingeführt [siehe dazu Kapitel 3.1.4, Abschnitt Persönliche Macht]

Strukturelle Macht in Form von Institutioneller Macht fusst auf dieser Zweit-Codierung, insofern sie sich auf das Gesetz bezieht. Verträge binden die Mitglieder der Organisation, sie räumen ihnen Rechte und Pflichten ein. Ist der Vertrag rechtsgültig, kann bei Missachtung das Rechtssystem eingeschaltet werden. Dieses beurteilt seinerseits die Situation, indem es den Code des Rechtssystems zuordnet und gegebenenfalls Konsequenzen zieht.

Moral

Funktionale Moralsysteme basieren auf Wertvorstellungen, die Gegebenheiten mittels Werturteilen den Systemcode gut respektive böse zuordnen [nach Nehr 2001]. Moral kann ebenfalls wie Recht eine Zweit-Codierung des Machtcodes bilden. Macht steht dabei in Beziehung zum Schematismus gut respektive böse [siehe dazu Kapitel 3.1.3].

Strukturelle Macht in Form von gesellschaftlichen und organisationsweiten Wert- und Moralvorstellungen sowie persönliche Macht aufgrund der Legitimation durch die Moralvorstellungen der Machtempfänger basieren auf dieser Zweit-Codierung. Wird Macht zweitcodiert durch Moral, so kann sie innerhalb des jeweiligen Moralsystems Selektionsleistungen erbringen. Das heisst: Der Machthaber kann jemanden leichter dazu bringen, etwas zu tun, was innerhalb den Moralvorstellungen des Machtempfängers liegt. Selbstverständlich können sich dabei die Moralvorstellungen von Person zu Person, von Gruppierung zu Gruppierung unterscheiden.

Wirtschaft

Das Funktionssystem Wirtschaft ist nach Luhmann definiert durch den Code Haben respektive Nichthaben und widmet sich der Funktion der materiellen Reproduktion. Das Programm Knappheit ordnet den Code zu. Medien sind dabei Geld und Eigentum [nach Nehr 2001].

Das Informatikprojekt ist Teil des Funktionssystems Wirtschaft, indem es eine Leistung gegen Gegenleistung erbringt. Beispielsweise wird ein Informatiksystem als Eigentum[56] oder mit Hilfe von Eigentum erstellt und gegen Geld ausgeliefert.

Dabei lassen sich die Wirtschaftsmedien Geld und Eigentum in Macht konvertieren [siehe dazu Kapitel 3.1.3]. Das geschieht auf Organisationsebene, hier dem Informatikprojekt. Der Auftraggeber beispielsweise kauft nicht Macht an sich, sondern Macht entsteht, indem er Geld beisteuert und dieses als Sanktionsmassnahme zurückbehalten oder verweigern kann.

[56] Der Begriff 'Eigentum' lehnt an Nehr [Nehr 2001] an. Als Medium des Wirtschaftssystems führt er Eigentum und Geld auf; siehe dazu auch Abbildung 21

Informationstechnologie

Informationstechnologie (IT) beinhaltet Informations- und Datenverarbeitung sowie die zugrunde liegende Hardware. Die Schlüsselrolle der Informationstechnologie in Informatikprojekten liegt auf der Hand: IT-Fachkräfte schaffen im Projekt aufgrund von ihren Fähigkeiten im Informatikbereich neue Informationstechnologie. Wir haben hier einen engen Zusammenhang zwischen dem System der Informationstechnologie sowie dem gesellschaftlichen Subsystem der IT-Fachkräfte. Ich möchte dieser strukturellen Koppelung den Luhmannschen Begriff Interpenetration zuordnen[57]. Einerseits 'penetriert' die IT ihren Fachbereich und beeinflusst dessen Grenzen bezüglich von dem, was technisch machbar ist. Andererseits 'penetrieren' die Fachkräfte das System der Informationstechnik, in dem sie dessen Grenzen ausweiten und die IT weiterentwickeln. Dieser Zusammenhang zwischen IT und Fachkräften ist die Grundlage dafür, dass Expertenmacht aufgrund von Informatikkenntnissen entstehen kann. Nach der gleichen Argumentation kann auch auf eine Interpenetration von Informatikprojekten mit dem System der Informationstechnologie geschlossen werden. Informatikprojekte bauen auf der IT auf, im Gegenzug beeinflussen und erweitern dabei deren Bereich.

3.3 Kommunikation in Informatikprojekten

Im Folgenden werden Machtverhältnisse in Informatikprojekten zwecks Übersichtlichkeit anhand der Luhmannschen Gliederung der Gesellschaft[58] in Organisationssysteme und Interaktionssysteme getrennt aufgezeigt.

3.3.1 Macht im Organisationssystem

Organisationssysteme beruhen auf festgelegten Strukturen wie Handlungsabläufen, struktureller Macht etc [siehe dazu Kapitel 3.1.2.3]. Im Folgenden werden die einzelnen Akteure beziehungsweise Systeme im und um das Informatikprojekt untersucht bezüglich Macht, welche infolge der Projektorganisation entsteht. Ich gehe auf direkte Machtbeziehungen respektive Kommunikationen ein und behandle transitive Macht später.

---

[57] Das Konzept der strukturellen Koppelung respektive der Interpenetration wurde in Kapitel 3.1.2.3 vorgestellt

[58] Luhmann gliedert soziale Systeme in Organisations- und Interaktionssysteme und Gesellschaften. Die Gesellschaft umfasst dabei Organisations- und Interaktionssysteme. Siehe dazu Kapitel 3.1.2.3

3.3.1.1 Reine Projektorganisation

Machtempfänger \ Machthaber	Auftraggeber	Projektleitung	Projektträger-Gremium	Beratungs-Gremium	Organisations-Bereich	Informatik-Bereich	Spezialisten	Fach-mitarbeiter	Endbenutzer
Auftraggeber		Ressourcen Information	Information	Expertentum Information	Information	X	X	X	Expertentum Information
Projektleitung	Struktur Ressourcen Information		Struktur Information Ressourcen	Expertentum Information	Expertentum Information	Expertentum Information	Expertentum Information	Expertentum Information	X
Projektträger-Gremium	Struktur Ressourcen Information	Information		Expertentum Information	Information	X	X	X	X
Beratungs-Gremium	X	Information	X		Information	Information	Information	Information	X
Organisations-Bereich	X	Struktur Information Ressourcen Expertentum	X	Expertentum Information		Expertentum Information	Expertentum Information	Expertentum Information	Information
Informatik-Bereich	X	Struktur Information Ressourcen Expertentum	X	Expertentum Information	Expertentum Information		Expertentum Information	Expertentum Information	X
Spezialisten	X	Struktur Information Ressourcen Expertentum	X	Expertentum Information	Expertentum Information	Expertentum Information		Expertentum Information	X
Fach-mitarbeiter	X	Struktur Information Ressourcen Expertentum	X	Expertentum Information	Expertentum Information	Expertentum Information	Expertentum Information		X
Endbenutzer	Struktur Information Ressourcen	X	X	X	Information	X	X	X	

Abbildung 22 Macht im Organisationssystem der reinen Projektorganisation

Der Auftraggeber hat vollumfängliche Kompetenzen. Er verfügt daher durch die Projektleitung über strukturelle Macht auf 'sein' Projekt. Üblicherweise durch einen Vertrag verpflichtet[59] er sich zu einer Gegenleistung beispielsweise in Form der Ressource Geld. Auch gegenüber Projektträgergremien ist strukturelle Macht gegeben sowie eine Abfindung für erbrachte Leistungen. Da die Projektleitung das Informatikprojekt gegenüber dem Auftraggeber repräsentiert, hat der Auftraggeber keinen direkten Einfluss auf die Projektgruppe. Der Endbenutzer wiederum ist in die Hierarchie der Auftragsgeberfirma eingebunden und ist verpflichtet gegen Lohn.

Die Projektleitung repräsentiert das Projekt gegenüber dem Auftraggeber und verkörpert es sozusagen. Sie informiert und liefert das Projekt ab – sie verfügt daher über Informationsmacht und Macht aufgrund der Ressource Projektoutput. Gegenüber den

---

[59] Die Verpflichtung besteht darin, indem dass über Verträge auf den Staat zurückgegriffen wird, der über die letzten Machtmittel verfügt.

Projektträgergremien besteht ihrerseits Informationsmacht. Beratungsgremien in Stabsfunktion sowie die Projektgruppe sind strukturell eingebunden: Die Projektleitung verfügt daher über sie über strukturelle Macht und Macht aufgrund Ressourcen wie Geld. Ausserdem kommuniziert sie beispielsweise Aufgabenbereiche und Tätigkeiten: Sie verfügt dadurch über Informationsmacht. Ein Spezialfall bezüglich Ressourcenmacht aufgrund Geldes sind die Fachmitarbeiter. Sie können weiterhin durch die Auftraggeberfirma entlöhnt werden. Indem die Projektleitung über Führungsfähigkeiten verfügt, besteht zur Projektgruppe hin Expertenmacht.

Projektträgergremien verfügen über Entscheidungskompetenz. Sie verkörpern den Auftraggeber und übernehmen dessen Aufgaben. Durch Kommunikationspflichten entsteht gegenüber dem Auftragsgeber Informationsmacht. Mit der Projektgruppe sowie dem Endbenutzer besteht keine direkte Verbindung.

Gremien mit Beratungs- und Unterstützungsfunktionen im Projekt verfügen deutlich über Informationsmacht[60] und stützen auf Expertenwissen. Sie stehen je nach Funktion den einzelnen Akteuren zur Verfügung.

Der Organisationsbereich hat Expertenmacht und Informationsmacht inne. Expertenmacht entsteht durch organisatorische Fähigkeiten und Fertigkeiten dieses Bereichs. Informationsmacht ist einerseits durch die Kommunikation der organisatorischen 'Resultate' bedingt, andererseits durch Kommunikationsaufgaben selbst.

Der Informatikbereich des Informatikprojekts besitzt hauptsächlich Expertenmacht. Die Mitarbeiter sind aufgrund ihrer speziellen Fähigkeiten im allgemeinen Informatikbereich angestellt. Informationsmacht entsteht in diesem Bereich aufgrund von Kommunikationsfunktionen beispielsweise von Resultaten, Machbarkeiten etc. Die Machtverhältnisse bestehen hin zum Projektleiter sowie der Projektgruppe.

Spezialisten übernehmen fachlich spezifische Aufgaben und verfügen daher über Expertenmacht. Diese tritt vor allem gegenüber der Projektleitung und der Projektgruppe in Erscheinung. Informationsmacht entsteht in diesem Bereich ebenfalls aufgrund von Kommunikation beispielsweise von Resultaten, Machbarkeiten etc.

Die Fachmitarbeiter besitzen gegenüber dem Informatikprojekt Expertenmacht, was ihr Fachbereich anbelangt. Macht gegenüber dem Auftraggeber entfällt, da sie für die Projektdauer der Firma 'ausgegliedert' werden. Ausserdem verfügen sie über Informationsmacht durch Kommunikationsaufgaben.

---

[60] Siehe dazu die Untersuchungen von Krüger, Kapitel 2.3.7: Stäbe verfügen demnach über am meisten Macht.

Die Endbenutzer schliesslich verfügen über Informationsmacht zu dem Auftraggeber sowie dem Projekt. Mit dem Projekt kommen sie bei der Einführung in Berührung. Zum optimalen Ablauf der Einführung sowie zur nachträglichen Verbesserungen aufgrund von Benutzerinputs ist dabei Kommunikation zum Projekt notwendig.

3.3.1.2 Stab-Linien-Projektorganisation

Machthaber

Machtempfänger	Auftraggeber	Projektleitung	Projektträger-Gremium	Beratungs-Gremium	Organisations-Bereich	Informatik-Bereich	Spezialisten	Fach-mitarbeiter	Endbenutzer
Auftraggeber		Ressourcen Information	Information	Expertentum Information	Information	Expertenmacht Information M	Expertenmacht Information M	Expertenmacht Information M	Expertentum Information
Projektleitung	Struktur Ressourcen Information		Struktur Information Ressourcen	Expertentum Information	Expertentum Information	Expertentum Information	Expertentum Information	Expertentum Information	X
Projektträger-Gremium	Struktur Ressourcen Information	Expertenmacht Information M		Expertentum Information	Information	X	X	X	X
Beratungs-Gremium	Struktur Ressourcen Information	X	Struktur Ressourcen Information		Information	Information	Information	Information	X
Organisations-Bereich	Struktur Ressourcen Information	X	Struktur Ressourcen Information	Expertentum Information		Expertentum Information	Expertentum Information	Expertentum Information	Information
Informatik-Bereich	Struktur Ressourcen Information	X	Struktur Ressourcen Information	Expertentum Information	Expertentum Information		Expertentum Information	Expertentum Information	X
Spezialisten	Struktur Ressourcen Information	X	Struktur Ressourcen Information	Expertentum Information	Expertentum Information	Expertentum Information		Expertentum Information	X
Fach-mitarbeiter	Strukturelle M. Geld Information	X	Struktur Ressourcen Information	Expertentum Information	Expertentum Information	Expertentum Information	Expertentum Information		X
Endbenutzer	Struktur Information Ressourcen	X	X	X	Information	X	X	X	

Abbildung 23 Macht im Organisationssystem der Stab-Linien-Projektorganisation (Veränderungen zur reinen Projekt-Organisationsform sind grau hervorgehoben)

Änderungen der Machtverhältnisse im Vergleich zur reinen Projektorganisation ergeben sich dadurch, dass einerseits die Projektleitung Stabfunktion innehat, andererseits die Fachmitarbeiter weiterhin in der Struktur der Auftraggeberunternehmung bleiben. Das ergibt folgende Mutationen: Der Auftraggeber respektive die Projektträgerinstanz hat nun die strukturelle, Informations- sowie Ressourcenmacht, die vorhin die Projektleitung innehatte. Die Projektleitung steht nun in Stabsfunktion diesen Entscheidungsträgern bei. Sie verfügt damit über Expertenmacht und Informationsmacht.

3.3.1.3 Matrix-Projektorganisation

Machthaber

Machtempfänger	Auftraggeber	Projektleitung	Projektträger-Gremium	Beratungs-Gremium	Organisations-Bereich	Informatik-Bereich	Spezialisten	Fach-mitarbeiter	Endbenutzer
Auftraggeber		Ressourcen Information	Information	Expertentum Information	Information	X	X	Expertentum Information	Expertentum Information
Projektleitung	Strukturelle M. Geld Information		Struktur Information Ressourcen	Expertentum Information	Expertentum Information	Expertentum Information	Expertentum Information	Expertentum Information	X
Projektträger-Gremium	Struktur Ressourcen Information	Information		Expertentum Information	Information	X	X	X	X
Beratungs-Gremium	X	Information	X		Information	Information	Information	Information	X
Organisations-Bereich	Struktur Ressourcen Information	Struktur Information	X	Expertentum Information		Expertentum Information	Expertentum Information	Expertentum Information	Information
Informatik-Bereich	Struktur Ressourcen Information	Struktur Information	X	Expertentum Information	Expertentum Information		Expertentum Information	Expertentum Information	X
Spezialisten	Struktur Ressourcen Information	Struktur Information	X	Expertentum Information	Expertentum Information	Expertentum Information		Expertentum Information	X
Fach-mitarbeiter	Strukturelle M. Geld Information	Struktur Information	X	Expertentum Information	Expertentum Information	Expertentum Information	Expertentum Information		X
Endbenutzer	Struktur Information Ressourcen	X	X	X	Information	X	X	X	

Abbildung 24 Macht im Organisationssystem der Matrix-Projektorganisation (Veränderungen zur reinen Projekt-Organisationsform sind grau hervorgehoben)

Änderungen im Vergleich zur reinen Projektorganisation ergeben sich durch den Umstand, dass die Mitarbeiter typischerweise zwei Stellen unterstellt sind: dem Auftraggeber sowie der Projektleitung. Normalerweise ist der Projektleiter für fachliche und zeitliche Belange zuständig [Jenn 2000, Seite 109] und verfügt über diesbezügliche strukturelle Macht über die Projektgruppe. Der Auftraggeber respektive die Linieninstanzen des Auftraggebers sind weiterhin zuständig für den Personal und Ressourceneinsatz. Die bisherigen Machtverhältnisse aufgrund der Machtquellen Struktur, Information sowie Ressourcen bleiben dort bestehen.

3.3.1.4 Beobachtungen

Informationsmacht scheint überall eine Rolle zu spielen, wo im Organisationssystem zwei Akteure zusammenarbeiten. Beispielsweise sind Informationen überall nötig, wo Aufgaben durch Vorgesetzte definiert werden, wo Informationen von Experten sowie Beratern geholt werden, wo Prozesse aufeinander aufbauen etc. Informationen können dabei zurückgehalten werden, die das Gegenüber zu anderem Handeln veranlassen als wenn er sämtliche Informationen empfangen hätte.

Ich stelle in diesem Rahmen folgende Hypothese auf: In einem komplexen Gesellschaftssystem ist immer Informationsmacht vorhanden, da soziale Systeme nach Luhmann auf Kommunikationen aufbauen. Jeder Kommunikationsprozess ist dabei beim Machthaber einer Selektion unterworfen ist, die das Handeln des Empfängers beeinflusst [siehe dazu Kapitel 3.1.2.3].

3.3.2 Macht im Interaktionssystem

Unter Macht im Interaktionssystem behandle ich Macht, die nicht aufgrund der Organisation entsteht, sondern infolge der Akteure, die in der Organisation interagieren.

3.3.2.1 Persönliche Macht

Ich gehe zunächst von der fiktiven Annahme aus, alle Akteure verfügen über gleichviel persönliche Macht. Persönliche Macht kann dort entstehen, wo zwei Kommunikationspartner aufeinander treffen und kommunizieren. Dadurch fallen die Akteure darunter, welche im Organisationssystem miteinander agieren und Kontakt zueinander haben [siehe dazu Abbildung 25]. Beispielsweise: Im reinen Informatikprojekt haben der Auftraggeber respektive die Projektträgerinstanz hauptsächlich Kontakt mit dem Projektleiter, der das Projekt quasi verkörpert. Dadurch kommt sie kaum mit dem Informatikbereich in Berührung – persönliche Macht spielt daher eine kleine Rolle. Ich beziehe daher zur Vereinfachung nur die Kontakte mit ein, die sich aus der Organisationsstruktur ergeben.

Machtempfänger \ Machthaber	Auftraggeber	Projektleitung	Projektträger-Gremium	Beratungs-Gremium	Organisations-Bereich	Informatik-Bereich	Spezialisten	Fach-mitarbeiter	Endbenutzer
Auftraggeber		Pers. Macht	Pers. Macht	Pers. Macht	Pers. Macht	X	X	In Stabs und Matrix-organisation	Pers. Macht
Projektleitung	Pers. Macht		Pers. Macht	Pers. Macht	Pers. Macht	Pers. Macht	Pers. Macht	Pers. Macht	X
Projektträger-Gremium	Pers. Macht	Pers. Macht		Pers. Macht	Pers. Macht	X	X	X	X
Beratungs-Gremium	X	In Projekt und Matrix-organisation	In Stabs-organisation		Pers. Macht	Pers. Macht	Pers. Macht	Pers. Macht	X
Organisations-Bereich	In Stabs und Matrix-organisation	In Projekt und Matrix-organisation	In Stabs-organisation	Pers. Macht		Pers. Macht	Pers. Macht	Pers. Macht	X
Informatik-Bereich	In Stabs und Matrix-organisation	In Projekt und Matrix-organisation	In Stabs-organisation	Pers. Macht	Pers. Macht		Pers. Macht	Pers. Macht	X
Spezialisten	In Stabs und Matrix-organisation	In Projekt und Matrix-organisation	In Stabs-organisation	Pers. Macht	Pers. Macht	Pers. Macht		Pers. Macht	X
Fach-mitarbeiter	In Stabs und Matrix-organisation	In Projekt und Matrix-organisation	In Stabs-organisation	Pers. Macht	Pers. Macht	Pers. Macht	Pers. Macht		X
Endbenutzer	Pers. Macht	X	X	X	Pers. Macht	X	X	X	

Abbildung 25 Macht im Interaktionssystem des Informatikprojektes

Es besteht ein gewisser Zusammenhang zwischen persönlicher und struktureller Macht, wie oben hervorgeht [siehe dazu Kapitel 2.3.4]. Es kann, da ein struktureller Machtunterschied zu einem Vorgesetzten existiert, erhöhte Machtempfänglichkeit bestehen[61]. Eine Erklärung sehe ich in den [unter Kapitel 3.1.4 angesprochenen] Generalisierungsmöglichkeiten von Macht[62]. Beispielsweise wird jemand empfänglicher für Autorität aufgrund früherer Erfahrungen von Macht. Oder jemand ist beeinflussbarer für Macht, die von einer Führungsposition ausgeht, da andere diese Führungskraft als Machthaber akzeptieren.

Ich möchte daher einen Korrelationsfaktor zwischen persönlicher Macht und Macht aufgrund von Organisationsstrukturen einführen, um im mathematischen Modell [siehe **Fehler! Verweisquelle konnte nicht gefunden werden.**] den Zusammenhang abbilden zu können.

---

[61] Interessant ist hier die Überlegung, wie weit sich Macht aufgrund Persönlichkeit sowie andere Macht gegenseitig beeinflussen. Erfahrungsgemäss können auf der Basis persönlicher Macht weitere Machtquellen erschlossen werden.

[62] Nach Luhmannscher Begrifflichkeit bedeutet Autorität zeitliche Generalisierung, Führung soziale Generalisierung von Einfluss

Obige Überlegungen ignorieren selbstverständlich weitere persönliche Machtfaktoren, die individuell 'verteilt' sind. Zu genaueren Betrachtungen müssten die Individuen als psychische sowie alle weiteren Systeme, die in Kontakt mit dem Individuum stehen, miteinbezogen werden. Das wird vermutlich rasch an der Komplexität anstossen.

3.3.2.2 Netzwerkmacht

Netzwerkmacht bedeutet den Zugang zu Trägern von Machtquellen. Es kommt damit zur Machtkettenbildung.

Ich möchte im Folgenden die Auswirkungen von Netzwerkmacht auf einzelne Machtpositionen untersuchen. Dazu versuche ich, ein Modell einzuführen, um die Machtbeziehungen sichtbar zu machen. Ich muss dabei von gewissen Annahmen ausgehen, um die tatsächliche Komplexität zu reduzieren:

Macht zwischen zwei Akteuren hat additiven Charakter. Zum Beispiel: Hat eine Stelle Macht aufgrund der Quellen Struktur und Persönlichkeit, so hat diese Stelle mehr Macht, als wenn sie nur solche aufgrund von Persönlichkeit oder nur von Strukturen innehätte.

Macht in Machtketten hat transitive Eigenschaften. Verfügt A über B Macht, und B über C, so hat A über C Macht [siehe Abbildung 26, Formel 1]. Dabei besteht die Macht, die in der Beziehung A zu C besteht, aus einem Anteil an Macht, die A auf B ausübt multipliziert mit der Macht, die B auf C ausübt mal ein p [siehe Abbildung 26, Formel 2]. Der oben erwähnte 'Anteil an Macht' soll dann 1 sein, wenn A soviel Macht hat, um ohne Verlust auf die Macht von B zuzugreifen (falls man den Faktor p ausdividiert). Der Divisor m sei dabei die Machtgrösse, bei der dieser Fall eintritt.

Weiter nehme ich p als einen Wahrscheinlichkeitsfaktor an, ob ein Selektionsvorschlag bei B angenommen wird und B auf das Medium Macht setzen wird und Macht potentiell ausüben wird auf C [siehe Abbildung 26, Formel 2]. Für P gelten folgende Restriktionen: P ist zum einen grösser als der reziproke Wert der Anzahl Selektionsmöglichkeiten, sonst kann man per definitionem nicht von Macht ausgehen. Damit wird er grösser als null, da die Anzahl an Selektionsmöglichkeiten nicht Null oder negativ sein kann. Zum anderen ist p kleiner als 1, ansonsten müsste man von Zwang sprechen. Zwang bedeutet nämlich die Eliminierung von Alternativselektionen. In den folgenden Berechnungen nehme ich zur Vereinfachung der Komplexität p als fixen Wert an, obwohl er selbstverständlich in jeder Machtbeziehung anders sein kann.

Es gilt die Prämisse der Machtsummenkonstanz [siehe Kapitel 3.1.3]: Gewinnt in einem System ein Akteur an Macht, so geht das zu Lasten der Macht eines anderen.

1) $M_{A \to B} \wedge M_{B \to C} \Rightarrow M_{A \to C}$

2) $M_{A \to C} = \left(\frac{M_{A \to B}}{m_{A \to B}} * p_{A \to B} \right) * (M_{B \to C})$

$M_{X \to Y}$: Macht von X nach Y, dabei ist in dieser Beziehung

$p_{X \to Y}$ die Wahrscheinlichkeit der Annahme des Selektionsvorschlages

3) $M'_{X \to Y} = M_{X \to Y} + (M_{X1 \to Y} \quad M_{X2 \to Y} \quad M_{Xx \to Y}) * \begin{pmatrix} M_{X \to X1} \\ M_{X \to X2} \\ M_{X \to Xx} \end{pmatrix} * \frac{p^{const}}{m^{const}}$

Abbildung 26 Formeln Machtbeziehungen
1. beschreibt die transitiven Eigenschaften von Macht, 2. ist die transitive Machtbeziehung, 3. gibt das vereinfachte Modell wieder, nachdem unten Netzwerkmacht analysiert wird.

In den nachfolgenden Berechnungen wurden zunächst die einzelnen Machtquellen bewertet auf einer Skala von 0 bis 3, wie stark sie sich auf den Projekterfolg auswirken können. 0 bedeutet keine Macht, 1 bedeutet Macht vorhanden, 2 beschreibt mittleren Einfluss, 3 geht von grossem Einfluss der Macht auf den Projekterfolg aus [siehe dazu Anhang I, Ausgangslage zur Berechnung von Netzwerkmacht]. Prozentangaben beziehen sich auf den jeweiligen Anteil der Macht an der gesamten Macht im System. Der Einfluss der Machtquellen wurde dabei nicht gewichtet. Ich gehe von der trivialen Annahme aus, jede genannte Machtquelle kann gleichermassen Netzwerkmacht bewirken.

Persönliche Macht ist wie folgt aufgeführt. Besteht eine Kommunikation, wird der Wert 1 zugeteilt. Dieser korreliert zusätzlich mit der Macht, die aufgrund der Organisation zugeteilt wurde. Das entspricht der Machtsumme der jeweiligen Beziehung dividiert durch deren maximal möglichen Wert (nämlich 12).

Als Projektorganisationsform habe ich die reine Projektorganisation gewählt.

In jeder weiterführenden Iteration wird der transitive Einfluss über eine Stelle hinzugerechnet. Die Berechnungen basieren auf oben gezeigten Formeln [siehe dazu Abbildung 26, Formel 3]. Dabei wird die Macht der hinzukommenden Stelle mit dem Anteil der Macht an möglicher Macht, welche die ausgehende auf die hinzukommende Stelle hat, multipliziert. Der 'Anteil an möglicher Macht' ist dabei die Summe der Gewichtungen der einzelnen Machtquellen dividiert durch die Summe der maximalen Ausprägungen (oben 3 multipliziert mit 5). Ich möchte damit der Überlegung gerecht werden, dass A – verfügt es über das Maximum an Macht in der Ausgangslage – um den Faktor 1 auf die Macht weiterer Akteure zugreifen kann, wenn man p nicht berücksichtigt.

Nach drei Iterationen [siehe Anhang I, Machtverteilung nach der dritten Iteration] sind leichte Verschiebungen der Machtkonzentrationen festzustellen. Die Projektleitung verliert im beobachteten System Machtanteil, während vor allem die Projektgruppe sowie auch Beratungsgremien an Macht gewinnen.

Obige Überlegungen ignorieren selbstverständlich weitere Netzwerke. Zu genaueren Betrachtungen müssten alle weiteren involvierten Systeme, die in einem bestimmten Mass das Informatikprojekt beeinflussen, miteinbezogen werden. Das wird schliesslich irgendwo an der Komplexität anstossen.

Das obige Modell geht vom definierten Organisationssystem aus, das Strukturen vorgibt, Informationsflüsse definiert und Experten einsetzt. Es legt also die Machtquellen Struktur, Ressourcen, Information und Expertentum fest. Persönliche Macht im Interaktionssystem wird nur soweit berücksichtigt, wie ein Einfluss durch das Organisationssystem vorhanden ist. Persönliche individuelle Machtquellen sind dabei nicht berücksichtigt. Beispielsweise werden Gruppenrollen [siehe Kapitel 2.3.4.1] nicht angesprochen, die einzelne Akteure in einem Team, zum Beispiel im Informatikbereich, wahrnehmen. Die Liaison zwischen der smarten Projektleiterin und dem attraktiven Mitglied der Projektträgerinstanz bleibt ebenfalls unangetastet.

3.4 Fazit und theoretische Handlungsrelevanz

Macht ist nach Luhmann ein Kommunikationsmedium zwischen zwei Akteuren, oben Machthaber und Machtempfänger genannt. Dem Machtempfänger stehen dabei verschiedene alternative Handlungsmöglichkeiten zur Verfügung. Über das Erfolgsmedium Macht schränkt nun der Machthaber diese Handlungsalternativen ein. Mit anderen Worten: Der Machthaber beeinflusst[63] das Handeln des Machtempfängers. Macht ist dabei überall vorhanden, wo jemand das Handeln von jemandem anderen beeinflusst.

Der Machthaber hat nun zwei grundlegende Möglichkeiten, die Wahrscheinlichkeit für die Annahme der gewünschten Handlungsmöglichkeit beim Machtempfänger zu steigern.

Wird die Anzahl Handlungsalternativen beim Machtempfänger vermindert, so resultiert eine grössere Wahrscheinlichkeit für die Annahme eines Selektionsvorschlages. Solche Mechanismen können durch Systemzugehörigkeit wirken, indem Systeme Komplexität reduzieren und Handlungsmöglichkeiten zuordnen. Als Extremfall reduzierter Handlungsalternativen wäre dabei Zwang zu nennen.

[63] Die Benutzung des Begriffes 'beeinflussen' weicht hier vom generellen Gebrauch bei Luhmann ab. Dieser beinhaltet eigentlich nur eine Selektion beim Akt des Verstehens in der Luhmannschen Kommunikation. Macht ist dabei ein Spezialfall.

Die zweite Möglichkeit, die Wahrscheinlichkeit für die Annahme einer gewünschten Handlungsmöglichkeit zu steigern besteht in der Vergrösserung der Wahrscheinlichkeit p für die Machtannahme selbst. Macht fusst darauf, dass Vermeidungsalternativen den Machtempfänger mehr kosten - also dass dieser die Vermeidungsalternativen eher vermeiden möchte als der Machthaber. Eine Vergrösserung dieser 'Vermeidungsdifferenz' würde dabei die Wahrscheinlichkeit p erhöhen.

Strukturelle Macht, Expertenmacht, Informationsmacht und Ressourcenmacht scheinen durch die Organisation gegeben zu werden [siehe Kapitel 3.3.1]. Durch Änderung der Organisationsstruktur kann der Projektleiter Änderungen der Machtverteilung bewirken[64].

Macht aufgrund von personellen Machtquellen scheint nach obigen Überlegungen [siehe Kapitel 3.1.4 sowie Kapitel 3.3.2.1] mit struktureller Macht, Expertenmacht und Ressourcenmacht zu korrelieren. Jedoch ist diese zusätzlich personenabhängig und beeinflusst Gruppenrollenzugehörigkeiten. Nach obigen Ausführungen [siehe Kapitel 3.1.4] lässt sich persönliche Macht durch Legitimation durch Gesetze und gesellschaftliche Grundwerte sowie durch Übereinstimmung mit den Moralvorstellungen des Machtempfängers steigern, indem dadurch die Wahrscheinlichkeit p erhöht wird.

Netzwerkmacht stellt ein Mittel dar, die eigene Machtposition zu verbessern. Durch eine 'Erhöhung' der Macht auf Akteure, die wichtigen Einfluss haben, kann der Projektleiter seine Stellung gezielt beeinflussen. Wichtige Akteure sind dabei nach obigen Ausführungen [siehe Kapitel 3.3.2.2] projektintern Beratungsgremien und die Projektgruppen, projektextern der Auftraggeber. Zudem sind die Gruppenrollen [siehe Kapitel 2.3.4.1] der angesprochenen Gruppen zu beachten: In Gruppen kristallisieren sich im zeitlichen Verlauf [siehe Kapitel 2.3.8.1] Rollen heraus, die über mehr Macht verfügen als andere Gruppenmitglieder. Diese so genannten 'opinion leaders' können eine Gruppe nachhaltig beeinflussen, wenn nicht gar bestimmen. Als Projektleiter ist hinsichtlich eigener Netzwerkmacht der Kontakt zu diesen Mitgliedern von erster Priorität. Ebenfalls über Kontrollinstanzen kann der Einflussbereich der Projektleitung vergrössert werden.

---

[64] Es stellt sich hier die Frage, wie nachhaltig der Versuch wäre, alle Macht beim Projektleiter möglichst zu zentralisieren. Wahrscheinlich würde die Projektleitung überlastet werden. Sinnvoller scheint es, auf Netzwerkmacht zurückzugreifen.

4 Fragebogen

Folgendes Kapitel skizziert kurz den MIO-Ansatz. Bisherige Ausführungen werden gegebenenfalls in dieses Modell eingegliedert. Anschliessend findet eine Evaluation der Untersuchungsmethode statt, welche das Vorkommen und den Umgang mit Macht in Informatikprojekten untersuchen soll. Das führt zu einem Fragebogen, der die Problemstellung aufgreift, indem er auf bisherigen systemischen Betrachtungen aufbaut.

4.1 Der MIO[65]-Ansatz

Folgender Abschnitt vergleicht und integriert im Anschluss an vorhergehende Betrachtungen von Macht den MIO- Projektmanagementansatz mit bisherigen Ausführungen.

Der MIO - Projektmanagementansatz hat eine 'systemische' Grundlage und betrachtet das Informatikprojekt auf Basis des Systems, dessen Grenze und der Umwelt. Die Systemgrenze ist erfolgsentscheidend - daher werden die Grenzziehung und das Grenzmanagement hervorgehoben. Einflüsse aus der Umwelt sollten so gesteuert werden, dass sie das Projekt nicht zu stark stören – jedoch darf sich das Projekt nicht abnabeln: Erfolgsrelevante Faktoren müssen ins Projekt miteinbezogen werden und können nicht ausgegrenzt werden. Diese und folgende Ausführungen richten sich dabei nach Huber [Hube manu nach Torr 2003].

Abbildung 27 Das Informatikprojekt im MIO-Projektmanagementansatz

65 Der Mio-Ansatz betrachtet das Projekt unter den drei Dimensionen Mensch, Informatik und Organisation [siehe dazu auch Abbildung 1]

Ein äusserer unterscheidet sich von einem inneren Projektkontext [siehe Abbildung 27]. Der innere Projektkontext umfasst die Ressourcen Mensch, IT und Organisation. Davon ist der Mensch der wichtigste Bestandteil - Über Kommunikationen bildet er das soziale System des Projektes. Daneben umfassen als zweite Ressource Informatiktools und Methoden die Informatikmittel, welche Information, Organisation und Kommunikation unterstützen. Die dritte Ressource sind organisatorische Richtlinien. Sie umfassen Regeln der Zusammenarbeit, Verantwortlichkeiten sowie Rahmenbedingungen und enthalten die Projektorganisation. Da sich der innere Projektkontext an Ressourcen orientiert, wird er auch als Ressourcenperspektive betrachtet. Diese bestimmt, ob ein Projekt überhaupt durchführbar ist.

Der äussere Projektkontext umfasst alle Beziehungen, welche für ein Informatikprojekt relevant sind. Unter anderem gehören beispielsweise Zulieferer, Auftraggeber und Sponsoren, Supporter sowie Kunden dazu. Der äussere Projektkontext kann auch als Geschäftsperspektive bezeichnet werden. Sie entscheidet schliesslich, ob das Projekt ökonomisch sinnvoll ist.

Ich möchte den MIO-Ansatz kurz mit den Betrachtungen in Kapitel 3 vergleichen[66]. Der innere Projektkontext entspricht in den bisherigen Ausführungen dem System des Informatikprojektes [siehe beispielsweise Abbildung 20]. Dieses umfasst dort das soziale und organisierte System 'Informatikprojekt' und ist somit ein Organisationssystem. Im MIO-Ansatz wird dieses durch die Ressource Organisation abgedeckt. Die zweite Komponente im MIO-Ansatz, nämlich die Informationstechnologie, wird in den bisherigen Ausführungen durch die in Kapitel 3.2.3 erwähnte Interpenetration[67] in das System des Informatikprojektes miteinbezogen. Die Interpenetration der Systeme der Informationstechnologie und des Informatikprojekts erklärt den engen Zusammenhang zwischen der IT und des Projekts. Erstere bedingt dabei das Informatikprojekt. In Abbildung 20 ist die Informationstechnologie unter der Umwelt aufgeführt, da der informationstechnische Aspekt im Informatikprojekt eine Untermenge der IT ist. Als dritte Komponente im inneren Projektkontext erwähnt der MIO-Ansatz den Menschen. Dieser ist im Informatikprojekt in den bisherigen Ausführungen durch das Organisationssystem 'Informatikprojekt' selbst gegeben. Menschen sind nämlich Voraussetzung für Organisationssysteme[68] - Organisationssysteme interpenetrieren deswegen mit psychischen Systemen [siehe dazu Kapitel 3.1.2.3], vergleichbar mit dem

---

[66] Insbesondere Kapitel 3.2 stellt die Akteure in und um ein Informatikprojekt vor.

[67] Enge strukturelle Koppelung: siehe zur genaueren Erläuterung des Begriffs Kapitel 3.1.2.3 unter Interpenetration

[68] Organisationssysteme sind Subsysteme von sozialen Systemen [siehe Kapitel 3.1.2.3 und Luhm 1984, Seite 16]

Faktor Mensch im MIO-Ansatz. Der äussere Projektkontext im MIO-Ansatz entspricht der unmittelbaren Umwelt in den bisherigen Ausführungen. Die Businessperspektive kommt dabei durch den Einbezug des Funktionssystems der Wirtschaft zustande.

Macht entsteht in diesem Rahmen durch die Systeme selbst, indem sich diese von der Umwelt differenzieren und so Handlungsmöglichkeiten schaffen, die Entscheidungen verlangen [vergleiche Kapitel 3.1.3]. Beispielsweise unterscheidet sich das Funktionssystem der Wirtschaft von der Umwelt, indem das Haben oder das Nicht-Haben einer Ressource eine Rolle spielt. Indem Ressourcenbesitz relevant ist, wird Macht erzeugt[69].

4.2 Untersuchungsmethodik

Um aus der Perspektive obiger systemischer Ausführungen das Phänomen Macht und dessen Behandlung in Informatikprojekten beleuchten zu können, möchte ich empirische Daten erheben. Zunächst ist eine geeignete Untersuchungsmethode hinzu zu ziehen, die dabei selbstverständlich der Thematik angemessen sein muss.

Prinzipiell kann man zwischen zwei Ansätzen der empirischen Sozialforschung unterscheiden: nämlich qualitativen und quantitativen [Wiki meso]. Qualitative Methoden sind dabei sinnorientiert. Quantitative Methoden zielen auf eine systematische Messung ab und erlauben oder erleichtern operationalisierte Auswertungen. Daher wird im Folgenden tendenziell versucht, das Vorkommen und den Umgang mit Macht zu quantifizieren.

McGrath [siehe McGr 1984] stellt uns einen Methodenkatalog für Untersuchungen in Gruppen vor. Dieser führt Beurteilungsstudien (judgement studies), Umfragen (sample surveys), formale Theorie (formal theory), Computersimulationen (computer simulations), Feldstudien (field studies), Feldexperimente (field experiments), Laborexperimente (laboratory experiments) und Testsimulationen (experimental simulations) auf, um Gruppen zu beobachten. McGrath betrachtet die Untersuchungsmethoden anhand des Beeinflussungsgrad und der Fokussierung[70]. Der Beeinflussungsgrad berücksichtigt die Stärke des Einflusses der Untersuchung auf die Situation. Die Fokussierung bewertet den Grad, wie weit die Untersuchung universellem oder speziellem Verhalten nachgeht.

[69] Siehe für weiterführende Betrachtungen Kapitel 3.1.4 sowie Kapitel 3.2.

[70] Der Begriff Fokussierung wird hier der Einfachheit halber eingeführt

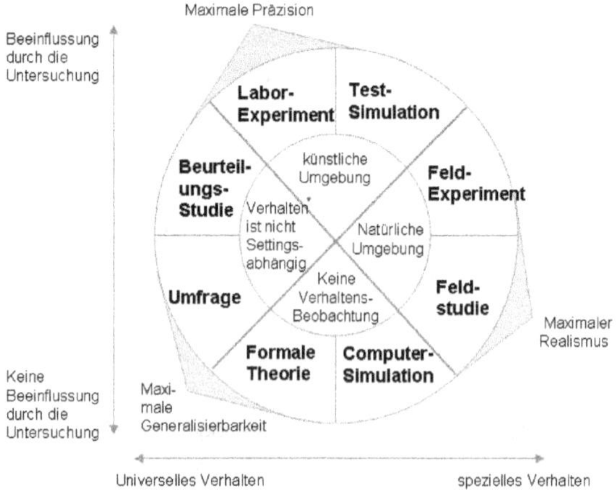

Abbildung 28 Untersuchungsmethoden nach McGrath

McGrath zählt folgende Punkte auf, die es bei der Durchführung einer Untersuchung jeweils zu maximieren gilt: das sind die Generalisierbarkeit, die Genauigkeit und den Realismus. Mit anderen Worten: Die Ergebnisse sollen möglichst generalisierbar und auf weitere Gruppen übertragbar sein; zudem wird angestrebt, möglichst genaue Resultate bei der Messung von Verhaltensweisen zu erreichen; ausserdem sollten die Ergebnisse möglichst real an die Situation und dem Kontext angepasst sein.

Nach McGrath ermöglicht es aber eine einzelne Untersuchungsmethode nicht, sämtliche drei Punkte zusammen zu steigern [siehe dazu Abbildung 28]. Jede Methode hat ihre Stärken und Schwächen, jede ist fehlerbehaftet. Diese Mängel können jedoch kompensiert werden durch den zusätzlichen Einbezug einer weiteren geeigneten Methode. So können die Stärken verschiedener Vorgehensweisen deren Schwächen ausgleichen.

Die von McGrath genannten Methoden werden in vier Paare eingeteilt, die sich durch typische Charakteristika voneinander unterscheiden.

Für Beurteilungsstudien und Umfragen ist das beobachtete Verhalten unabhängig von der Umgebung. Umfragen stellen Fragen an eine gegebenenfalls ausgewählte Stichprobe von Akteuren. Sie ermitteln so von diversen Personen Antworten auf dieselben Fragen. Beurteilungsstudien konzentrieren sich dabei in der Regel auf eine kleinere Anzahl von Personen, um Antworten auf bestimmte Fragen zu erhalten. Umfragen verfügen über ein hohes Mass an Generalisierbarkeit. Das reduziert jedoch die Präzision der Datenerhebung und den Realismus. Beurteilungsstudien hingegen erreichen eine grössere Messgenauigkeit.

Da sie sich aber üblicherweise mit fokussierten Fragen auf ein ausgewähltes Zielpublikum richten, sind sie nicht mehr in dem Masse generalisierbar wie Umfragen.

Feldstudien und Feldexperimente finden typischerweise in der natürlichen Umgebung des anvisierten Systems statt. Dadurch werden künstliche Einflüsse minimiert. Feldstudien beobachten Gruppen, ohne in das beobachtete System und dessen Kontext einzugreifen und Änderungen hervorzurufen. Bei Feldexperimenten hingegen wird in das System eingegriffen, um zu erfahren, welche Ursachen und Bedingungen welchen Effekt erzeugen. Ein Vorteil von Feldstudien besteht darin, dass diese sehr realistisch sind bezüglich der Situation. Dies geht jedoch auf Kosten der Generalisierbarkeit und der Genauigkeit. Bei Feldexperimenten hingegen erhöht sich aufgrund des experimentellen Einflusses die Genauigkeit der Resultate durch den Eingriff des Forschers, der Grad an Realismus sinkt jedoch.

Für Laborexperimente und Testsimulationen wird eine künstliche Umgebung arrangiert. Durch die 'synthetische' Umwelt werden möglichst alle externen Bedingungen und äusseren Einflüsse kontrolliert und Störfaktoren minimiert oder im Idealfall eliminiert. Es besteht eine wirksame Kontrolle der Beziehung von Ursache und Wirkung bei der Messung. Laborexperimente maximieren daher die Genauigkeit der Messung, während sich dadurch jedoch die Generalisierbarkeit der Resultate und der Realismus verringert. Laborexperimente stellen dabei die Umwelt für die untersuchte Gruppe und greifen dann experimentell ein. In Testsimulationen hingegen fällt der experimentelle Einfluss der Laborexperimente weg, damit ein System in künstlicher und kontrollierter Umgebung beobachtet werden kann. Es wäre interessant, Macht unter künstlichen Bedingungen zu untersuchen - jedoch fällt das im zeitlichen Rahmen einer Diplomarbeit weg. Der Aufwand wäre zu gross, um Machtbeziehungen in Organisationen unter Laborbedingungen nachzubilden und anschliessend zu untersuchen. Machtbeziehungen kristallisieren sich nämlich in einer Organisation häufig erst nach einer gewissen Zeit heraus und sind mitunter abhängig von der operativen Tätigkeit.

Als unabhängig von Verhaltensbeobachtungen nennt McGrath die Methoden der Theorie und der Computersimulation. Formale Theorien verfügen über das grösste Mass an Generalisierbarkeit, der Realismus und die Genauigkeit minimieren sich allerdings. Computersimulationen sind realistischer, dafür nicht mehr in dem Grad generalisierbar wie formale Theorien.

Nachfolgend konzentriere ich mich auf die Methode der Umfrage. Sie hat folgende Merkmale nach der Systematik von McGrath. Sie wird nicht oder nur minimal beeinflusst durch die Untersuchung selbst und ist universell ausgerichtet. Die Resultate tendieren dazu, generalisierbar zu sein. Im Gegensatz zu Experimenten sind sie vom Standpunkt des zeitlichen Aufwandes zu bevorzugen. Zu betonen sind freilich die schwache Exaktheit und Präzision der Messresultate sowie einen verminderten Realismus bei der Datenerhebung.

Umfragen mit explorativen Charakter haben dabei nach Kerlinger drei Ziele: Sie sollen bedeutsame Variablen aufdecken, Beziehungen zwischen diesen Variablen feststellen und damit die Basis für die Überprüfung von Hypothesen bilden [Kerl 1979, Seite 619 nach Busc 1995, Seite 95]. Es gilt, den Umgang mit Macht in Informatikprojekten zu untersuchen, sowie Macht zwischen diversen Systemen ausfindig zu machen. Erhofft wird, einerseits Aussagen über den Umgang mit Macht zu formulieren sowie andererseits den Effekt von Macht auf den Projekterfolg analysieren zu können.

4.2.1 Die Umfrage

Es existieren diverse mögliche Befragungsmöglichkeiten wie beispielsweise narrative Interviews, Leitfadeninterviews, standardisierte persönliche und telefonische Interviews, schriftliche standardisierte Befragungen, postalische Befragung, electronic Mail Survey und computergestützte Selbstinterviews [Aufzählung nach Wiki meso]. Diese können aufgeteilt werden nach Interaktionsgrad zwischen dem Befragten und dem Datenerhebenden. So können die Erhebungstechniken grob klassiert werden in Interviews, die eine Interaktion zum Beispiel durch Anwesenheit des Interviewers erfordern, sowie in Fragebogen, die der Befragte unabhängig von einem Interviewer ausfüllen kann. Selbstverständlich sind dabei hybride Formen möglich zwischen Fragebogen und reinem Interview, ich gehe jedoch nicht detailliert auf diese ein.

Ich möchte daher das Untersuchungsinstrument des Fragebogens dem Interview gegenüberstellen. Der Fragebogen hat dabei Vorteile und Nachteile gegenüber Interviews. Unten stehende Ausführungen gehen kurz auf diese ein. Sie lehnen dabei an Buschmeier an [Busc 1995, Seite 93 uff.].

Als Vorteile des Fragebogens werden folgende Punkte aufgeführt: Der Einfluss des Interviewers wird minimiert, da dieser nicht zugegen ist. Dadurch ist die 'Messsituation' für alle Befragten gleich, da allen ein standardisierter Fragebogen unterbreitet wird. Ausserdem besteht kein Druck auf sofortige Antworten, da der Befragte selber den Zeitpunkt wählen kann, zu dem er die Fragen beantworten will. Er hat dadurch mehr Zeit zur Verfügung, um nachzudenken, und kann deshalb die Fragen gegebenenfalls exakter und überlegter bearbeiten. Durch eine Gewährleistung der Anonymität geht der Befragte eher auf persönliche Fragen ein als bei Anwesenheit des Interviewers, die Antworten können daher ehrlicher ausfallen. Die Versicherung der Anonymität ist dabei auf schriftlichem Weg glaubwürdiger. Ausserdem sind schriftliche Befragungen weniger zeitintensiv wie Interviews.

Als Nachteile des Fragebogens als Untersuchungsinstrument führt Buschmeier folgende Punkte auf: Die Ausfallquoten von Fragebogen sind höher als bei Interviews. Ausserdem füllen Personen mit höherem Bildungsstand den Fragebogen eher aus als andere. Das kann die Resultate verzerren, so dass diese einseitig ausfallen. Zudem ist es nicht möglich, das Ausfüllen des Fragebogens zu kontrollieren. Es besteht beispielsweise kein Überblick auf mögliche externe Einflüsse, es kann auch nicht erfasst werden, wie ernsthaft und von wem der Fragebogen ausgefüllt wird. Ausserdem ist es nicht möglich, auf spontane Antworten zu reagieren – diese werden in der Folge kaum erfasst. Auch auf allfällige Fragen kann nur schlecht eingegangen werden – ein Interviewer hingegen vermag sofort Unklarheiten und Fragen zu begegnen. Abhilfe schaffen hier zum Teil Rückfragemöglichkeiten beispielsweise per Telefon, Email, Chat, Forum etc.

4.3 Fragebogen

Zunächst definiere ich im Folgenden die Ziele des Fragebogens und formuliere danach in deren Rahmen den Fragebogen. Die Untersuchungsziele richten sich selbst nach der Fragestellung der Diplomarbeit. Anschliessend wird der Fragekatalog erstellt.

Im Umgang mit Macht spielt das Machtbewusstsein im Informatikprojekt eine grosse Rolle. Bewusstsein kann mit 'Selbstreflexion über die Aussenwelt' umschrieben werden. Indem sich Systeme beobachten, kann dabei Bewusstsein entstehen[71]. Machtbewusstsein im Informatikprojekt bedeutet demnach, dass sich das Informatikprojekt selbst bezüglich Machtverhältnissen und Machtprozessen reflektiert. Der Reflexionsgrad nimmt dabei verschiedene Nuancierungen an.

Es sind im Machtbewusstsein und im Umgang mit Macht zwei Dimensionen erkennbar, einerseits das Erkennen von Macht und andererseits das Managen von Macht [siehe dazu Abbildung 29]. Ich möchte hier somit von einem handlungsorientierten Machtbewusstsein ausgehen.

[71] Um Luhmann hinzuzuziehen: Ein System beobachtet, indem es sich von der Umgebung differiert. Es ist somit an diese Unterscheidung gebunden, anderes sieht es nicht – es entsteht ein so genannter blinder Fleck. Vermag ein System beispielsweise nicht nach Macht zu differieren, fällt diese in den blinden Fleck. Dieser kann jedoch durch ein weiteres beobachtendes System überwunden werden, das aber selbst wieder einen blinden Fleck erzeugt.

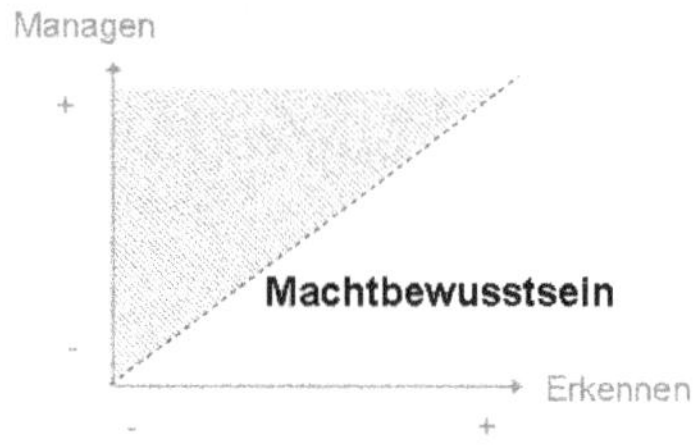

Abbildung 29 Zwei Dimensionen eines Machtbewusstseins

Erkennen von Macht

Die Dimension des Erkennens umfasst das Erkennen von Machtstrukturen und Machtquellen, die sich aus der Organisation und Konstellation von Individuen ergeben. Schematisch kann der Erkenntnisprozess wie folgt gegliedert werden: Wo existiert wie viel und welche Macht und welcher Einfluss hat diese Macht auf den Projekterfolg.

Das Wo geht der Frage nach, zwischen welchen Akteuren in der Organisation Macht besteht. Es ist zu betonen, dass Macht nicht an eine Person gebunden ist, sondern zwei Interaktionspartner voraussetzt.

Das 'Wie viel' beschreibt die Grösse der Macht. Problematisch ist es, Macht zu quantifizieren. Es sind daher eher qualitative Aussagen möglich.

Das Welche beruft sich auf die Machtquellen. Es geht der Frage nach, aufgrund welcher Machtquelle die Macht zwischen zwei Akteuren entsteht.

Ausserdem ist der Einfluss der Macht auf den Projekterfolg von Belang. Es gilt, die Art sowie die Stärke des Einflusses zu betrachten. Die Art des Einflusses misst, ob und wie sich dieser positiv oder negativ auf das Ergebnis auswirkt. Die Stärke des Einflusses ermittelt, wie weit dieser den Projektausgang beeinflusst.

Umgang mit Macht

Die Dimension des Managens beinhaltet den Umgang mit Macht. Dieser kann unabhängig oder abhängig von einem Erkenntnisprozess stattfinden. Erfolgt das Handeln unabhängig von Erkenntnis[72] kann nicht von einem Machtbewusstsein ausgegangen werden, da die Selbstreflexion bezüglich der Macht ausbleibt – Voraussetzung für ein Machtbewusstsein. Das kann gegebenenfalls gerechtfertigt sein, es stellen sich jedoch Fragen bezüglich der Effizienz der antizipierenden Handlungen. Einen bewussten Umgang mit Macht liegt dann

---

[72] Siehe grau schraffierte Fläche in Abbildung 29

vor, wenn zuvor ein Erkenntnisprozess erfolgte. Ist nämlich Macht erkannt, kann diese aktiv gemanagt werden. Resultiert das Handeln aufgrund von einem Erkennungsprozess, möchte ich von einem machtbewussten Umgang sprechen.

Der Umgang mit Macht hat sozusagen zwei Aspekte. Zum einen gilt es Macht, die sich negativ auf den Projekterfolg auswirkt, zu unterbinden. Zum anderen ist Macht mit positivem Effekt auf den Projektausgang einzusetzen oder zu fördern [siehe dazu auch Kapitel 2.5]. Unten wird dabei auf die bisher erwähnten Machtquellen zurückgegriffen.

Durch strukturelle Macht wird die Organisation definiert. Arbeitsabläufe und Verantwortlichkeiten werden festgelegt, um überhaupt ein Ziel erreichen zu können. Jedoch kann ein 'Zuviel' an Organisation das Projekt behindern. Es stellen sich hier Fragen nach der Projekthierarchie und nach explizit definierten Verantwortlichkeiten, Fragen nach der Bereitschaft der Machthaber, auf Gesetze zurückzugreifen wie auch Fragen nach dem Umgang mit dem gesellschaftlichen Umfeld.

Ressourcenmacht im Informatik-Projekt kommt abgesehen von Informationsmacht als Spezialfall zu einem grossen Teil über Geld zum Tragen. Ressourcenentzug kann als Bestrafung oder Sanktion zum Zuge kommen, im Gegensatz dazu können Ressourcen selbstverständlich auch als Belohnung eingesetzt werden.

Im Bereich der Informationsmacht kann Information übermittelt werden oder nicht. Es stellen sich Fragen, wie weit der Informationsfluss gefördert wird beispielsweise mittels Kommunikationskultur oder mittels Rückgriff auf strukturelle Macht. Existieren Bestrebungen, fehlende Information und mangelnder Informationsfluss zu entdecken?

Expertenmacht hat ebenfalls zwei Seiten: Expertentum an sich trägt konstruktiv zum Projektoutput bei – es macht jedoch den Experten auch unverzichtbar für die Organisation. Daraus könnte dieser Profit schlagen. Hier sind vor allem auch Bemühungen interessant, welche das Informatikprojekt gegen Expertenmacht absichern. Häufig[73] werden nämlich Spezialisten eingesetzt, zudem ist im Zuge der Arbeitsteilung im Informatikprojekt eine gewisse Spezialisierung beinahe unumgänglich. Wird diese gefördert, kann für das Projekt ein Mehrwert entstehen.

Netzwerkmacht kann von den verschiedenen Akteuren im Projekt förderlich für den Projektausgang oder gegen das Projekt eingesetzt werden. Interessant sind hier Fragen, wie weit und wie aktiv versucht wird, Netzwerkmacht aufzubauen und Netzwerkmacht zu behindern.

---

[73] Nach Untersuchungen von Weltz und Ortmann werden in der Hälfte der untersuchten Informatikprojekte Spezialisten eingesetzt [siehe Welt 1992, Seite 56]

Im Bereich persönlicher Macht ist von Bedeutung, wie einerseits persönliche Macht gezielt gefördert und eingesetzt wird, um etwas zu erreichen, und wie andererseits persönlicher Macht begegnet wird, die sich nachteilig auf den Projekterfolg auswirkt.

4.3.1 Fragen

Im folgenden Kapitel wird der Fragekatalog erstellt. Es werden möglichst Fragen eingesetzt, die Antworten aus einer Auswahl von verschiedenen Möglichkeiten oder aufgrund einer abgestuften Skala erlauben. Das hat gewisse Vorteile gegenüber schriftlich gefassten Antworten. Seitens des Befragten sind diese weniger zeitaufwendig zum Ausfüllen. Er muss sich nicht schriftlich fassen und nicht formulieren, da zutreffend formulierte Antworten schon gegeben sind. Seitens des Auswertenden reduziert sich der Erfassungsaufwand gegenüber schriftlichen Antworten ebenfalls. Ausserdem sind systematische Auswertungen einfacher zu bewerkstelligen, da die Antworten schon 'skaliert' sind. Daraus entsteht aber auch der hauptsächliche Nachteil: Antworten werden in ein gegebenes Schema gedrängt, das im schlechtesten Fall der Situation nur ungenügend gerecht wird. Solche Auswahlantworten können zudem kaum neue Variablen und Beziehungen ermitteln, da die möglichen Antworten schon gegeben sind. Allenfalls bleiben so unbekannte Aspekte unerkannt und Hypothesen können sich dadurch bestätigen, da nur nach dem gefragt wird, was die Grundlage der Hypothese bildet – quasi eine erhebungstechnische Tautologie. Um diesen Nachteil zu umgehen, wurden zum Teil Fragen aufgeführt, die eine Antwort in Form von Text verlangen und sozusagen offen für neue Aspekte sind.

Bei Fragen, die seitens des Befragten eine Selektion aus abgestuften Werten erfordern, wird eine Skala von eins bis sechs eingesetzt. Eins ist jeweils der niedrigste Wert, sechs der höchste. Es wurden sechs Stufen gewählt, um eine möglichst kleine Auswahl zu haben, die aber dennoch möglichst viele Möglichkeiten abdeckt. Eine möglichst kleine und übersichtliche Anzahl an anzukreuzenden Antworten wird angestrebt, um dem Befragten die Auswahl zu vereinfachen. Er wird so nicht verwirrt durch eine grosse Anzahl an Abstufungen, die Genauigkeit suggerieren. Mit sechs Auswahlmöglichkeiten werden dennoch wichtige Werte abgedeckt: Nämlich die beiden Extremwerte, zwei Mittelwerte sowie jeweils einen Wert, der zu einem der Extremwerte tendiert. Kann oder möchte der Befragte hingegen die Frage nicht beantworten, so steht ihm ein Feld 'k.A.' für 'keine Angabe' zur Verfügung. Die sechsstufige Skala hat gegenüber der fünfstufigen[74] zwei wichtige Vorteile: Sechs Werte lassen sich mathematisch aggregieren, fünf nicht. Es lassen sich jeweils zwei oder drei Werte zusammenfassen - nützlich wenn die Anzahl der Antworten klein ist. Zudem wird der

---

[74] Ursprünglich war eine fünfstufige Antwortskala vorgesehen.

Mittelwert aufgeteilt in zwei Werte. Der Beantwortende ist damit quasi gezwungen, sich zu entscheiden und eine Antwort zu geben, die zu einem der Extremwerte tendiert und kann nicht 'einfach' den Mittelwert ankreuzen. Eine Häufung der Antworten auf den Mittelwert wird vermieden - die Resultate fallen so präziser aus.

Macht wird in den gestellten Fragen häufig umschrieben. Es ist so möglich, den jeweiligen Machtbegriff oder Aspekt von Macht verständlich formulieren zu können, damit ihn der Befragte einordnen kann. Der abstrakte Begriff von Macht wird durch konkretere und im Kontext gebräuchlichere ersetzt. Ausserdem wird damit umgangen, dass gegebenenfalls die Resultate verfälscht werden, da der Ausdruck Macht vielfach negativ geprägt ist [siehe dazu auch Kapitel 2.2]. Bei den Umschreibungen kommt häufig der Begriff 'Einfluss' zum Einsatz, um den Ausdruck 'Macht' zu ersetzen. Im Luhmannschen Sinn ist Einfluss jegliche Situation in einer Kommunikation, wo 'Alter' die Selektion des 'Egos' beim Verstehen einschränkt [siehe Abbildung 18] - Einfluss ist somit umfassender als Macht, welche eine Selektion der Anschlusshandlung voraussetzt. Da jedoch 'Einfluss' im Fragebogen jeweils in Fragen im Zusammenhang mit der Wirkung auf den Projekterfolg auftritt, wird Handeln im Luhmannschen Sinne vorausgesetzt. Das Projektergebnis kann nicht ohne Handlungen beeinflusst werden. Das rechtfertigt in diesem Zusammenhang den Gebrauch des Ausdruckes 'Einfluss'.

Der Fragebogen wird schliesslich in drei Teile gegliedert. Der erste Teil stellt einleitende Fragen bezüglich des Projektumfangs, der Organisationsstruktur und der Stellung des Befragten im Projekt. Der zweite Teil enthält spezifische Fragen zu Ausprägungen von Macht und dem Umgang. Er baut auf bisherigen Machtquellen auf. Das sind wie gehabt Strukturelle Macht, Ressourcenmacht, Informationsmacht, Expertenmacht, persönliche Macht und Netzwerkmacht. Der dritte Teil des Fragebogens möchte unabhängig von bisherigen Machtquellen Machtsituationen in Erfahrung bringen, die in Projekten eine wichtige Rolle für das Projektergebnis spielen. Dazu beschreiben die Befragten kurz diejenigen Einflusssituationen, welche den grössten Einfluss auf das Projektergebnis hatten.

4.3.1.1 Fragebogen Teil 1

Einleitend werden grundlegende Fragen gestellt, die zusätzliche Informationen bringen zu den Ergebnissen auf die machtspezifischen Fragen in Teil zwei und Teil drei.

Die Frage 1 zielt darauf ab, strukturelle Macht aufgrund der Organisationsform ausfindig zu machen. Sie ist wahrscheinlich die am einfachsten zu ermittelnde Macht, da in jedem Projekt eine gewisse Organisationsform gewählt werden muss, um überhaupt ans Ziel zu gelangen. Aufgrund der Machtverteilung durch die Organisationsform können gegebenenfalls Zusammenhänge untersucht werden mit anderen Machtquellen wie Informationsmacht, Netzwerkmacht und vor allem persönlicher Macht. Im vorhergehenden Kapitel wurde die

Hypothese aufgestellt, dass zum Teil solche Interaktionen bestehen [siehe dazu Kapitel 3.3.2.1]. Zur Auswahl stehen die drei bisher erwähnten Organisationstypen [siehe Kapitel 2.3.2] der Matrix-Projektorganisation, der Stabs-Projektorganisation sowie der reinen Projektorganisation. Es macht Sinn, die drei Organisationsformen schematisch aufzuzeigen, um eventuelle Missverständnis bei der Bedeutung der Organisationsbegriffe zu vermeiden. Der Befragte kann dann diejenige ankreuzen, die am ehesten seiner Organisationsform entspricht.

Frage 1 *Bitte Kreuzen Sie unterhalb der Diagramme diejenige Projektorganisationsform an, die am ehesten Ihrem Projekt entspricht. Unter Projektorganisation versteht sich dabei "die Gesamtheit der Organisationseinheiten und der aufbau- und ablauforganisatorischen Regelungen zur Abwicklung eines bestimmten Projektes" [Jenn 2000, Seite 521]*

Der Befragte wird zudem gebeten, wichtige Abweichungen und Besonderheiten der Organisationsform seines Projektes im Vergleich zu den dargestellten Formen schriftlich festzuhalten [siehe Frage 2]. Diese Frage ermittelt allfällige und interessante Abweichungen im organisatorischen Machtgefüge zu den vorgeschlagenen Modellen.

Frage 2 *Bitte halten Sie allfällige Besonderheiten und wichtige Abweichungen zur Darstellung unter Frage 1 schriftlich fest.*

Die Stellung des Beantwortenden im Projekt ist von Bedeutung. Unterschiedliche Mitwirkende können unterschiedliche 'blinde Flecken' haben. Sie sehen Faktoren und Situationen im Projekt anders, da sie unterschiedliche Perspektiven haben und unterschiedlichen Subsystemen angehören. Im Fragebogen wird dieser Situation durch Frage 3 Rechnung getragen und somit der Blickwinkel erfasst, den man durch den Befragten gegenüber dem Informatikprojekt einnimmt. Zur Auswahl stehen die Stellen Projektleitung, Auftraggeber, Informatikmitarbeiter, Organisationsgruppe, Fachmitarbeiter und Spezialist. Ist die Stellung des Befragten nicht aufgeführt, steht eine Zeile leer, wo er seine Position eintragen kann.

Frage 3 *Bitte nennen Sie Ihre persönliche Rolle im Projekt. In der Informatikterminologie des Bundes [ISB 2004, S. 278] wird der Begriff Rolle als "Zusammenfassung von zusammengehörigen Aufgaben, welche einem Rollenträger im Umfeld eines Prozesses übertragen werden" umschrieben.*

Folgende Frage ermittelt, wann das Projekt abgeschlossen wurde oder ob es noch am Laufen ist. Das hat einen gewissen Einfluss auf die Sicht des Befragten auf Machtverhältnisse im Projekt. Möglicherweise ist, währenddem das Projekt noch am laufen ist, die Perspektive subjektiver. Das kann diverse Gründe haben: Man hat nicht genug Zeit, sich mit Machtverhältnissen objektiv auseinander zu setzen; zudem fehlt eine gewisse Distanz zum Projekt, um dieses kritisch und objektiv betrachten zu können; ausserdem werden externe Berater mit einer neutralen Perspektive vermutlich tendenziell eher gegen Ende eines Projektes eingesetzt, wenn's schon schief gelaufen ist. Die herbeigezogenen Berater zeigen gegebenenfalls Missverhältnisse auf und ermöglichen somit eine objektivere Betrachtung im Projektteam. Um die Fragen zu beantworten, stehen die Felder 'Noch nicht abgeschlossen', 'Während des letzten Jahres abgeschlossen', 'Vor 1 bis 3 Jahren abgeschlossen' und 'vor über 3 Jahren abgeschlossen' zur Verfügung.

Frage 4 Wann wurde das Projekt abgeschlossen?

Frage 5 geht dem Projektergebnis nach, wie weit das Projekt als Erfolg gehandhabt wird. Erfolg wird dabei nach Jenny definiert [siehe Frage 5]. Unter Miteinbezug der späteren spezifischen Fragen nach Stärke von Macht und deren Einfluss auf das Projektergebnis lassen sich gegebenenfalls Aussagen formulieren, welche die erfolgsrelevante Rolle von Macht im Allgemeinen beleuchten. Es steht dazu eine Skala von eins bis sechs zur Verfügung. Eins bedeutet 'Misserfolg', sechs steht für Erfolg'.

Frage 5 War das Projekt erfolgreich? Ein Projekt ist dann erfolgreich, "wenn die vom Arbeitgeber gewünschten Resultate mit den vorgesehenen Mitteln innerhalb der vorgegebenen Zeit in der geforderten Qualität erreicht werden." [Jenn 2000, S. 520]

Die Frage 6 geht der Anzahl Mitarbeiter nach. Diese kann aufschlussreich sein bezüglich der Organisation des Projektes. Bei kleinen Projekten ist die Arbeitsteilung weniger stark und der Organisationsaufwand kleiner als bei Grossprojekten. Sie fallen daher anders ins Gewicht. Gegebenenfalls werden daher die Antworten auf Fragen bezüglich Wichtigkeit struktureller Macht in kleinen Projekten anders ausfallen als bei Grossprojekten. Möglicherweise lässt sich dabei eine Korrelation feststellen zwischen Projektgrösse einerseits und Ausprägung der strukturellen Macht andererseits. Zur Beantwortung der Frage ist dabei die Anzahl Projektmitarbeiter zu nennen.

Frage 6 Bitte nennen Sie die Anzahl Projektmitarbeiter.

4.3.1.2 Fragebogen Teil 2

Der zweite Teil des Fragebogens stellt spezifische Fragen zum Projekt. Die Machtquellen auf der Grundlage von Struktur und Organisation, Ressourcen, Information, Expertentum, Persönlichkeit und sozialen Netzwerken werden dabei auf ihren Einfluss auf den Projekterfolg untersucht.

Fragen im Rahmen struktureller Macht

Die Fragen in diesem Abschnitt gehen der strukturellen Macht in Informatikprojekten nach. Ermittelt werden Ausprägungen von Aspekten der strukturellen Macht in Informatikprojekten sowie deren Einfluss auf den Projekterfolg.

Frage 7 untersucht, wie weit die im Projekthandbuch festgelegten Richtlinien, unabhängig eines Effektes auf den Projekterfolg, das Handeln im Projekt beeinflussen. Das Projekthandbuch spielt dabei im Rahmen der Projektorganisation eine wichtige Rolle. Es beinhaltet "*eine gegliederte Zusammenfassung der für die Projektorganisation und -durchführung gültigen, übergeordneten organisatorischen Regeln.*" [Jenn 2000, Seite 48] Als Antwort dient dabei eine Skala von eins bis sechs. Eins steht für 'gar nicht', sechs steht für 'stark'.

Frage 7 Wie stark prägen die im Projekthandbuch festgelegten Richtlinien das Handeln in ihrem IT-Projekt?

Frage 8 ermittelt die Grösse des Einflusses auf den Projekterfolg. In Verknüpfung mit Frage 7 werden Aussagen ermöglicht bezüglich des Zusammenhanges des Einflusses des Projekthandbuches und dessen Effekt auf den Projekterfolg. Die Antworten können auf einer Skala von eins für 'kein Einfluss' bis sechs für 'starker Einfluss' angekreuzt werden.

Frage 8 Wie gross ist der Einfluss der im Projekthandbuch festgelegten Richtlinien auf den Projekterfolg?

Frage 9 prüft die Art des Effekts der Richtlinien des Projekthandbuches auf den Projekterfolg – Nämlich ob diese das Projektresultat positiv, gar nicht oder aber negativ beeinflussen. Als Antwort dient eine Skala: Eins steht für negativen Einfluss, sechs für positiven Einfluss auf das Projektergebnis.

Frage 9 Wie beeinflussen diese Richtlinien den Projekterfolg?

Folgende Fragen zielen darauf ab, die Qualität der Aufgaben- und Kompetenzdefinition sowie deren Einfluss auf den Projekterfolg zu ermitteln. Sie sind analog zu den vorhergehende Fragen [siehe Frage 7 bis Frage 9] aufgebaut – die Frage nach der Ausprägung ist jedoch in zwei Teile geteilt (Frage 10 und Frage 11). Die Antworten sind ebenfalls analog gestaltet und anzukreuzen.

Frage 10 Wie klar sind Aufgaben und Kompetenzen in ihrem Projekt definiert?

Frage 11 Wie verbindlich sind Aufgaben und Kompetenzen in ihrem Projekt?

Frage 12 Wie gross ist der Einfluss der Qualität der Aufgaben- und Kompetenzdefinition auf den Projekterfolg?

Frage 13 Wie beeinflussen die Aufgaben- und Kompetenzdefinition den Projekterfolg?

Fragen zur Projektkultur

Folgende Fragen zielen darauf ab, im Rahmen struktureller Macht projektkulturelle Aspekte zu berücksichtigen. Es wird die Ausprägung von Projektkultur, die Grösse des Einflusses auf den Projekterfolg sowie die Art des Einflusses auf das Projektergebnis ermittelt. Projektkultur wird dabei definiert als die Gesamtheit von Normen, Wertvorstellungen und Denkhaltungen, welche das Verhalten aller Mitarbeiter und somit das Erscheinungsbild eines Projektes prägen [in Anlehnung an Thom 1996, S. 269]. Die Antworten sind analog zu den vorhergehenden Fragen [siehe Frage 7 bis Frage 9] aufgebaut und auszufüllen.

Frage 14 Wie stark ist in Ihrem Projekt eine Projektkultur etabliert?

Frage 15 Wie gross ist der Einfluss der Projektkultur auf den Projekterfolg?

Frage 16 Wie beeinflusst die Projektkultur den Projekterfolg?

Zudem wird nach den Methoden gefragt, mit denen eine Projektkultur erfolgreich etabliert werden kann [siehe Frage 17]. Die Antwort ist schriftlich und liefert Methoden zum Umgang mit der Projektkultur. Diese Methoden können gegebenenfalls nach Erfolgsrelevanz gewichtet werden im Zusammenhang mit Frage 16.

Frage 17 Wie wurde die Projektkultur erfolgreich etabliert?

Fragen nach Ressourcenmacht

Unter der Thematik von Macht aufgrund von Ressourcen wird auf Geld zurückgegriffen. Informationen und Informationsmacht werden dabei als Spezialfall von Ressourcenmacht separat unter Informationsmacht behandelt. Die Fragen zum Umgang mit Ressourcenmacht beschränken sich daher auf den Umgang mit Geld als Belohnungs- oder als Sanktionsmittel. Es wird jeweils ermittelt, wie weit Geld als Machtmittel eingesetzt wird und ob damit die beabsichtigten Ziele erreicht wurden. Als Antwort dient bei Frage 18 eine Skala von eins bis sechs. Eins entspricht 'keinem Einsatz', sechs steht für 'systematischer Einsatz'. Bei Frage 19 entspricht eins 'gar nicht', sechs 'vollumfänglich'.

Frage 18 Wie weit wurde Geld im Rahmen von Belohnungs- oder Bestrafungsmassnahmen eingesetzt?

Frage 19 Wurden die beabsichtigten Ziele erreicht?

Frage 20 ermittelt, auf welche Art und Weise Geld als Machtmittel eingesetzt wird. Die Antworten können gegebenenfalls in einen Methodenkatalog aufgenommen werden, der Informationen zur Handhabung von Geld als Motivationsmittel beinhaltet. Die Antwort ist dabei in Form von Text zu halten.

Frage 20 Wie Notieren Sie bitte, in welcher Form Geld im Rahmen von Bestrafungs- oder Belohnungsmassnahmen eingesetzt wurde.

Fragen nach Informationsmacht

Folgende Fragen untersuchen, wie weit Informationsmacht erkannt wird, was für Auswirkungen Informationsmacht haben kann bezüglich des Projekterfolges und wie mit Informationsproblemen in einem Informatikprojekt umgegangen wird.

Frage 21 ermittelt, wie stark der Befragte Informationsprobleme und deren Einfluss auf den Projektausgang einschätzt. Die Antworten sind auf einer Skala von eins bis sechs einzutragen. Eins steht für keinen Effekt, sechs steht für sehr starken Einfluss auf den Projektausgang.

Frage 21 Wie stark beeinflussten Schwierigkeiten aufgrund unzureichender oder unterlassener Information den Projekterfolg?

Folgende Frage geht dem positiven oder negativen Effekt von Informationsschwierigkeiten auf den Projekterfolg nach. Die Antwort ist auf einer Skala von eins für 'negativ' bis sechs für 'positiv' anzugeben.

Frage 22 Wie wirkten sich Schwierigkeiten aufgrund unzureichender oder unterlassener Information auf das Projektergebnis aus?

Ausserdem ist die Häufigkeit von Informationsproblemen von Bedeutung. Die Antwort ist auf einer Skala mit den Endwerten 'gar nicht' respektive 'häufige Probleme' anzukreuzen.

Frage 23 Wie häufig traten solche Schwierigkeiten aufgrund mangelnder, unzureichender oder zurückbehaltener Information auf?

Nachstehende Frage analysiert, wie weit Probleme während der Projektlaufzeit erkannt wurden. Die Antworten sind auf einer Skala anzukreuzen. Eins steht für keine Defizite wurden erkannt während der Projektlaufzeit, sechs für sämtliche Informationsdefizite wurden erkannt.

Frage 24 Wie weit wurden solche Informationsdefizite während des Projektverlaufs erkannt?

Folgende Frage widmet sich dem aktiven Informationsflussmanagement und misst die Bemühungen, den Informationsfluss zu verbessern. Zusammen mit der Häufigkeit von Informationsschwierigkeiten [siehe Frage 23] lassen sich tendenziell Rückschlüsse über die Effizienz von Massnahmen ziehen.

Frage 25 Wie stark wird aktiv der Informationsfluss gefördert?

Unten stehende Frage geht direkt dem bewussten Einsatz von Informationsmacht nach. Mögliche Antworten sind auf einer Skala von 'gar nicht' bis 'systematisch' anzukreuzen. Ausserdem wird in Frage 27 nach dem Akteur gefragt, welcher Informationsmacht ausspielt, um diese zu lokalisieren.

Frage 26 Wie weit werden Informationen zurückbehalten oder falsch übermittelt, um etwas zu erreichen?

Frage 27 Von welchem Akteur im Projekt wurde solche Informationsmacht ausgespielt?

Fragen nach Expertenmacht

Folgende Fragen untersuchen das Auftreten, den Einfluss auf den Projekterfolg sowie den Umgang mit Expertenmacht in Informatikprojekten.

Es wird nach dem Vorkommen von Expertenmacht gefragt [siehe Frage 28], nämlich wie weit diese ein Problem darstellt und wie stark sie den Projekterfolg beeinflusst. Die Antworten sind anzukreuzen von 'keine' bis 'starke Schwierigkeiten'.

Frage 28 Hatten Sie in Ihrem Projekt Schwierigkeiten, die auf Abhängigkeiten von Experten und Spezialisten beruhten und den Projekterfolg beeinflussten?

Ausserdem wird untersucht, wie weit Expertentum gefördert wird [siehe Frage 29] und somit Voraussetzungen für Expertenmacht aufgebaut werden. Die Antworten sind dabei von 'gar nicht' bis 'stark' anzustreichen.

Frage 29 Wie stark werden spezifische Fähigkeiten und Kenntnisse einzelner Mitarbeiter gefördert?

Frage 30 geht dem Umgang mit Expertenmacht nach und analysiert, wie weit das Projekt gegen Expertenmacht abgesichert wird. Die Antworten sind auf einer Skala von 'gar nicht' bis 'systematisch' anzugeben.

Frage 30 Wie weit wird das Projekt gegen Abhängigkeiten von Experten und Spezialisten abgesichert?

Folgende Frage ermittelt dabei Methoden, die der Absicherung gegen Expertenmacht dienen. Die Antwort wird in Textform verlangt.

Frage 31 Bitte notieren Sie kurz, wie das Projekt gegen Abhängigkeit von Experten abgesichert wurde?

Fragen nach persönlicher Macht

Folgende Fragen widmen sich dem Auftreten und dem Umgang mit persönlicher Macht in Informatikprojekten. Persönliche Macht wird durch den Begriff persönlicher Einfluss ersetzt.

Einführend wird an die Erklärung Thommens angelehnt [Thom 1996, Seite 258]: Persönlicher Einfluss "*beruht dabei im Wesentlichen darauf, dass bei zwischenmenschlichen Beziehungen Gefühle wie Sympathie und Abneigung eine grosse Rolle spielen*". Der Begriff 'persönlicher Einfluss' ist hier jedoch nicht mit dem individuellen Beitrag gleichzusetzen, den jeder Mitarbeiter zum Projektergebnis beisteuert.

Frage 32 und 33 ermitteln, wie weit persönliche Macht vorhanden ist und wie stark sich diese auf das Projekt auswirkt. Eine Skala für Antworten reicht von 'gar nicht' bis 'stark' bei Frage 32, respektive 'negativ' bis 'positiv' bei Frage 33.

Frage 32 Wie weit tragen die Persönlichkeit und der persönliche Einfluss der einzelnen Akteure zum Projekterfolg bei?

Frage 33 Wie wirkte sich persönlicher Einfluss negativ oder positiv auf den Projekterfolg aus?

Folgende Frage geht der Korrelation von struktureller Macht und persönlicher Macht nach, nämlich wie weit der Befragte einen Zusammenhang zwischen Hierarchie und Ausstrahlung respektive Charisma sieht. Mögliche Antworten sind auf einer Skala von 'negativ' über 'gar nicht' bis 'positiv' anzukreuzen.

Frage 34 Wie korrespondieren die Höhe der Position in der Projekthierarchie eines Projektmitarbeiters mit dessen Ausstrahlung und Charisma?

Nachstehende Frage ermittelt die Person, die aus Sicht des Befragten am meisten weitere Akteure zu einer Sache motivieren konnte. Die Antworten erlauben gegebenenfalls Rückschlüsse auf einen Zusammenhang von persönlicher Macht mit weiteren Machtquellen. Als Lösungsauswahl steht eine Liste der Rollenträger des Projektes zur Verfügung.

Frage 35 Welcher Rollenträger verfügte Ihrer Ansicht nach am meisten über persönlichen Einfluss und konnte Mitarbeiter am besten nach seinem Willen motivieren?

Untenstehende Fragen bringen den Umgang mit persönlicher Macht im Projekt in Erfahrung. Es wird dem Umstand nachgegangen, wie weit die Persönlichkeit eines Akteurs miteinbezogen wird bei der Zuteilung seiner Aufgaben. Für die Frage 36 steht die übliche Skala zur Verfügung mit den Werten 'gar nicht' bis 'stark'. Die Frage 36 und ist in Form von Text zu beantworten. Die Resultate können dabei in einen Methodenkatalog zum Umgang mit persönlicher Macht aufgenommen werden.

Frage 36 Wie weit wurde bei der Aufgabenzuweisung die Persönlichkeit von jemandem berücksichtigt?

Frage 37 Auf welche Art und Weise geschah das?

Untenstehende Frage sondiert, wie weit Vorsorgemassnahmen getroffen werden, damit eine Person nicht negative Gruppenrollen annimmt und andere demotivieren kann. Die Beantwortung der Fragen erfolgt analog zu den vorhergehenden.

Frage 38 *Wie weit wurde in ihrem Projekt dagegen vorgebeugt, dass Mitarbeiter andere demotivieren?*

Frage 39 *Wie geschah das?*

Fragen nach Netzwerkmacht

Die folgenden Fragen versuchen Aspekte im Umgang mit Netzwerken zu erfassen, nämlich wie stark menschliche Netzwerke gefördert werden. Die Antworten Sind dabei auf einer Skala von 'gar nicht' bis 'stark' auszuwählen.

Frage 40 *Wie stark werden Netzwerke gefördert?*

Folgende Fragen versuchen, Netzwerkmacht im Projekt zu orten. Die Antworten sind dabei aus einer Liste der Projektteilnehmer anzukreuzen.

Frage 41 *Welcher Rollenträger beeinflusste über sein Netzwerk den Projektausgang am meisten?*

Frage 42 *Welcher Rollenträger beeinflusste über sein Netzwerk den Projektausgang am wenigsten?*

Allgemeine Fragen

Folgende Fragen beziehen sich auf die Einschätzungen des Befragten, wer am meisten respektive am wenigsten zum Projektgelingen beigetragen hat. Gegebenenfalls finden sich so Hinweise darauf, ob eine Korrelation besteht zur Machtposition des jeweiligen Akteurs, und ob diese positiv oder negativ ist. Mit anderen Worten: Hat die Stelle mit am meisten Macht den grössten Einfluss auf den Projekterfolg? Zur Beantwortung der Frage 43 und Frage 45 steht eine Liste der am Projekt beteiligten Personen zur Verfügung, die Begründungen in Frage 44 und Frage 46 sind schriftlich zu verfassen.

Frage 43 *Welcher am Projekt beteiligte Rollenträger hatte am Projekterfolg am meisten Anteil?*

Frage 44 *Wie beeinflusste dieser Rollenträger den Projekterfolg am meisten?*

Frage 45 *Welcher am Projekt beteiligte Rollenträger hatte am wenigsten zum Projekterfolg beigetragen?*

Frage 46 *Wie beeinflusste dieser Rollenträger den Projekterfolg am wenigsten?*

4.3.1.3 Fragebogen Teil 3

Folgende Fragen sind generell für alle Machtarten einsetzbar. Sie ermitteln aus der Sicht des Befragten Einflusssituationen im Informatikprojekt, sowie deren Effekt auf den Projekterfolg. Sinnvoll wäre es beispielsweise, dem Befragten eine Anzahl Fragenkomplexe, bestehend aus einem Set der untenstehenden Fragen, anzubieten. Er soll sich möglichst an die Situationen erinnern, die am stärksten einen Einfluss auf den Projekterfolg hatten. Dadurch können die kritischsten Einflusssituationen und grössten Probleme festgehalten werden. Angestrebt wird dadurch, zusammen mit den Resultaten aus Teil 2 des Fragebogens eine 'Topografie der Macht' im Informatikprojekt erstellen zu können.

Die Frage, um die sich der ganze Teil 3 dreht: "*Zwischen welchen Parteien des Projektes existiert welcher Einfluss mit welchen Auswirkungen auf den Projekterfolg?*". Es wird dadurch ermittelt, wo welche Macht existiert und was diese für einen Effekt auf das Projektergebnis hat. Der Befragte wird zunächst gebeten, die Situation kurz zu beschreiben.

Frage 47 Bitte beschreiben Sie kurz die Situation.

Es wird nach dem Machthaber und dem Machtempfänger gefragt, um die Macht lokalisieren zu können. Die beteiligten Akteure sind jeweils aus einer Liste mit der Aufführung der Projektmitarbeiter auszuwählen.

Frage 48 Wer übte Einfluss aus?

Frage 49 Wer wurde beeinflusst?

Die Art der Macht respektive des Einflusses ist schriftlich zu umschreiben. Es wurde bewusst auf eine Auswahl bisheriger Machtquellen, die angekreuzt werden können, verzichtet. Somit werden gegebenenfalls weitere und präzisere Machtquellen erfasst. Bei der Auswertung soll versucht werden, den vom Befragten angegebenen Einfluss bisheriger Machtarten zuzuordnen und allenfalls genauere oder neue Unterteilungen vorzunehmen.

Frage 50 Bitte beschreiben Sie die Art und Weise des Einflusses.

Folgende Fragen beziehen sich auf den Einfluss der vom Befragten beschriebenen Situation auf den Projekterfolg. Anzugeben sind die Stärke und die Art – ob positiv oder negativ – des Einflusses. Die Fragen ermitteln die Relevanz der Macht hinsichtlich des Projektergebnisses. Erhofft wird, die unterschiedlichen Machtquellen bezüglich ihrer Bedeutung für den Projekterfolg gewichten zu können. Die Auswirkungen auf das Projektergebnis werden dabei auf einer Skala von eins bis sechs notiert. Einerseits wird auf einer Skala von eins bis sechs die vom Befragten eingeschätzte Stärke des Einflusses auf den Projektausgang abgefragt, andererseits die Art des Einflusses von eins für 'negativ' bis sechs für 'positiv'.

Frage 51 Wie gross ist der Einfluss auf den Projekterfolg?

Frage 52 Wie positiv oder negativ wirkt sich der Einfluss auf das Projektergebnis aus?

Mit folgenden Fragen zum Umgang mit der beschriebenen Situation wird ermittelt, wie im Projekt auf die jeweilige Sachlage reagiert wurde. Es wird geprüft, ob ein Umgang mit der Machtsituation überhaupt stattfindet und wie stark dieser Umgang vom Befragten eingeschätzt wird. Des Weiteren liefert eine schriftliche Antwort, wie im Projekt der Situation begegnet wird. Die Antworten liefern dabei eine Übersicht über den Umgang mit Macht in den jeweiligen Situationen und wie weit dieser stattfindet.

Frage 53 ermittelt die Stärke der Reaktion auf die vom Befragten beschriebene Situation. Auf einer Skala von eins bis sechs ist die Stärke der Reaktion im Informatikprojekt einzutragen. Eins steht für 'keine Reaktion', sechs steht für 'starke Reaktion'.

Frage 53 Wie stark wird auf diese Situation in ihrem Informatikprojekt bewusst reagiert?

Frage 54 verlangt einen Beschrieb der Reaktion, damit gegebenenfalls geeignete und ungeeignete Methoden gesammelt werden können. Die Antwort ist dabei in Textform zu halten.

Frage 54 Bitte notieren sie, wie die Reaktion ausfällt.

Die nächste Frage ermittelt, wie wirksam die getroffenen Massnahmen auf die jeweilige Situation im Projekt von den Befragten eingeschätzt werden. In Kombination mit obigen Antworten bezüglich Reaktionen auf Macht oder Einflusssituationen liefert diese Frage Antworten, wie effektiv und wirksam der Umgang mit der jeweiligen Situation ist. Der aus Frage 54 resultierende Methodenkatalog wird dabei durch diese Informationen ergänzt. Die Methoden können so bezüglich ihrer Wirksamkeit klassifiziert werden. Die Antwort ist dabei auf einer Skala von eins für 'erfolglos' bis sechs für 'erfolgreich' einzutragen.

Frage 55 Wie schätzen Sie den Erfolg getroffener Massnahmen, die Sie allenfalls unter der vorherigen Frage beschrieben haben, ein?

4.4 Fazit

Als Untersuchungsmethode zur Erforschung von Macht und den Umgang mit Macht in Informatikprojekten wurde das Instrument der Befragung gewählt. Diese Methode hat nach McGrath ihre Stärken vor allem in der starken Generalisierbarkeit der Resultate. Hingegen zeichnet sich die Befragung nicht durch Realismus und Genauigkeit aus.

Es wird schliesslich auf das Untersuchungsinstrument des Fragebogens zurückgegriffen. Die zusammengestellten Fragen befinden sich im Anhang [siehe Anhang II]. Problematisch sind dabei die subjektive Perspektive des Befragten sowie der Umfang der Thematik. Die subjektive Perspektive des Befragten schlägt sich in seinen Antworten nieder und verzerrt gewissermassen die objektive Erfassung von Macht und Machtaspekten in Projekten. Dem wird mitunter dadurch Rechnung getragen, indem die jeweilige Rolle des Beantwortenden im Informatikprojekt ermittelt wird. Der Umfang der Thematik Macht im Informatikprojekt führt dazu, dass der Fragebogen relativ umfangreich wurde, aber was das Thema anbelangt dennoch knapp gehalten ist. Ein langer Fragebogen kann leider dazu führen, dass die Befragten nicht motiviert sind, ihn gar nicht oder nicht vollständig auszufüllen und daher die Antworten unpräzis sind oder ganz ausfallen.

5 Auswertungen

Das folgende Kapitel befasst sich mit den Auswertungen der Antworten auf den im vorhergehenden Kapitel erstellten Fragebogen. Der Fragebogen richtete sich an Personen, die stark in ein Informatikprojekt involviert waren oder dies noch sind. Die Anzahl der rückläufigen und ausgewerteten Fragebogen beträgt dabei 20. Mitunter durch diesen relativ kleinen Stichprobenumfang resultieren bei vielen Kennzahlen, insbesondere bei Vergleichen von Nominalskalen mit Intervallskalen, hohe Signifikanzniveaus der Nullhypothese: das bedeutet, dass die berechneten Kennzahlen mit grosser Wahrscheinlichkeit nicht zutreffen.

Sämtliche Auswertungen befinden sich im Anhang. Für jede Frage wurde eine graphische Auswertung der Resultate erstellt [siehe Anhang III]. Diese Resultate lassen vor allem Schlüsse bezüglich Vorkommen und Umgang mit den spezifischen Machtquellen zu. Zudem wurden die Ergebnisse der einzelnen Fragen einander gegenübergestellt: Intervallskalierte gegenüber intervallskalierten, Nominalskalierte gegenüber Intervallskalierten sowie nominalskalierte gegenüber sich selbst[75]. Durch die Auswertung der Zusammenhänge lassen sich schliesslich gegebenenfalls Empfehlungen zum Umgang mit Macht formulieren.

Die erste Tabelle vergleicht sämtliche intervallskalierten respektive ratioskalierten Resultate gegeneinander [siehe Anhang V]. Sie führt jeweils den Korrelationskoeffizienten auf und gibt das zugehörige Signifikanzniveau[76] an. Fragen mit nominalskalierten Antworten wurden ebenfalls intervallskalierten Antwortbereichen gegenübergestellt [siehe Anhang VII]. Auf den Tabellen werden die Varianz[77] sowie das Signifikanzniveau der intervallskalierten Antworten für jeden nominalen Wert angegeben. Zudem wird das gesamte Signifikanzniveau aufgeführt, das aufzeigt, mit welcher Wahrscheinlichkeit ein Zusammenhang zwischen den beiden Antwortbereichen besteht. Eine dritte Tabelle stellt die Antworten der

[75] Nominalskalen stellen Klassifizierungen qualitativer Eigenschaftsausprägungen dar wie z.B. Projektleitung, Auftraggeber etc. (Frage 3), Eine Intervallskala basiert auf gleichgrossen Skalenabschnitten wie z.B. "negativer Einfluss, neutraler Einfluss, positiver Einfluss" in Frage 13. In Ratioskalen existiert zusätzlich zur Intervallskala ein natürlicher Nullpunkt. Im Fragebogen ist diese nur in Frage 6 gegeben, wo die Anzahl Projektmitarbeiter ermittelt wird [gemäss Back 1987, Seite XI].

[76] Als Masszahl für die Stärke des linearen Zusammenhanges wurde der empirische Korrelationskoeffizient hinzugezogen [gemäss Deut 1995, Seite 85]. Er kann Werte zwischen -1 und 1 annehmen. 0 steht für keinen Zusammenhang. Für die Berechnung des Signifikanzniveaus der Korrelation wurde die T-Verteilung verwendet [gemäss Deut 1995, Seite 93]. t ist dabei der Prüfwert.

[77] Einfaktorielle Varianzanalyse [nach Back 1987, Seite 43 uff]: Das Signifikanzniveaus wurde anhand der F-Verteilung ermittelt [Back 1987, Seite 50].

nominalskalierten Ergebnisse gegenüber [siehe Anhang VIII]. Diese gibt an, wie viel Prozent der Antworten von je zwei Fragen den gleichen Wert aufweisen.

Die Signifikanzniveaus[78] geben jeweils die Wahrscheinlichkeit an, zu welcher die Nullhypothese angenommen und die angegebene Kennzahl verworfen werden muss.[79] Die Wahrscheinlichkeit, dass die Tendenz der angegebenen Korrelation oder Varianz oder des Mittelwertes zutrifft, ist somit 1 minus das Signifikanzniveau. Das bedeutet: je kleiner das Signifikanzniveau, desto grösser die Aussagekraft der Resultate. Betrachtet werden in den Auswertungen jeweils Signifikanzniveaus bis 10 Prozent. Damit können die möglichst relevanten Kennzahlen erfasst werden ohne dass sich die Auswertungen in Details verlieren.

5.1.1 Fragebogen Teil 1

Einleitende Fragen

Zu Beginn ermittelt Frage 1 die Art der Projektorganisationsform. 15 Prozent der Befragten kreuzten keine Antwort an, die restlichen Antworten verteilen sich beinahe zu gleichen Teilen auf die Stabsprojektorganisation, die reine Projektorganisation sowie die Matrixprojektorganisation.

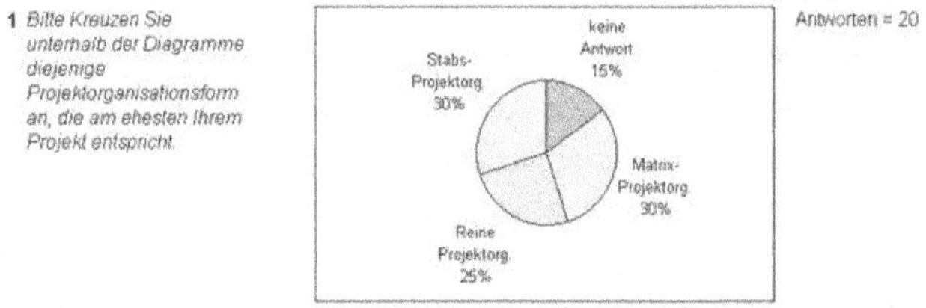

Abbildung 30 Resultate Frage 1

Mit einem Signifikanzniveau von 6% besteht ein statistischer Zusammenhang mit Frage 24, die das Erkennen von Informationsdefiziten ermittelt. In der Matrixprojektorganisation wurden am ehesten Informationsdefizite aufgrund mangelnder, unzureichender oder zurückbehaltener Information erkannt. Der Mittelwert der Resultate ist 5, das Signifikanzniveau 3.1%. In der reinen Projektorganisation wurden solche Informationsdefizite

[78] In den Tabellen wird das Signifikanzniveau mit S als prozentualer Wert angegeben.

[79] "Über die Verteilung der Zufallsvariablen liegt [dabei] eine begründete Vermutung vor, die man aber nicht direkt beweisen kann. Man versucht [daher], sie indirekt zu bestätigten, indem eine Gegenhypothese, die Nullhypothese, aufgestellt und diese Nullhypothese zu widerlegen, zu verwerfen versucht" [Zitat: Deut 1995, Seite 90]

leicht weniger häufig erfasst. Am schlechtesten steht es um Stabsprojektorganisationen. Informationsmankos wurden da am wenigsten häufig erkannt. Der Mittelwert der Antworten beträgt 3.3, dessen Signifikanzniveau 11.2%. Möglicherweise liegt die Ursache darin, dass durch die Stabsfunktion der Projektleitung der Informationsfluss durch zusätzliche Stellen verkompliziert und dadurch unüberschaubar wird[80]. Insofern ist die Stabsprojektorganisation günstig für die unbemerkte Ausübung von Informationsmacht. Zu den weiteren Fragen zu Informationsmacht lassen sich jedoch keine signifikante Tendenzen feststellen.

Zur Frage 33, die der Art des persönlichen Einflusses – ob positiv oder negativ - in Projekten nachgeht besteht zu 99.8% ein Zusammenhang. In der reinen sowie der Matrixprojektorganisationsform korrespondieren die Höhe der Position in der Projekthierarchie stark positiv mit der Ausstrahlung und Charisma eines Mitarbeiters. In der Stabsprojektorganisation besteht ein leicht negativer Zusammenhang. Eine mögliche Interpretation: In der Stabsprojektorganisation kann die Projektleitung ihre Führungsaufgaben nicht in dem Masse wahrnehmen wie in Matrix- oder reinen Projektorganisationen. Durch eine starke Bürokratie besteht die Gefahr, dass sich Führungskräfte – Auftraggeber sowie Projektleitung – was das Persönliche anbelangt abgrenzen. Sie verlieren dadurch den persönlichen Draht zum Team. Gegenüber untergebenen Mitarbeitern dominieren dann gegebenenfalls Weisungen und nicht der unmittelbare Kontakt.

Es können nicht wie erwartet signifikante Aussagen dazu gemacht werden, wie die Organisationsform mit den Ergebnissen auf die Fragen zum Vorkommen von Macht zusammenhängt.

Knapp die Hälfte der Befragten wirkte in der Rolle des Projektleiters am Projekt mit, an zweithäufigster Stelle wurden Fachmitarbeiter (14%) genannt, dann folgen Spezialsten und Auftraggeber [siehe Abbildung 31].

3 *Bitte nennen Sie Ihre persönliche Rolle im Projekt*

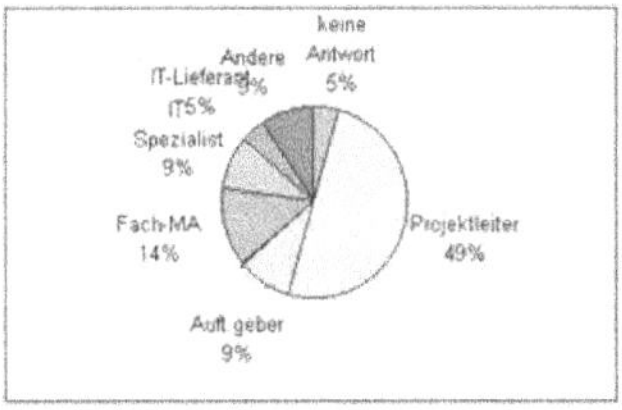

Antworten = 22

Abbildung 31 Resultate Frage 3

---

[80] In Kapitel 2.3.2 wurde bereits ein erhöhter Kommunikationsaufwand angesprochen. Vorliegende Resultate bestätigen dortige Ausführungen.

In 54% der Fälle stimmen die Antworten aus Frage 35 mit denen der Frage 3 überein. Die Befragten schreiben sich so in gut der Hälfte der Antworten am meisten persönlichen Einfluss und Motivationsfähigkeit gegenüber anderen Mitarbeitern zu. Zu gut einem Drittel stimmen die Antworten mit denen von Frage 41 überein, welche den Rollenträger ermittelt, welcher über sein persönliches Netzwerk den Projekterfolg am meisten beeinflusst.

Gegebenenfalls liegt hier ein leicht beschönigender Effekt vor, in dem die Befragten sich in über 50 Prozent der am meisten persönlichen Einfluss zuschreiben – zum Teil erklärbar durch die subjektive Perspektive. Leider sind keine hochsignifikante Aussagen über die unterschiedlichen Perspektiven der Befragten bezüglich der Machtverteilung möglich, da die Anzahl Antworten pro Rollenträger grösstenteils zu klein ist.

Knapp die Hälfte aller Projekte ist noch nicht abgeschlossen zum Zeitpunkt der Befragung. Weitere 40 Prozent wurden letztes Jahr fertig gestellt [siehe Abbildung 32].

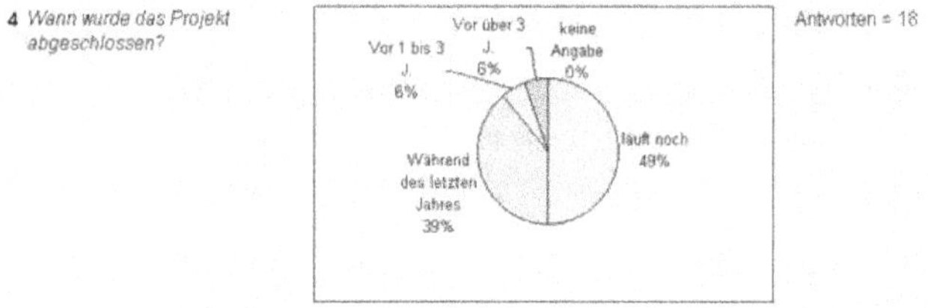

Abbildung 32 Resultate Frage 4

Folgende leichte Korrelationen bestehen mit einem Signifikanzniveau unter 10 Prozent zu den Resultaten der folgenden Fragen. Je länger der Zeitpunkt des Projektabschlusses zurückliegt, desto eher prägten die im Projekthandbuch festgelegten Richtlinien das Handeln im Projekt (Frage 7), desto geringer war der Einfluss der Projektkultur auf den Projekterfolg (Frage 15), desto weniger positiv beeinflusste die Projektkultur den Projekterfolg (Frage 16) und desto eher wurden Informationsdefizite während des Projektverlaufes erkannt (Frage 24). Möglicherweise wird die Projektkultur in laufenden Projekten subjektiv übergewichtet. Nach Abschluss des Projektes werden allenfalls dann erkannte Informationsdefizite zusätzlich als zur Projektlaufzeit erkannte Informationsprobleme eingeordnet, was das Resultat verzerren kann.

Eingangs der Diplomarbeit wurde erwähnt, dass über 80 Prozent aller Projekte kein brauchbares Ergebnis erzielten. Interessant sind in diesem Rahmen die Antworten auf die Frage nach dem Projekterfolg. Die in der Umfrage erhobenen Daten ergeben ein völlig anderes Bild über den Erfolg von Informatikprojekten [siehe Abbildung 33]. Erwartet wurde eine linkslastige Verteilung mit einem Mittelwert kleiner als 3 und einer breiteren Streuung. Die Hälfte der Befragten stufte ihr Projekt jedoch als mehr oder weniger erfolgreich ein. 30 Prozent der Projekte wurden als vollen Erfolg gewertet. 15 Prozent gaben keine Antwort, 5 Prozent meldeten deutlich einen Misserfolg. Folgende Definition von 'Erfolgreich' wurde angegeben, nämlich "*wenn die vom Arbeitgeber gewünschten Resultate mit den vorgesehenen Mitteln innerhalb der vorgegebenen Zeit in der geforderten Qualität erreicht werden.*" [Jenn 2000, S. 520]. In den meisten Fällen kreuzten die Befragten dabei auch einen Wert an, wenn ihr Projekt noch nicht abgeschlossen war. Dieser widerspiegelt, wie weit das Projekt bis zum Befragungspunkt als erfolgreich eingeschätzt wurde.

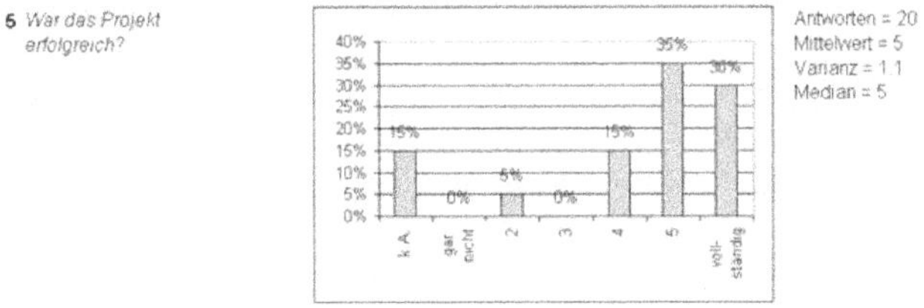

Abbildung 33 Resultate Frage 5

Mögliche Ursachen für den Unterschied zwischen den erwarteten und den tatsächlichen Resultaten sind diverse. Allenfalls wurde die Bewertung durch die Befragten subjektiv ins positive verzerrt. Die Antworten von Fragebogen tendieren anscheinend dazu, sich relativ stark um den persönlich als zweitbesten wahrgenommenen Wert zu streuen. Dieser Effekt kann hier eine Rolle zu spielen. Eine weitere mögliche Ursache kann sein, dass die Projekte wirklich erfolgreich waren.

Aufgrund der engen Varianz um den Mittelwert 5 bestehen wenig signifikante Korrelationen mit den Fragen nach dem Ausprägungsgrad[81] von Machtquellen. Im Folgenden werden die Resultate erwähnt, deren Korrelation zu weniger als 10 Prozent gegenüber der Nullhypothese verworfen werden muss.

Zu Frage 11 besteht eine positive Korrelation von 0.36 mit einem Signifikanzniveau von 7.6%. Der Grad der Verbindlichkeit von Aufgaben und Kompetenzen hat somit einen positiven Einfluss auf den Projekterfolg.

[81] Das sind Fragen 7, 10, 11, 14, 18, 23, 28, 32

Zu Frage 26 besteht eine negative Korrelation von -0.45 mit einem Signifikanzniveau von 96.6%. Je weniger daher Informationen gezielt zurückbehalten wurden, desto eher fiel das Projektergebnis positiv aus.

Die Grösse der Schwierigkeiten aufgrund von Abhängigkeiten von Experten und Spezialisten (Frage 28) korreliert negativ (-0.33) mit dem Projekterfolg mit einem Signifikanzniveau von 10%. Die Erklärung liegt auf der Hand: Probleme mit Experten und Spezialisten, also negativ in Erscheinung tretende Expertenmacht wirkt sich negativ auf den Projekterfolg aus.

Die Auswertungen der Frage 6 ergeben eine durchschnittliche Projektgrösse von 26.5 Mitarbeitern [siehe Abbildung 34]. Am Personalbestand gemessen bestand das kleinste Projekt aus 4 Mitarbeitern, das grösste umfasste 200 Mitarbeiter.

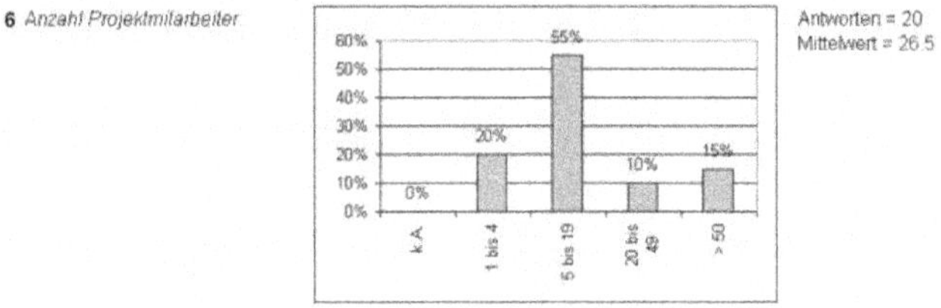

Abbildung 34 Resultate Frage 6

Folgende Korrelationen treten mit einer Wahrscheinlichkeit von mindestens 90% auf. Je grösser das Projekt, desto eher beeinflusste das Projekthandbuch den Projekterfolg (Frage 8), desto eher beeinflussten die Aufgaben- und Kompetenzdefinition den Projekterfolg (Frage 13), desto weniger oder negativer beeinflusste die Projektkultur den Projekterfolg (Frage 16) und desto häufiger traten Schwierigkeiten aufgrund mangelnder, unzureichender oder zurückbehaltener Information (Frage 23) auf. Mit über 99 prozentiger Wahrscheinlichkeit korreliert Frage 6 positiv mit Frage 26. Demnach werden in grossen Projekten Informationen eher zurückbehalten, um etwas zu erreichen, als in kleinen Projekten.

Die Daten lassen sich folgendermassen interpretieren: Mit zunehmender Grösse des Projekts steigt der Organisationsaufwand. Strukturelle Macht wird zusehends wichtig. Das Projekthandbuch und klar definierte und abgegrenzte Aufgaben und Kompetenzen spielen dabei eine wichtige Rolle. Interessanterweise wirkt sich in grossen Projekten die Projektkultur nicht allzu positiv auf den Projekterfolg aus. Möglicherweise ist es schwieriger, eine "erfolgswirksame" Projektkultur in grossen Projekten zu fördern. Je mehr Mitarbeiter, desto grösser ist die Wahrscheinlichkeit, dass sich die Teammitglieder oder die Teams untereinander nicht allzu gut verstehen – vor diesem Hintergrund ist es schwieriger, einen sozialen Zusammenhalt zu fördern. In Grossprojekten führen gegebenenfalls auch andere

Mitarbeiterauswahlkriterien zur Zusammensetzung eines Teams. Auffallend sind die Häufung von Informationsproblemen und die Ausübung von Informationsmacht in grösseren Projekten. Je grösser und komplexer das Projekt, desto mehr Organisationsaufwand und Informationsbedarf entsteht. Demzufolge steigt auch die Wahrscheinlichkeit einerseits für Kommunikationsprobleme, andererseits für willentlich unzureichende oder falsche Kommunikation. Diesem Umstand förderlich ist eventuell die nach obigen Auswertungen in grösseren Projekten leicht negativ ergebniswirksame Projektkultur, wenn man einer positiven Projektkultur einen kommunikationsfördernden Aspekt zuspricht.

5.1.2 Fragebogen Teil 2

Fragen zu struktureller Macht

Abbildung 35 zeigt den Einfluss des Projekthandbuches auf den Projekterfolg. Auf der X-Achse steht die Art des Einflusses, nämlich ob dieser positiv oder negativ ist, die Y-Achse verweist auf die Stärke des Einflusses, die Z-Achse gibt darüber Auskunft, wie stark die im Projekthandbuch festgelegten Richtlinien das Handeln im Informatikprojekt prägen – im Mittel wurde eine mittelmässige Ausprägung von 3.21 angegeben. Die zwei kleineren Diagramme mit 9, respektive 4 Ausprägungen sind Aggregate[82] der jeweiligen Werte des ursprünglichen Diagramms. Sie zeigen allenfalls klarer Tendenzen an. Zudem zeigt Abbildung 35 den empirischen Korrelationskoeffizienten[83] (r), die Anzahl relevanter Wertepaare (n) sowie das Signifikanzniveau (S)[84].

[82] In der Graphik mit 9 Ausprägungen wurden jeweils zwei X und zwei Y-Werte zusammengefasst. Beispielsweise wurden sämtliche Z-Werte mit einem X-Wert und einem Y-Wert von eins oder zwei, im zweiten Diagramm aufsummiert. Im dritten Diagramm zählt ein Feld jeweils 9 ursprüngliche Werte der Z-Achse zusammen.

[83] Masszahl für die Stärke des linearen Zusammenhanges [gemäss Deut 1995, Seite 85]. Siehe auch Einleitung Kapitel 5.

[84] Das Signifikanzniveau beschreibt hier die Wahrscheinlichkeit, zu der die angegebene Korrelation verworfen werden muss. Siehe auch Einleitung Kapitel 5.

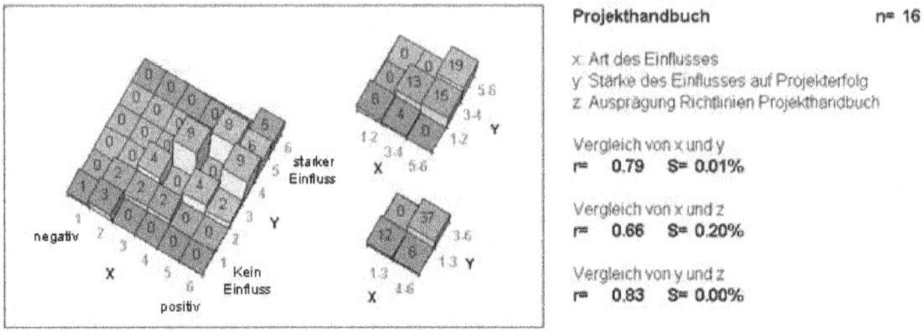

Abbildung 35 Resultate Fragen 7 bis 9

Auffallend ist, dass 30 Prozent der Antworten einen negativen Einfluss des Projekthandbuches auf den Projekterfolg angeben [siehe Abbildung 36]. Interessant ist dabei die positive Korrelation mit der Stärke des Einflusses. Je stärker der Einfluss des Projekthandbuches, desto positiver ist dieser Einfluss auf den Projekterfolg. Ebenfalls positiv korreliert die Stärke des Einflusses der im Projekthandbuch festgelegten Richtlinien mit der Stärke des Einflusses auf den Projekterfolg. Tendenziell kann man diesen Ergebnissen entnehmen, dass das Projekthandbuch mehrheitlich positiv den Projekterfolg beeinflusst.

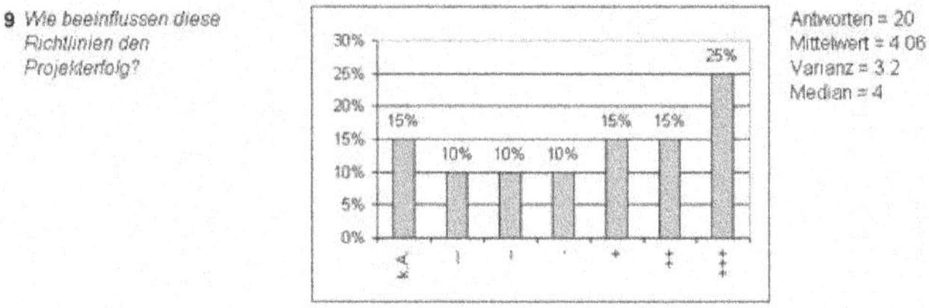

Abbildung 36 Resultate Frage 9

Die Fragen nach dem Einfluss der Aufgaben- und Kompetenzdefinition ergeben ein klares Bild [siehe Abbildung 37]. Die Art des Einflusses auf den Projekterfolg wird nur in 5% der Fälle als negativ angegeben, dessen Mittelwert beträgt 4.8 mit einer kleinen Streuung der Werte – die Varianz beträgt 0.8. Der Mittelwert der Stärke des Einflusses beträgt 4.29 wobei keiner der Befragten der Qualität der Aufgaben- und Kompetenzdefinition gar keinen Einfluss auf den Projekterfolg zusprach. Grundsätzlich kann daher von einem starken und positiven Einfluss der Verbindlichkeit und Klarheit der Aufgaben- und Kompetenzdefinition auf den Projekterfolg ausgegangen werden. Auffallend ist, dass bei sämtlichen 4 Fragen der zweithöchste Wert bevorzugt angekreuzt wurde.

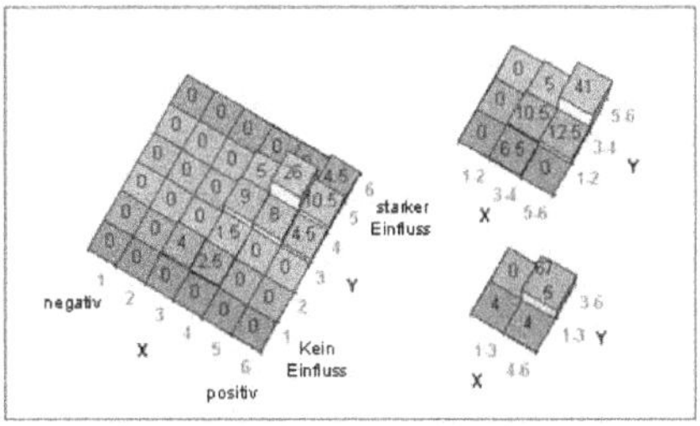

Aufgabendefinition **n= 17**

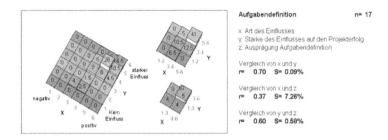

x: Art des Einflusses
y: Stärke des Einflusses auf den Projekterfolg
z: Ausprägung Aufgabendefinition

Vergleich von x und y
r= 0.70 S= 0.09%

Vergleich von x und z
r= 0.37 S= 7.26%

Vergleich von y und z
r= 0.60 S= 0.58%

Abbildung 37 Resultate Fragen 10 bis 13

Im Vergleich zum Projekthandbuch wurden die Klarheit und Verbindlichkeit der Aufgaben- und Kompetenzdefinition positiver und mit einem grösseren erfolgsrelevanten Einfluss mit dem Projekterfolg in Verbindung gebracht.

Die Ausprägungen (Werte auf der Z-Achse) in Abbildung 37 setzen sich zu gleichen Teilen aus den Ergebnissen aus Frage 10 und Frage 11 zusammen – deren Mittelwert liegt dabei bei 4.25 und weisen auf eine eher starke Ausprägung in den befragten Projekten hin. Die Antworten korrelieren stark positiv mit einer Wahrscheinlichkeit 100%. Ins Auge fällt überdies der statistische Zusammenhang der Antworten auf die Frage 10 und 11 mit denen bezüglich persönlichem Einfluss in Informatikprojekten (Fragen 32 bis 34). Mit einem Signifikanzniveau von unter einem Prozent korrelieren diese positiv untereinander. Je klarer und verbindlicher daher die Aufgaben und Kompetenzen definiert sind, desto stärker ist der Einfluss von Persönlichkeit (Frage 32), desto positiver wirkt sich persönlicher Einfluss auf den Projekterfolg (Frage 33) und desto positiver korrespondieren die Höhe der Position in der Projekthierarchie eines Projektmitarbeiters mit dessen "Ausstrahlung und Charme" (Frage 34).

Interessant ist der Zusammenhang allemal: Fördert ein klarer und verbindlicher Aufgabenrahmen positiven und erfolgsrelevanten persönlichen Einfluss und begünstigt die soziale Stellung des Projektleiters? Oder weist eine charismatische Projektleitung klarere und verbindlichere Aufgaben zu und schafft dadurch ein transparentes Umfeld?

Auffallend ist zudem die Korrelation zwischen der X und der Z-Achse. Je unklarer und unverbindlicher die Aufgaben und Kompetenzen im Projekt definiert sind, desto negativer ist der Einfluss auf den Projekterfolg.

Fragen zur Projektkultur

Abbildung 38 zeigt die Auswertungen der Fragen bezüglich Projektkultur. Auf der X-Achse befindet sich wieder die Art, ob positiv oder negativ, auf der Y-Achse die Stärke des Einflusses auf den Projekterfolg. Die Z-Achse beinhaltet die Daten mit der Stärke der Etablierung der Projektkultur im Informatikprojekt. Die Durchschnittliche Ausprägung der Projektkultur lag dabei bei dem Wert 4 – das bedeutet mässig stark. Tendenziell liegen die X- und Y-Werte im höchsten Drittel. Der Projektkultur wurde dadurch ein grosser positiver Einfluss auf den Projekterfolg zugesprochen. 15 Prozent gaben dabei einen leicht negativen Einfluss an, niemand betrachtete die Projektkultur als einflusslos für den Projekterfolg.

Signifikant zu 0.03 % ist die positive Korrelation zwischen der Stärke des Einflusses auf den Projekterfolg und der Ausprägung der Projektkultur im Informatikprojekt – ergo: Mit der Stärke der Ausprägung der Projektkultur wächst auch deren Einfluss auf den Projektausgang. Eine leichte Tendenz besteht darin, dass mit der Stärke der Ausprägung der Einfluss auf den Projekterfolg positiver ausfällt als wenn eine Projektkultur wenig etabliert ist. Diese Korrelation muss jedoch mit einer Wahrscheinlichkeit von 19 % verworfen werden.

Interessant ist, dass die Stärke des Einflusses mit dessen Wirkungsweise, ob positiv oder negativ, korreliert mit einem Signifikanzniveau von knapp 7 Prozent. Je stärker der Einfluss eingeschätzt wird, desto positiver fällt er aus.

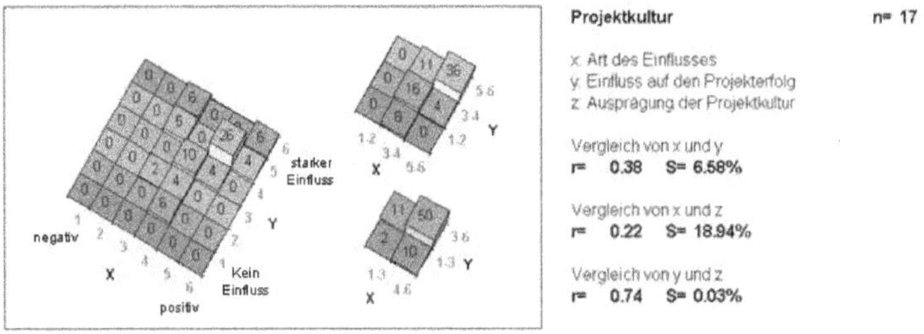

Abbildung 38 Auswertung Fragen 14 bis 16

Die Ausprägung der Projektkultur (Frage 14) korreliert positiv mit dem Erkenntnisgrad von Informationsdefiziten (Frage 24) sowie der Stärke der aktiven Informationsflussförderung (Frage 25) mit einem Signifikanzniveau unter 1 %.

Eine mögliche Erklärung: je stärker eine Projektkultur etabliert ist, desto eher wird untereinander kommuniziert. Dadurch werden Informationsdefizite aufgedeckt und der

Informationsfluss begünstigt. Die Förderung des Informationsflusses unterstützt wiederum die Projektkultur und ist zum Teil Bestandteil von dieser.

Ausserdem stehen die Antworten auf Frage 14 in einem positiven Zusammenhang mit Frage 33 und 34. Je etablierter die Projektkultur, desto positiver wirkt sich statistisch gesehen der persönliche Einfluss von Projektmitarbeitern auf den Projekterfolg aus und desto positiver korrespondieren die Höhe der Position in der Projekthierarchie eines Projektmitgliedes mit dessen "Ausstrahlung und Charisma". Der Schluss liegt nahe: Persönlichkeit mit positiven Einfluss auf den Projekterfolg fördert und begünstigt eine gute Projektkultur. Denkbar ist, dass die Kultur in einer Wechselwirkung wiederum die Persönlichkeit beeinflussen kann.

Die Grösse des Einflusses der Projektkultur auf den Projekterfolg (Frage 15) korreliert positiv mit der Stärke der Informationsflussförderung (Frage 25) mit einer Wahrscheinlichkeit von knapp 98 Prozent. Ausserdem bestehen positive Wechselbeziehungen mit den Fragen zu persönlichem Einfluss, namentlich den Fragen 32, 33, 34 und 38. Das heisst: Je grösser der Einfluss der Projektkultur auf den Projekterfolg angegeben wurde, desto grösser und positiver wurde jener der Persönlichkeit eingeschätzt, desto eher korrespondiert der Status in der Hierarchie positiv mit Ausstrahlung und Charisma und desto eher wurde in den Befragten Projekten dagegen vorgebeugt, dass Mitarbeiter andere demotivieren. Zudem besteht ein positiver statistischer Zusammenhang mit dem Grad der Förderung von sozialen Netzwerken (Frage 40).

Die Art des Einflusses der Projektkultur (Frage 16) korreliert negativ mit der Grösse an systematisch zurückbehaltenen oder falsch übermittelten Informationen (Frage 26) mit einem Signifikanzniveau von 8.30 %. Je positiver sich die Projektkultur auf den Erfolg auswirkt, desto kleiner waren solche Informationsprobleme.

Frage 17 ermittelt Methoden zur Etablierung der Projektkultur. Erkennbar sind zur Förderung einer positiven Projektkultur einerseits durch sozialisierende Massnahmen, die den Zusammenhalt fördern und andererseits informative Massnahmen, welche die Transparenz fördern.

Als sozialisierende Aktivitäten wurden beispielsweise Apéros, gelegentliches Zusammensitzen nach der Arbeit bei einem "Afterwork-Beer" oder zum Abendessen und gemeinsame Anlässe genannt. Dies kann spontan geschehen oder als Feier eines Erfolges, zum Beispiel eines abgeschlossenen Milestones. Durch ein gemeinsames Erlebnis und durch gegenseitigen Austausch wird dadurch der Teamzusammenhalt gefördert. Ausserdem erwähnten die Befragten Massnahmen, die explizit den Erfahrungs- und Meinungsaustausch fördern: Das sind beispielsweise kommunikationsfördernd eingerichtete Arbeitsplätze oder eine geförderte Kaffepausenkultur, bei der der neuste Stand des Projekts ausgetauscht wird. Genannt wurde zudem die Prägung der Projektkultur durch die Einmaligkeit des Projektes.

Als informative Massnahmen zählten die Befragten hauptsächlich Meetings. Diese können ebenfalls mit sozialisierender Funktion versehen werden, beispielsweise in Kombination mit einem anschliessenden Apéro. Eine wichtige Funktion nimmt das Kick-off-Meeting zu Beginn des Projektes ein. Als wichtig wurden danach jedoch auch regelmässige Sitzungen empfunden. Förderlich wurden klare Information bezüglich der Projektziele, der Verantwortungen und den Aufgaben genannt. Transparenz bezüglich der Projektziele motiviert die Mitarbeiter, klare Information der Aufgabenabgrenzung und Verantwortungen sowie der Rapportierung der Teilergebnisse fördern gegenseitiges Vertrauen.

Fragen zu Ressourcenmacht

Die Fragen bezüglich Ressourcenmacht betreffen den Gebrauch von Geld im Rahmen von Belohnungs- und Bestrafungsmassnahmen (Frage 18 bis 20). 65 Prozent der Befragten gaben an, Geld nicht als Belohnungs- respektive Bestrafungsmittel eingesetzt zu haben. 5 Prozent enthielten sich einer Antwort.

18 *Wie weit wurde Geld im Rahmen von Bestrafungs- oder Belohnungsmasssnahmen eingesetzt?*

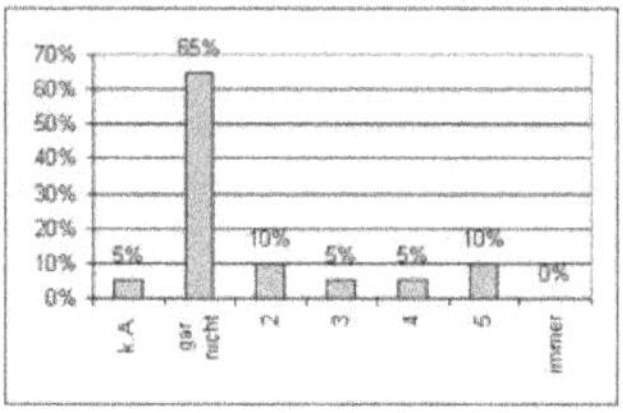

Antworten = 20
Mittelwert = 1.79
Varianz = 2
Median = 1

Abbildung 39 Auswertung Frage 18

Frage 19 ermittelt, ob die Ziele durch solche Bestrafungs- und Belohnungsmassnahmen erreicht wurden. 55 Prozent gaben keine Antwort an, zum grossen Teil dann, wenn unter Frage 18 mit "gar nicht" angekreuzt wurde. Die restlichen Wertpaare korrelieren mit einem Signifikanzniveau von 3.66 % negativ. Je stärker Geld im Rahmen von Sanktions- und Belohnungsmassnahmen eingesetzt wurde, desto weniger wurden damit die beabsichtigten Ziele erreicht.

19 *Wurden damit die beabsichtigten Ziele erreicht?*

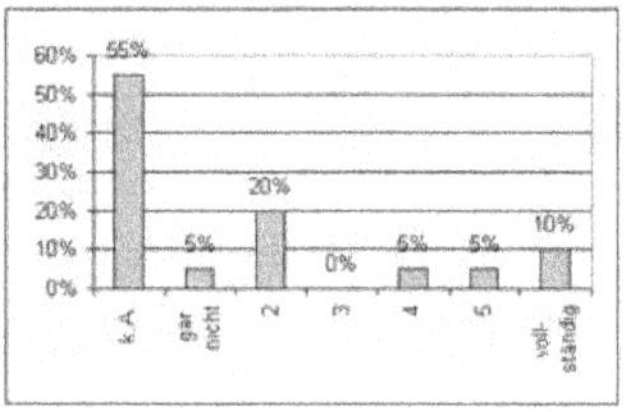

Antworten = 20
Mittelwert = 3.33
Varianz = 3.8
Median = 2

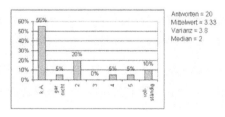

Abbildung 40 Auswertung der Frage 19

Die negative Korrelation zwischen dem Einsatz von Geld als Belohnungsmassnahme und deren Erfolg wird durch die Antworten auf Frage 20 gestützt. Ein ausbezahlter Bonus in Abhängigkeit von der zeitlichen Einhaltung eines Projektes wurde nicht als förderlich taxiert. Mehrfach erwähnt wurden in diesem Zusammenhang jährliche Boni im Rahmen des MBO[85]-Ansatzes, jedoch ohne Angabe, ob die beabsichtigten Ziele damit erreicht wurden.

Fragen zu Informationsmacht

Abbildung 41 zeigt die Häufigkeit von Informationsschwierigkeiten abhängig einerseits von der Art – ob positiv oder negativ -, andererseits der Stärke des Einflusses dieser Schwierigkeiten auf den Projekterfolg. Hauptsächlich wirken sich diese negativ aus und beeinflussen den Projekterfolg stark. Mit einer Wahrscheinlichkeit von 97.79 % korreliert die Häufigkeit von Informationsschwierigkeiten positiv mit der Stärke und mit 98.20% negativ mit der Art des Einflusses. Je grösser die Probleme, desto negativer und stärker war ihr Einfluss auf den Projekterfolg.

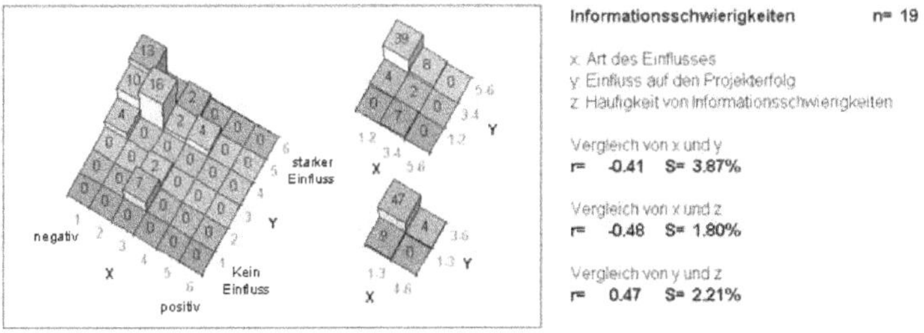

Abbildung 41 Auswertung Fragen 21 bis 23

Zur Häufigkeit von Informationsschwierigkeiten (Frage 23) gab niemand die Extremwerte "gar nicht" oder "immer" an. Die Antworten sind mittellastig: der Mittelwert beträgt 3.32, der Median 3 [siehe Abbildung 42].

[85] Management by Objectives

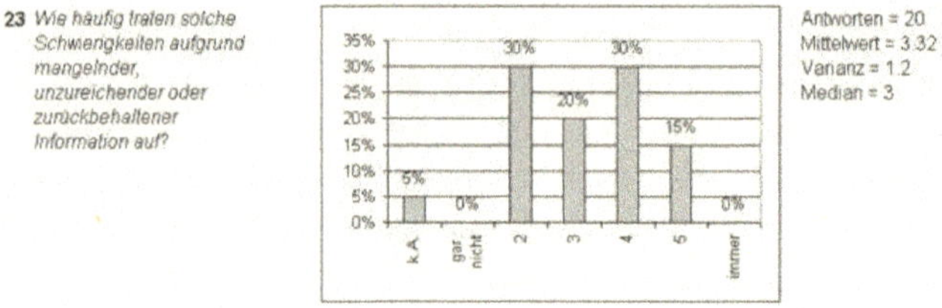

Abbildung 42 Auswertung Frage 23

Die Stärke des Einflusses von Informationsproblemen (Frage 21) korreliert positiv mit Schwierigkeiten aufgrund von Abhängigkeiten von Experten (Frage 28), mit dem Absicherungsgrad gegen Experten (Frage 30) sowie mit der Art des persönlichen Einflusses auf den Projekterfolg (Frage 33) mit den Signifikanzniveaus 5.03%, 2.79% respektive 8.16%. Die Art des Einflusses von Informationsproblemen (Frage 22) korreliert mit 99.5 prozentiger Wahrscheinlichkeit negativ mit der Art des persönlichen Einflusses (Frage 32). Je negativer der Einfluss von Informationsschwierigkeiten, desto positiver wurde der persönliche Einfluss angegeben.

Auffallend ist, dass zwischen der Häufigkeit von Informationsschwierigkeiten (Frage 23) und dem Grad des Erkennens von solchen Schwierigkeiten während des Projektverlaufs sowie dem Grad der aktiven Informationsflussförderung keine statistisch relevante Korrelation besteht (Signifikanz ist grösser als 43%). Die Häufigkeit von Informationsproblemen hat keinen Einfluss auf deren Erkennen. Eine positive Beziehung besteht hingegen dazu, wie weit Informationen zurückbehalten oder falsch übermittelt wurden, um etwas zu erreichen (Frage 26) – das Signifikanzniveau beträgt 3.44%. Mit einer hohen Wahrscheinlichkeit von 99.98% korreliert Frage 28 positiv mit Frage 23: Je häufiger Informationsschwierigkeiten, desto grössere Probleme wurden aufgrund von Abhängigkeiten von Spezialisten und Experten angegeben. Weitere positive Korrelationen bestehen zu Frage 33 sowie zur Frage 34 mit einem Signifikanzniveau unter 2%. Demzufolge hängt aus statistischer Perspektive die Häufigkeit von Informationsproblemen positiv mit einerseits der Art des Einflusses von Persönlichkeit auf den Projekterfolg sowie andererseits der Korrespondenz der Höhe der Position eines Projektmitgliedes auf dessen Ausstrahlung zusammen – Jedoch ist kein unmittelbarer ursächlicher Zusammenhang zwischen der Menge an Informationsproblemen und dem Grad der positiven Ausprägung persönlicher Macht erkennbar.

Informationsdefizite wie unter Frage 23 angesprochen wurden häufig bis meistens erkannt. Der Mittelwert beläuft sich auf 4.32, der Median auf 5 [siehe Abbildung 43]. 5% enthielten sich der Antwort, 10% gaben an, dass in ihrem Projekt Informationsdefizite in jedem Fall erkannt wurden, niemand kreuzte "gar nicht" an.

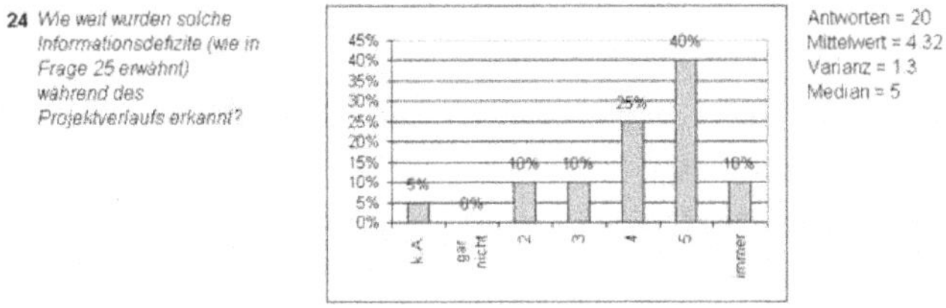

Abbildung 43 Auswertung Frage 24

Zu Frage 25 besteht ein positiver Zusammenhang mit einem Signifikanzniveau von 7.21%. Je stärker die Informationsflussförderung, desto eher wurden Informationsdefizite im Projekt erkannt. Mit einer Wahrscheinlichkeit von knapp 95% korreliert die Häufigkeit von Erkennen von Informationsdefiziten negativ mit dem Umstand, wie weit Informationen zurückgehalten oder falsch übermittelt wurden, um etwas zu erreichen (Frage 26). Mit zunehmender Häufigkeit beim Erkennen von Informationsdefiziten wurden auch vermehrt (Signifikanzniveau beträgt 5.99%) Absicherungsbestrebungen gegen Abhängigkeit von Experten und Spezialisten genannt (Frage 30).

Die erhobenen Daten legen folgenden Schluss nahe: Die systematische Förderung des Informationsflusses beeinflusst zwar nicht die Häufigkeit von Informationsproblemen, fördert aber das Erkennen von diesen Defiziten und reduziert das willentliche Zurückbehalten von Informationen. Sie entschärft sozusagen Informationsmacht.

Tendenziell besteht in den befragten Projekten eine eher starke aktive Informationsflussförderung. Der Mittelwert der Antworten auf Frage 25 beträgt 4.1, der Median 4.5. Jedoch gaben 25% der Befragten an, in ihrem Projekt gäbe es keine oder nur eine schwache Förderung des Informationsflusses.

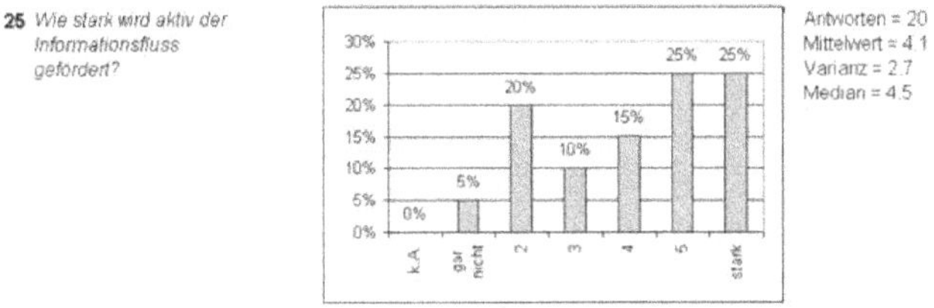

Abbildung 44 Auswertung Frage 25

Je stärker die Informationsflussförderung, desto weniger wurde angegeben, dass systematisch Informationen zurückbehalten werden (Frage 26). Das Signifikanzniveau dazu beträgt 4.67%. Interpretieren lassen sich die Daten durch die Vermutung, dass die getroffenen Förderungsmassnahmen erfolgreich waren.

Zwischen Informationsflussförderung und Förderung von spezifischen Fähigkeiten (Frage 29) besteht zu 95.13 prozentiger Wahrscheinlichkeit eine positive Korrelation. Eine mögliche Erklärung: Die Förderungsprogramme in den Projekten umfassen jeweils Informationsflussförderung und die Förderung von Experten. Möglicherweise entsteht diese Korrelation aber durch die Subjektive Sicht der Befragten, in dem sie ähnliche Fragen tendenziell ähnlich beantworten.

Ebenfalls positiv mit einem Signifikanzniveau unter 10% korreliert Frage 25 zu den Ergebnissen aus den Fragen zum persönlichen Einfluss (Frage 32 bis 34, Frage 36 und 38). Je stärker die Informationsflussförderung, desto eher und positiver tragen Persönlichkeit und persönlicher Einfluss der einzelnen Akteure zum Projekterfolg bei, desto positiver korrespondieren die Höhe der Position in der Projekthierarchie eines Projektmitarbeiters mit dessen Ausstrahlung, desto eher wurde bei der Aufgabenzuweisung die Persönlichkeit von jemandem berücksichtigt und desto eher wurde im Projekt dagegen vorgebeugt, dass Mitarbeiter sich gegenseitig demotivieren. Ebenfalls positiv korreliert die Stärke der Informationsflussförderung mit den Antworten auf Frage 40, nämlich der Förderung von sozialen Netzwerken (Signifikanzniveau beträgt 1.52%).

Der Schluss liegt nahe, dass ein kausaler Zusammenhang besteht zwischen dem Grad, wie weit der Informationsfluss gefördert wird, und der positiven und erfolgsrelevanten Ausprägung von persönlichem Einfluss. Möglicherweise tragen Persönlichkeiten mitunter zur Begünstigung des Informationsflusses bei, oder klare Kommunikationsstrukturen könnten jedoch auch den persönlichen Einfluss stärken. Gegebenenfalls spielt dabei die Projektkultur[86] eine Rolle, indem sie kommunikationsfördernd wirkt.

43% der Befragten gaben an, dass in ihrem Projekt keine oder nur minimal Informationen zurückbehalten oder falsch übermittelt wurden, um etwas zu erreichen. Der Median beträgt dabei 2, der Mittelwert 2.58. Bewusst wahrgenommene Informationsmacht spielt in den befragten Projekten eine kleine Rolle.

---

[86] Zur genaueren Ausführung: Die Projektkultur korreliert einerseits positiv mit dem Grad der Informationsflussförderung, andererseits ebenfalls mit dem Einfluss von persönlicher Macht auf den Projekterfolg.

26 *Wie weit werden Informationen zurückbehalten oder falsch übermittelt, um etwas zu erreichen?*

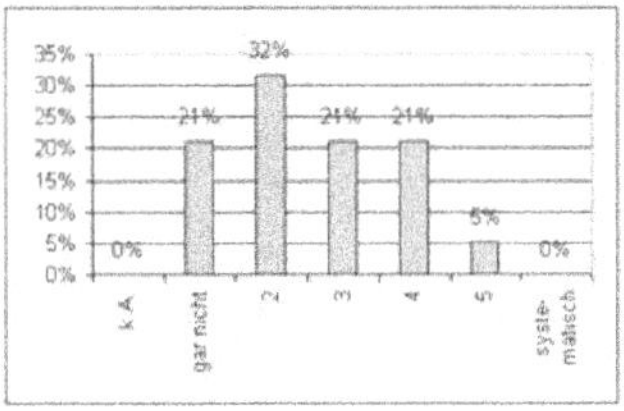

Antworten = 19
Mittelwert = 2.58
Varianz = 1.5
Median = 2

Abbildung 45 Auswertung Frage 26

Je eher die Befragten zurückbehaltene Informationen angaben, desto kleiner nannten sie den Einfluss von Persönlichkeit auf den Projekterfolg (Frage 32). Das Signifikanzniveau dazu beträgt 7.68%.

Mit einer Wahrscheinlichkeit von 97.41 Prozent korreliert das Ausmass an zurückgehaltenen Informationen negativ mit dem Grad der Berücksichtigung der Persönlichkeit bei der Aufgabenzuweisung (Frage 36). Je eher die Persönlichkeit berücksichtigt wurde, desto weniger wurden solche Informationsschwierigkeiten angegeben. Mit 98.16 prozentiger Wahrscheinlichkeit besteht ein negativer Zusammenhang zu Frage 40. Die Stärke der Förderung sozialer Netzwerke geht somit einher mit weniger zurückgehaltenen Informationen.

Möglicherweise wirkt sich die Beachtung der Persönlichkeit bei der Aufgabenzuteilung positiv auf den Umgang mit Informationen aus. Je eher und sorgfältiger Mitarbeiter nach persönlichen Aspekten für Aufgaben ausgewählt werden, desto weniger werden bewusst Informationen gefälscht und zurückbehalten und damit Informationsmacht ausgeübt.

Frage 27 zeigt, von welchen Rollenträgern Informationsmacht ausgespielt wurde. Die Befragten nannten zu einem Drittel an erster Stelle den Projektleiter. 17% nannten den Auftragsgeber, 13% die Informatikmitarbeiter.

27 *Von welchen Rollenträgern im Projekt wurde solche Informationsmacht (siehe obige Frage 26) ausgespielt?*

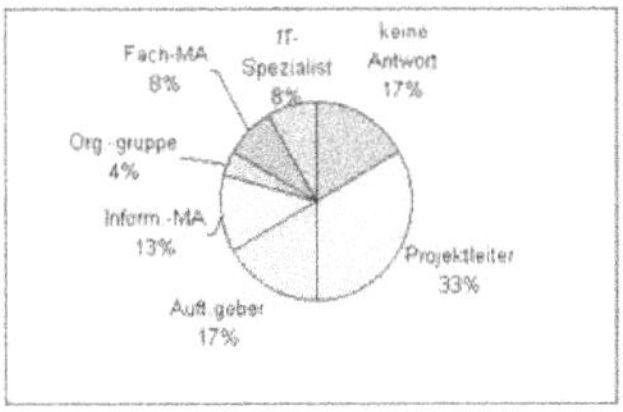

Antworten = 29

Abbildung 46 Auswertung Frage 27

Korrelationen zu intervallskalierten Fragen konnten keine hingezogen werden, da die Stichproben zu klein sind. Auffallend ist, dass sich Projektleiter den grössten Teil vom Kuchen abschneiden. Erklärbar ist das durch ihre zentrale Rolle[87] im Informatikprojekt.

Fragen zu Expertenmacht

Abbildung 47 zeigt die Stärke der Schwierigkeiten, die auf Abhängigkeiten von Experten und Spezialisten beruhen (Z-Achse) in Bezug davon, wie weit das Projekt jeweils vor solchen Abhängigkeiten geschützt (X-Achse), und wie weit spezifische Fähigkeiten und Kenntnisse einzelner Mitarbeiter gefördert (Y-Achse) wurden. Die in der Graphik ersichtliche Tendenz zeigt die grössten Schwierigkeiten bei starker Förderung von Fähigkeiten einzelner Mitarbeiter sowie minimaler Absicherung gegen Experten und Spezialisten. Die X- und Y-Achse korrelieren dabei positiv mit einer Wahrscheinlichkeit von 93.36%. Das heisst: Je mehr das Projekt gegen Expertenmacht abgesichert wurde, desto eher fanden tendenziell auch Bestrebungen statt, Expertenmacht zu fördern. Mehrheitlich sind die y-Werte dabei grösser oder gleich den x-Werten. Die Förderung von Expertenmacht scheint in den Projekten ebenfalls die Absicherung gegenüber Expertenmacht zu fördern.

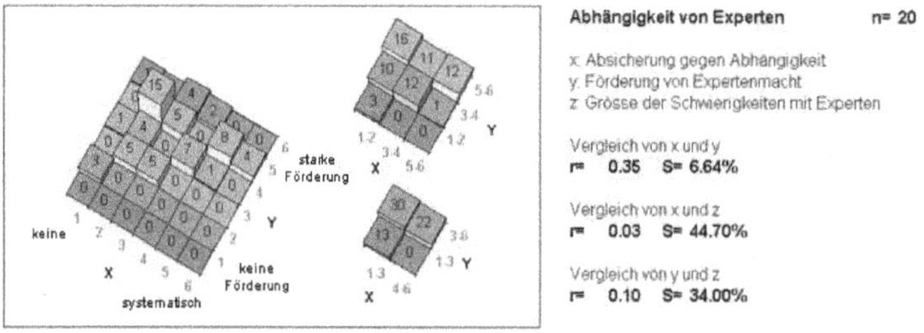

Abbildung 47 Auswertung der Fragen 28 bis 30

Die Befragten gaben tendenziell eher eine geringe Absicherung gegenüber von Abhängigkeiten von Experten an (Frage 30). Der Mittelwert der Resultate liegt bei 3.05. Projektintern hingegen wurden stärker Experten gefördert (Frage 29). Der Mittelwert beträgt 4.4, die Varianz 1.4. Die Grösse der Schwierigkeiten mit Experten (Frage 28) unterliegt einer breiten Streuung, wobei keine Tendenz feststellbar ist.

[87] Ein Projektleiter unternimmt alles, um ein Projekt in Gang zu halten. Die Durchführungsaufgabe selbst bearbeitet er jedoch nicht [nach Jenn 2000, Seite 120]. Siehe dazu auch Kapitel 3.2.1

Die Stärke der Probleme aufgrund von Abhängigkeiten von Spezialisten sowie der Förderung von Experten im Projekt korreliert positiv mit den Bestrebungen, vorzubeugen, dass Mitarbeiter andere demotivieren (Frage 38). Die Wahrscheinlichkeit dafür liegt bei 98.8% respektiv 96.32%. Eine unmittelbare kausale Erklärung für die erste Beziehung liegt keine auf der Hand. Die Korrelation mit der Förderung von Expertenmacht erklärt sich gegebenenfalls durch allgemeine personelle Betreuungsmassnahmen in den Befragten Projekten.

Die Antworten auf Frage 31 ergeben Methoden, wie die befragten Projekte gegen Expertenmacht abgesichert wurden: Zusammenfassend geschieht dies durch den Rückgriff auf mehr als einen Experten, durch den Transfer von Know-how, durch Ausschluss von Experten aus Positionen mit strategischer Wichtigkeit sowie durch Absicherung durch Verträge.

Erwähnt wurde der Transfer von Know-how sowie Wissensmanagement zum Beispiel im Rahmen von Dokumentationen. Durch diese Massnahmen wird versucht, Expertenwissen personell unabhängig zu speichern.

Um die Abhängigkeit des Projektes von einem einzelnen Experten in einem spezifischen Bereich zu reduzieren, schilderten die Befragten wiederholt die Methode, mehr als einen Experten in seinem Fachgebiet zu involvieren. Dazu zählt das Hinzuziehen von mehr als einem externen Experten, oder aber man baut projektintern oder extern Stellvertretungen auf.

Es wurde die Massnahme angegeben, Experten aus Entwicklungs- und Testphasen auszuschliessen, wo diese nicht unbedingt erforderlich sind. Damit kann vermieden werden, dass der Projekterfolg massgeblich von Experten und Spezialisten abhängt.

Zudem wurden mehrfach Verträge erwähnt, um Experten soweit wie möglich zu binden.

Fragen zu persönlicher Macht

Der Einfluss von Persönlichkeit und persönlichem Einfluss auf den Projekterfolg stuften die Befragten meist als stark ein: Die Werte sammeln sich um den Mittelwert 5 mit einer Varianz von 1.3 [siehe Abbildung 48]. Persönliche Macht kann aufgrund der Angaben eine starke erfolgsrelevante Rolle spielen.

32 *Wie weit tragen die Persönlichkeit und der persönliche Einfluss der einzelnen Akteure zum Projekterfolg bei?*

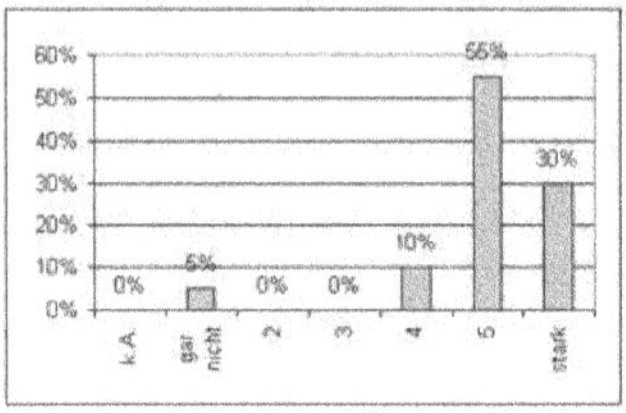

Antworten = 20
Mittelwert = 5
Varianz = 1.3
Median = 5

Abbildung 48 Auswertung Frage 32

Mit einem tiefen Signifikanzniveau unter einem Prozent korrelieren die Fragen 32, 33 und 34 zueinander. Ein grosser persönlicher Einfluss auf den Projekterfolg hängt somit statistisch zusammen mit einem positiven Einfluss und einer positiven Korrespondenz der Höhe eines Mitarbeiters in der Projekthierarchie mit dessen Ausstrahlung und Charisma.

Ein positiver Zusammenhang von Frage 32 besteht zu Frage 36, nämlich wie weit die Persönlichkeit bei der Aufgabenzuweisung hinzugezogen wird. Das Signifikanzniveau beträgt dabei 0.82%. Die Stärke des Einflusses von Persönlichkeit auf den Projekterfolg (Frage 32) korreliert zudem mit einer Wahrscheinlichkeit von 93.96% mit dem Grad, wie stark soziale Netzwerke gefördert werden (Frage 40).

Die Art des persönlichen Einflusses auf den Projekterfolg – ob positiv oder negativ – wird von den Befragten durchschnittlich als positiv gewertet. Der Mittelwert der Antworten auf Frage 33 beträgt 4.88. 6% nannte keine Antwort, 11% kreuzten einen leicht negativen Wert an [siehe Abbildung 49].

33 *Wirkt sich persönlicher Einfluss negativ oder positiv auf den Projekterfolg aus?*

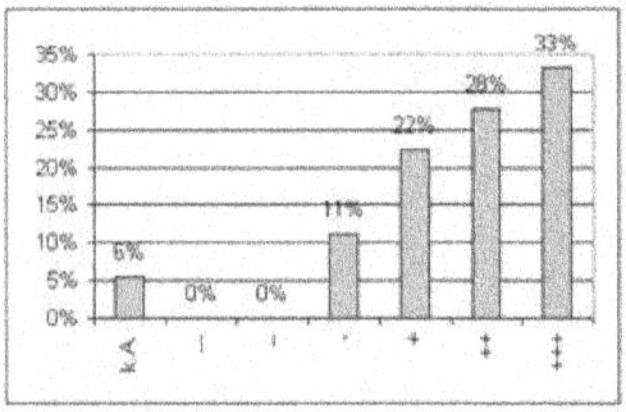

Antworten = 18
Mittelwert = 4.88
Varianz = 1.1
Median = 5

Abbildung 49 Auswertung Frage 33

Eine leichte positive Korrelation besteht zu Frage 36, nämlich wie weit bei der Aufgabenzuweisung die Persönlichkeit von jemandem berücksichtigt wird. Das Signifikanzniveau dazu beträgt 6.5%.

Drei Viertel der Befragten gaben bei Frage 34 eine positive Korrespondenz der Höhe der Position in der Projekthierarchie eines Projektmitarbeiters mit dessen Ausstrahlung und Charisma an. Der Mittelwert beträgt dabei 4.16 Prozent. 10% betrachteten die Korrespondenz als sehr negativ [Abbildung 50]. Dadurch wird grundsätzlich die Hypothese aus Kapitel 3.3.2.1 gestützt, dass die Höhe der hierarchischen Stellung einhergeht mit einer grösseren persönlichen Macht.

34 *Wie korrespondieren die Höhe der Position in der Projekthierarchie eines Projektmitarbeiters mit dessen Ausstrahlung und Charisma?*

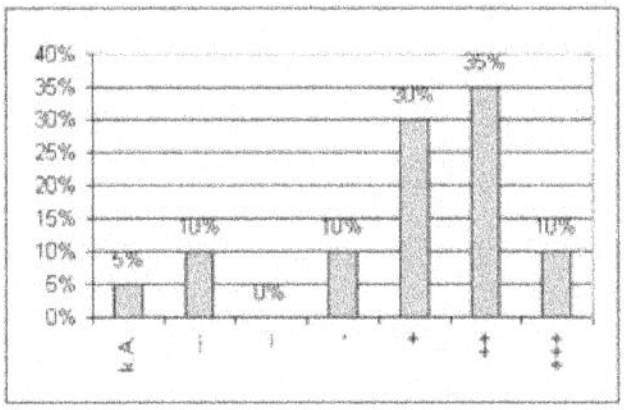

Antworten = 20
Mittelwert = 4.16
Varianz = 1.9
Median = 4

Abbildung 50 Auswertung Frage 34

Mit hoher Wahrscheinlichkeit von 99% besteht zwischen Frage 34 und 36 eine positive Korrelation. Je positiver sich die Höhe der hierarchischen Stellung auf die Ausstrahlung auswirkt, desto eher wurde bei der Zuweisung von Aufgaben im Projekt die Persönlichkeit der Mitarbeiter berücksichtigt. Zwei mögliche Erklärungen: Die autoritäre Führungskraft stellt Mitarbeiter ein, die sich ihrer persönlichen Macht unterstellen. In diesem Fall verfügen die Angestellten kaum über persönliche Macht, die autoritäre Führungskraft dominiert. In einem zweiten werden die Angestellten nach ihrer Persönlichkeit ausgesucht – dadurch ergibt sich ein positives Umfeld, in dem Ausstrahlung und Charisma von Führungskräften positiv wahrgenommen werden.

Die Frage 35 fragt nach dem Rollenträger, der über am meisten persönlichen Einfluss verfügt. Mit 50% Anteil wurde die Projektleitung genannt. An zweiter Stelle stehen die Informatikmitarbeiter mit 14%, an dritter Stelle Fachmitarbeiter und Auftraggeber [siehe Abbildung 51].

35 *Welcher Rollenträger verfügte Ihrer Ansicht nach am meisten über persönlichen Einfluss und konnte Mitarbeiter am besten nach seinem Willen motivieren?*

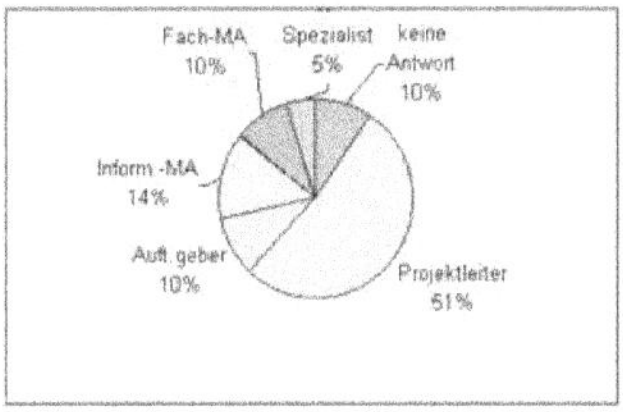

Antworten = 24

Abbildung 51 Resultate der Frage 35

Interessanterweise stimmen die Resultate zu 58 Prozent mit Frage 41 und zu 50 Prozent mit Frage 43 überein. In über der Hälfte der Fälle verfügte so derjenige Rollenträger über am meisten persönlichen Einfluss, der über sein persönliches Netzwerk den Projekterfolg am meisten beeinflusste, oder im Allgemeinen am Projekterfolg am meisten Anteil hatte.

Mit einer Wahrscheinlichkeit von 98% besteht ein Zusammenhang zwischen dem Mitarbeiter mit dem meisten persönlichen Einfluss und den Resultaten aus Frage 33. Verfügt der Projektleiter über am meisten persönlichen Einfluss, wurde die Art des persönlichen Einflusses als stark positiv bewertet (mit Mittelwert 5.3), haben Informatikmitarbeiter am meisten persönlichen Einfluss, wurde dieser als neutral eingestuft (Mittelwert 3.5).

Durchschnittlich wurde bei der Aufgabenzuweisung die Persönlichkeit von jemandem mittelmässig berücksichtigt – der Mittelwert liegt bei 3.83, die Werte sind rechtslastig verteilt. Interessanterweise finden sich jedoch keine Angaben, dass die Persönlichkeit systematisch berücksichtigt wurde. Zu 20% wurde die Persönlichkeit eines Mitarbeiters nicht miteinbezogen[88] [siehe Abbildung 52].

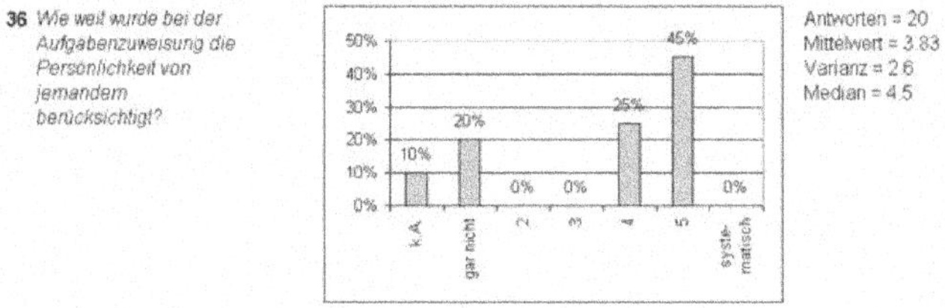

Abbildung 52 Resultate der Frage 36

Als wichtig wurde die Persönlichkeit vor allem dort eingestuft, wo soziale Kompetenzen gefragt sind, namentlich wenn der Mitarbeiter abhängig von anderen arbeiten muss. Als meistgenannter Punkt gelten dabei die Berufserfahrungen. Weiter wurden persönliche Kontakte, Beziehungsnetz, soziale Kompetenz sowie auch Ausbildung aufgeführt. Durch persönliche Gespräche und Interviews wurde die Persönlichkeit der Mitarbeiter eingeschätzt. Situativ wurden zum Teil während des Projektverlaufes Aufgaben von geeigneten Mitarbeitern übernommen.

---

[88] Teilweise wurde angegeben, die Persönlichkeit kann beschränkt bei der Aufgabenwahl berücksichtigt werden, da es an personellen Ressourcen mangelt.

30 Prozent der Befragten gaben an, in ihrem Projekt bestanden keine Ansätze, um dem Umstand vorzubeugen, dass Mitarbeiter andere demotivieren. 10 % hingegen nannten starke Bemühungen dagegen, dass Mitarbeiter ihre Kollegen demotivieren. Tendenziell sind die Bestrebungen mässig (Mittelwert beträgt 2.9).

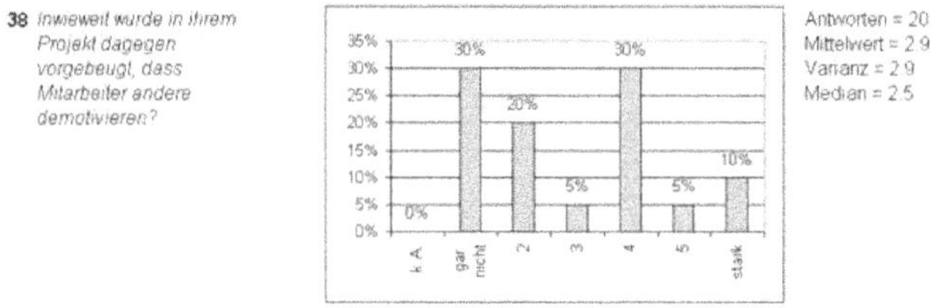

Abbildung 53 Resultate der Frage 38

Zur Förderung der Motivation wurde zum Teil ein Rückgriff auf die Projektkultur genannt. Als Präventionsmassnahme schafft Kommunikationsraum Platz für konstruktive Diskussionen, gemeinsame Events fördern das Team, die Wahrnehmung des Individuums motiviert den einzelnen Mitarbeiter. Erwähnt wurde in einem Fall, für konstruktive Mitarbeiter mehr "Visibilität" zu schaffen. Die Einwände der Projektmitglieder hingegen, die eine destruktive Haltung einnehmen, werden auf Sachebene entkräftet. Mehrere Antworten wiesen als letztes Mittel auf die Abgabe der Funktion oder auf die Entlassung des destruktiven Rollenträgers hin.

Fragen zu Netzwerkmacht

Die Antworten zur Frage 40, wie weit soziale Netzwerke gefördert werden, liefert keine klare Tendenz der Antworten. Die Resultate sind relativ gleichmässig verteilt über die gesamte Skala [siehe Abbildung 54].

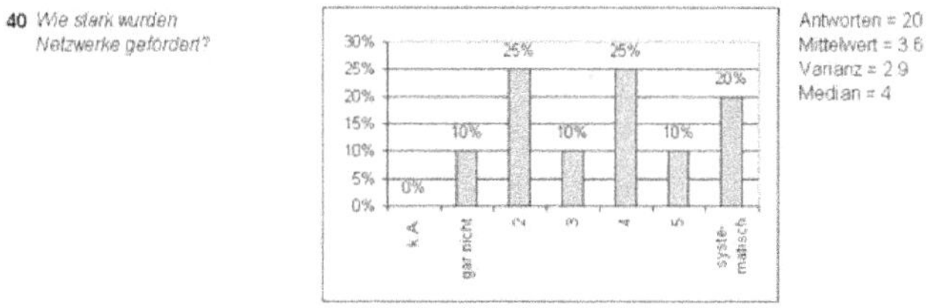

Abbildung 54 Resultate der Frage 40

Zu einem Drittel beeinflusste die Projektleitung durch ihr soziales Netzwerk den Projekterfolg am meisten. An zweiter Stelle wurde der Auftraggeber mit 18 Prozent genannt. IT-Spezialisten und Fachmitarbeiter folgen mit 14 Prozent.

41 *Welcher Rollenträger beeinflusste durch sein persönliches Netzwerk den Projekterfolg am meisten?*

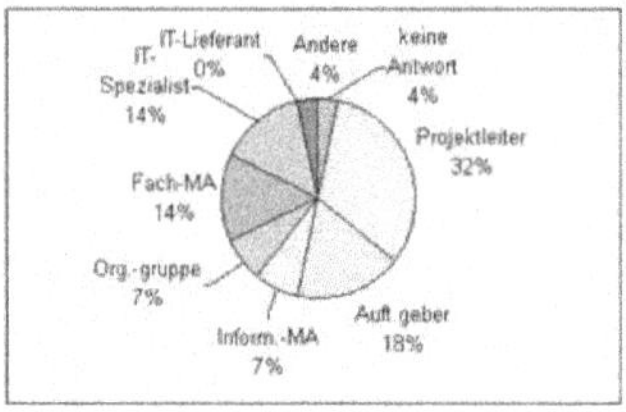

Antworten = 28

Abbildung 55 Resultate der Frage 41

In der Hälfte der Fälle sind die Antworten aus Frage 41 gleich denjenigen aus Frage 43. 50 Prozent der Rollenträger, die den Projekterfolg über ihr persönliches Netzwerk am meisten beeinflussten, hatten ebenso am Projekterfolg am meisten Anteil.

Ein wahrscheinlicher Zusammenhang (Signifikanzniveau beträgt 0%) besteht mit den Antworten auf Frage 6. Beeinflusste der Projektleiter durch sein persönliches Netzwerk den Projekterfolg am meisten, beträgt die durchschnittliche Projektgrösse 11.5 Personen, wurde der Auftraggeber genannt, umfasst das Durchschnittsprojekt 8.7 Mitarbeiter, handelt es sich um Informatikmitarbeiter, war das durchschnittliche Projekt mit 3.5 Mitarbeitern am kleinsten. Möglicherweise liegt die Ursache darin, dass die Projektleitung als organisationelle Institution desto wichtiger wird, je mehr Personen in ein Projekt involviert sind. Die Projektleitung wird dabei durch ihr soziales Netzwerk unterstützt.

Ins Auge fällt der Zusammenhang mit einem Signifikanzniveau unter 5 Prozent zu den Fragen nach dem Grad der Kompetenzdefinition und deren Einfluss auf den Projekterfolg (Fragen 10 bis 13), sowie dem Einfluss der Projektkultur (Frage 15 und 16). Beeinflusste die Projektleitung durch ihr persönliches Netzwerk den Projekterfolg am meisten, werden eine klarere und verbindlichere Kompetenz- und Aufgabendefinition genannt und deren Einfluss ist stärker und positiver als wenn Informatikmitarbeiter über das einflussreichste persönliche Netzwerk verfügen. Dasselbe geht für die Fragen 15 und 16 hervor.

Die Befragten gaben an in 30 Prozent der Fälle an, IT-Spezialisten beeinflussen durch ihr persönliches Netzwerk den Projekterfolg am wenigsten. An zweiter Stelle sind Fachmitarbeiter und Auftraggeber mit je 20% [siehe Abbildung 56]. Das Resultat lässt sich dadurch erklären, dass Informatikspezialisten und Fachmitarbeiter nicht primär aufgrund ihres Beziehungsnetzwerkes, sondern vielmehr aufgrund ihrer technischen Fähigkeiten angestellt werden. Dadurch verfügen sie kaum über ein erfolgsrelevantes persönliches

Netzwerk. Gestützt wird die Erklärung durch die Ergebnisse aus Frage 45 – sie erscheinen dort nur zu kleinen Prozentsätzen.

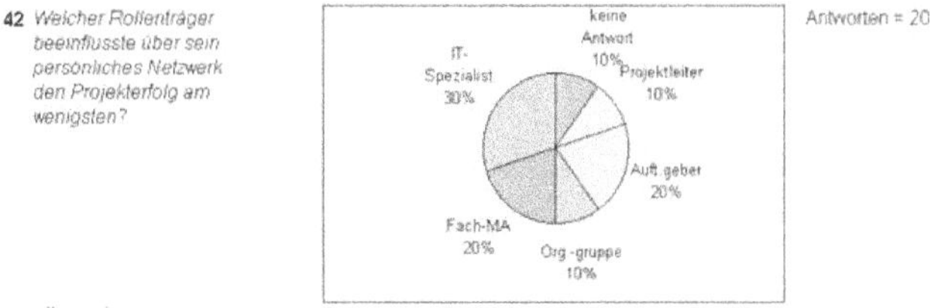

Abbildung 56 Ergebnisse der Frage 42

Zu 44% Prozent wurden dabei dieselben Rollenträger genannt, welche am wenigsten zum Projekterfolg beigesteuert haben (Frage 45).

Allgemeine Fragen

Die Projektleitung wurde am meisten (30 Prozent der Angaben) als diejenige Rolle betrachtet, die am Projekterfolg am meisten Anteil hatte. An zweiter Stelle stehen Informatikmitarbeiter mit 20%, an dritter folgen Fachmitarbeiter [siehe Abbildung 57].

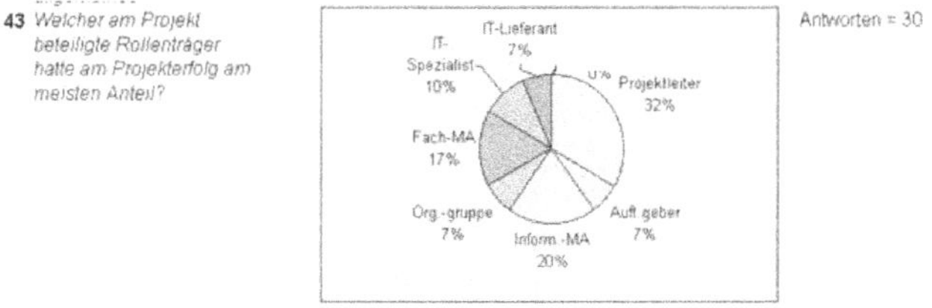

Abbildung 57 Resultate der Frage 43

Dieselben Tendenzen wie in Frage 41 bestehen bei Frage 43 ebenfalls zu den Antworten der Frage 10 bis 13 sowie zu 15 und 16. Das Signifikanzniveau ist jedoch höher. Möglicherweise liegt die Ursache darin, dass die Projektleitung als organisationelle Institution desto wichtiger wird, je mehr Personen in ein Projekt involviert sind. Durch die stärkere Organisation werden strukturelle Machtkomponenten wie Aufgabendefinition und Etablieren einer Projektkultur verstärkt eingesetzt.

Mit 100% Wahrscheinlichkeit besteht ein Zusammenhang zwischen Frage 43 und den Antworten auf Frage 22: Steuerte die Projektleitung am meisten zum Projekterfolg bei, so wirkten sich Informationsschwierigkeiten stark negativ auf den Projekterfolg aus (Mittelwert beträgt 1.4). Wurden Informatikmitarbeiter genannt, wurde ein neutraler Einfluss genannt (Mittelwert ist 3.3). Ich kann jedoch einen direkten ursächlichen Zusammenhang nicht erklären.

Mit einem Signifikanzniveau von 3% existiert eine Beziehung zwischen Frage 43 und 33. Hatte die Projektleitung den grössten Anteil am Erfolg, wurde der persönliche Einfluss im Allgemeinen als positiver bewertet (Mittelwert gleich 5.4) als wenn Informatikmitarbeiter genannt wurden (der Mittelwert beträgt 3.7).

Die Frage 44 wurde nach Machtaspekten ausgewertet. Die Basis für die Auswertungen bilden die bisher erwähnten Machtquellen. Als Ursache für den positiven Einfluss der oben (in Frage 43) genannten Rollenträger gaben die Befragten am Häufigsten Expertenmacht an. Es folgen Netzwerkmacht sowie persönliche Macht. Ebenfalls wurde Macht aufgrund der Vorgabe von Strukturen und Informationsmacht erwähnt. Im Rahmen von Expertenmacht wurden am meisten führungstechnische, organisationelle und technische Aspekte aufgezählt. Über Netzwerke wurden zum Teil erfolgswirksam Kontakte projektintern, zum Auftraggeber oder zu externen Parteien unterhalten.

Als Rollenträger, der am wenigsten zum Projekterfolg beigetragen hat, wurde am häufigsten zu 30 Prozent der Auftraggeber genannt. Danach wurden IT-Lieferanten zu 15% aufgeführt [siehe Abbildung 58]

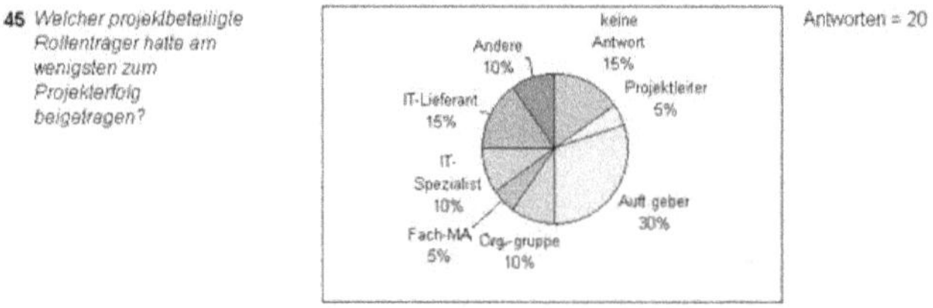

Abbildung 58 Resultate der Frage 45

Als häufigster Grund wurden zuviel strukturelle oder zuwenig strukturelle Macht genannt. Ein Zuviel äussert sich in bürokratischen Hindernissen. Das betrifft in den Antworten primär Stabsstellen und Auftraggeber. Ein Zuwenig wird dort als riskant angegeben, wo Abhängigkeiten zu externen Lieferanten, Spezialisten etc. gegeben sind. Diese gilt es genügend vertraglich miteinzubeziehen auch im Hinblick auf Termine und Projektziele. Erwähnt wurden zudem fehlende Kompetenzen in fachlichen und führungstechnischen Belangen, was vor allem bei der Projektleitung eine grosse Rolle spielt.

5.1.3 Fragebogen Teil 3

Teil drei des Fragebogens ermittelt Machtsituationen, die im Projekt des Befragten das Projektergebnis am meisten beeinflussten – negativ wie auch positiv. Dazu wurden die Probanden gebeten, die Einflusssituationen mit der grössten Relevanz hinsichtlich des Projekterfolges anzugeben. Im Vergleich zu den Teilen eins und zwei war dieser quasi fakultativ – deshalb hielt sich die Rücklaufquote in Grenzen: Beschrieben wurden insgesamt 14 Situationen.

Zur Auswertung werden die bisher erwähnten Machtquellen hinzugezogen. Die angegebenen Einflusssituationen werden so nach Aspekten von struktureller Macht, von Expertenmacht, von Netzwerkmacht, von persönlicher Macht, von Ressourcenmacht und schliesslich Informationsmacht untersucht. Im Bereich der Machtausübung mit negativen Folgen wurde mehrfach Widerstand genannt. Wo dieser nicht den spezifischen Machtquellen zugeordnet werden kann, wird dieser umfassendere Begriff verwendet.

Die positiven beschriebenen Situationen sind in der Überzahl, negative wurden nur 5 genannt.

	+	-
Strukturelle Macht	4 x	1 x
Expertenmacht	3 x	1 x
Netzwerkmacht	1 x	-
Persönliche Macht	3 x	-
Informationsmacht	2 x	1 x
Ressourcenmacht	-	-
Widerstand	-	3 x

Abbildung 59 Vorkommen der Machtaspekte in Teil 3 des Fragebogens
Die Machtaspekte sind nach ihrem positiven oder negativen Einfluss auf den Projekterfolg unterteilt.

Im Rahmen struktureller Macht wurden organisationelle Entscheidungen als positiv erwähnt – einen negativen Einfluss hatten sie, wenn sie unabhängig von bisherigen Umständen und sozialen Gegebenheiten aufgedrückt wurde. Expertenmacht trat in Form von Externen Beratern positiv auf. In einem Fall wurden die Kenntnisse und das Wissen von Mitarbeitern als stark motivierend genannt. Expertenmacht, respektive das Unwissen der anderen, wurde aber auch zur Vertuschung von "Problemen" missbraucht. Persönliche Macht wurde als positiv erwähnt, indem Auftraggeber und Projektleiter den Kontakt zum Vertrauensaufbau suchen und durch ihre schlichtenden Fähigkeiten. Widerstand wurde als negativ aufgefasst und bestand seitens Fachmitarbeitern, Zulieferern und einem ignorantem Auftraggebers.

5.2 Zusammenfassung

In diesem Abschnitt werden die im Fragebogen erhobenen Daten hinsichtlich der Machtquellen miteinander verglichen. Ein Überblick dazu gibt Abbildung 60.

	Ausprägung	Erfolgsrelevanz	Einfluss	$Einfluss_{gew}$	
Strukturelle Macht	**57%**	**58%**	**0.38**	**13%**	
Projekthandbuch	44%	42%	0.22	4%	Fragen 7-9
Aufgabendefinition	65%	65%	0.53	22%	Fragen 10 - 13
Projektkultur	61%	66%	0.40	16%	Fragen 14 - 16
Expertenmacht	**45%**	60%	0.00	**0%**	Frage 28
Persönliche Macht	50%	**80%**	**0.55**	**22%**	Frage 32 und 33
Informationsmacht	**39%**	**72%**	**-0.54**	**-15%**	
Info-schwierigkeiten	46%	72%	-0.54	-18%	Frage 21 - 23
Ausgeübte Infomacht	32%				Frage 26
Ressourcenmacht	**16%**	**47%**	-0.20	**-1%**	Frage 18 und 19
Netzwerkmacht	30%	50%	0.30	**5%**	

Abbildung 60 Vergleich der Ausprägung, der Erfolgsrelevanz und der Art des Einflusses der verschiedenen Machtquellen
Der gewichtete Einfluss besteht aus dem Produkt der drei vorhergehenden Spalten. Rote Zahlen stehen für hypothetische Werte, die nicht der Umfrage entnommen wurden.

Der gewichtete Einfluss beinhaltet das Produkt der Ausprägung, der Erfolgsrelevanz und des Einflusses. Der kleinste mögliche Wert ist -100%, der grösste 100%. Der Wert besagt die Stärke des Einflusses auf den Projekterfolg, gewichtet mit dem Grad, wie weit der Faktor im Projekt in Erscheinung trat. Er gibt an, wie der Projekterfolg von einer Machtquelle beeinflusst wird. Ein Nachteil dieses Faktors ist, dass er keine Aussage erlaubt, ob die jeweilige Machtquelle erfolgsrelevant ist. Dazu müssten die positiven und die negativen Aspekte pro Machtquelle separat aufgeführt und betrachtet werden. Das ist aufgrund der Umfrage nicht möglich[89].

Für die Berechnung von struktureller Macht und von Informationsmacht wurde der Mittelwert[90] der jeweiligen Ausprägungen, der jeweiligen Erfolgsrelevanz und des Einflusses

89 In Nachfolgeuntersuchungen zum Thema Macht wäre es aufschlussreich, die Machtquellen getrennt nach positiven und negativen Aspekten zu betrachten

90 Die Summierung von Machtaspekten basiert auf den Überlegungen zum additiven Charakter von Macht [siehe Kapitel 3.3.2.2, Formeln siehe auch Abbildung 26].

genommen. Die zugrunde liegende Annahme geht vereinfachend davon aus, die jeweiligen Machtaspekte spielen eine gleich grosse Rolle[91].

Rot markierte Zahlen in Abbildung 60 sind geschätzte Werte, da diese sich nicht aus der Umfrage herleiten lassen. Die Erfolgsrelevanz von Expertenmacht wurde auf 60% gesetzt, da Projekte relativ stark auf Expertenwissen angewiesen sind und dieses auch mässig stark (Frage 29) gefördert wurde. Jedoch wurden auch mittelmässige Bestrebungen genannt, Expertenmacht zu entkräften (Frage 30). Keine Aussage wird darüber gemacht, ob Expertenmacht tendenziell einen positiven Einfluss oder einen negativen Einfluss hat – beide spielen meines Erachtens eine ähnlich grosse Rolle. Die Ausprägung von persönlicher Macht wurde auf 50% gesetzt. Es wird ein 'mittelmässiger' Wert angenommen, da in jedem sozialen Gefüge Interessen und Macht vorhanden sind, die aber nicht von allen durchgesetzt werden können. Der Einfluss von Ressourcenmacht wurde auf leicht negativ gesetzt (-0.2). Wie aus den Umfrageresultaten hervorgeht, wirkt sich Ressourcenmacht anhand eines Belohnungs- respektive Bestrafungssystems nicht positiv auf den Projekterfolg aus. Ressourcen spielen zwar als Antrieb zur Arbeitssuche eine Rolle, die direkte Ressourcenmacht vom Arbeitgeber wird jedoch weitgehend substituiert durch strukturelle Macht der Gesetzgebung - Er kann nicht uneingeschränkt auf seine Ressourcenmacht zugreifen. Für Netzwerkmacht wird eine Ausprägung von 30 Prozent angenommen, die vor Allem bei Führungskräften vorhanden ist. Diese trägt mittelmässig zum Erfolg bei (50%). Es wird davon ausgegangen, dass sie nicht überall notwendig ist zu einem Gelingen des Projektes, jedoch gewisse Dinge massiv vereinfachen kann. Es wird ein leicht positiver Einfluss auf den Projekterfolg genannt in der Annahme, dass projektförderliche Aspekte persönliche Absicherungsstrategien überwiegen.

Da der gewichtete Einfluss keine Aussage über die Stärke der Ausprägung einer Machtquelle erlaubt, wurde dieser in eine positive und eine negative Einflusskomponente aufgeteilt, welche den positiven respektive den negativen Grad an gewichtetem Einfluss auf den Projekterfolg wiedergeben [siehe Abbildung 61]. Die Summe dieser beiden ergibt dabei wiederum den gewichteten Einfluss. Es wird davon ausgegangen, dass prinzipiell jede Machtquelle den Projekterfolg negativ sowie positiv beeinflussen kann und dieser Umstand in die Antworten nach der Art des Einflusses einfloss. Daher wurde von Abbildung 60 die Spalte 'Einfluss' als Faktor benutzt, um die Aufteilung vorzunehmen. Entspricht dieser beispielsweise eins, wäre der negative gewichtete Einfluss gleich null, der positive

[91] Diese Annahme der Gewichtung umgeht das Problem, dass nicht in allen Fragen gleich viele Machtaspekte summiert werden. Es entspricht jedoch nicht ganz den Ausführungen in Kapitel 3.3.2.2. Gegebenenfalls sind hier verfeinerte Ansätze notwendig.

gewichtete Einfluss gleich dem gewichteten Einfluss. Bei null ist der gewichtete Einfluss null, die positiven und negativen zeigen dieselben Resultate.

	$\text{Einfluss}^{neg}_{gew}$	Einfluss_{gew}	$\text{Einfluss}^{pos}_{gew}$
Strukturelle Macht	-10%	**13%**	23%
Projekthandbuch	-7%	4%	11%
Aufgabendefinition	-10%	22%	32%
Projektkultur	-12%	16%	28%
Expertenmacht	-14%	**0%**	14%
Persönliche Macht	-9%	**22%**	31%
Informationsmacht	-22%	**-15%**	7%
Ressourcenmacht	-4%	**-1%**	3%
Netzwerkmacht	-5%	**5%**	10%

Abbildung 61 Gewichteter Einfluss der Machtquellen

Strukturelle Macht

Die gefragten strukturellen Machtfaktoren sind in den befragten Projekten mittelmässig vorhanden. Strukturelle Macht verfügt dabei über den zweithöchsten gewichteten Einfluss der Machtquellen auf den Projekterfolg. Die Befragten ordneten ihnen durchschnittlich einen mässigen, positiven bis stark positiven Einfluss auf den Projekterfolg zu. Das Projekthandbuch hatte dabei einen weniger grossen und nur leicht positiven Einfluss auf den Erfolg. Eine grössere und erfolgsrelevantere Rolle spielen hingegen die Verbindlichkeit und Klarheit der Aufgaben- und Kompetenzdefinition sowie die Projektkultur.

Der Grad der Verbindlichkeit von Aufgaben korreliert dabei signifikant mit dem Projekterfolg.

Erwartungsgemäss nimmt mit der Projektgrösse die Ausprägung struktureller Machtgrundlagen wie dem Projekthandbuch und der Kompetenz- und Aufgabendefinition zu. Die Ausprägung und der Grad des erfolgsrelevanten Einflusses der Projektkultur nehmen hingegen mit der Grösse des Projektes ab.

Eine positive Projektkultur geht dabei einher mit einer positiven Ausprägung persönlicher Macht sowie reduzierten Informationsschwierigkeiten.

Ferner wirkt sich strukturelle Macht in Form von behindernder Bürokratie negativ auf den Projekterfolg aus. Dieses "Zuviel" wurde vor allem beim Auftraggeber und in Stabsprojektorganisationen erwähnt. Hingegen wurde bei Zulieferern ein zu schwaches strukturelles Machtverhältnis als negativ für den Projekterfolg angegeben.

Expertenmacht

Die Befragten gaben eine mittelmässige erfolgsrelevante Abhängigkeit von Experten und Spezialisten an. Diese Abhängigkeit korreliert dabei signifikant mit dem Projekterfolg.

Expertenmacht wurde mässig stark gefördert, eine Absicherung der Projekte gegen Expertenmacht fand aber eher wenig statt.

Netzwerkmacht

Die Projektleitung beeinflusste über ihr soziales Netzwerk den Projekterfolg am meisten – Techniker wie Informatikspezialisten und Fachmitarbeiter hingegen hatten hier am wenigsten Einfluss.

Persönliche Macht

Persönliche Machtfaktoren scheinen in Projekten eine grosse Rolle zu spielen. Sie verfügen über den höchsten gewichteten Einfluss auf den Projekterfolg. Dieser Machtquelle wurde die grösste positive Erfolgsrelevanz zugesprochen. Der Einfluss von Persönlichkeit und "persönlichem Einfluss" wurde als stark eingeordnet, der sich im Durchschnitt stark positiv auf den Projekterfolg auswirkt.

Es wurde eine leichte Korrespondenz von der Höhe des hierarchischen Status' eines Projektmitgliedes und der persönlichen Macht dessen vermerkt. Je stärker und positiver hinsichtlich des Projekterfolges dabei strukturelle Macht, insbesondere die Projektkultur, ausgeprägt ist, desto eine grössere Korrespondenz wurde genannt.

Gegen die negative Ausübung persönlicher Macht wurden in den befragten Projekten eher keine Präventionsmassnahmen getroffen.

Informationsschwierigkeiten wurden mässig bis stark erkannt, der Informationsfluss eher mittelmässig gefördert. Vor allem der Grad der Informationsflussförderung korreliert dabei stark mit der Stärke des positiven Einflusses der strukturellen Machtquellen.

Informationsmacht

In den befragten Projekten wurden mässig Schwierigkeiten aufgrund mangelnder, unzureichender oder zurückbehaltener Information sowie aktiv ausgeübte Informationsmacht genannt. Informationsmacht verfügt dabei über den grössten negativen gewichteten Einfluss auf den Projekterfolg. Informationsschwierigkeiten wirkten sich dabei stark und negativ auf den Projekterfolg aus. Am meisten wurde dabei vom Projektleiter Informationsmacht ausgespielt.

Das Umfeld von Stabsprojektorganisationen scheint im Gegensatz zu der reinen und der Matrixprojektorganisation Informationsmacht zu begünstigen. Es werden hier signifikant weniger Informationsdefizite erkannt.

Überdies korreliert das gezielte Zurückhalten von Informationen signifikant mit dem Projekterfolg.

Ressourcenmacht

Ressourcenmacht im Rahmen vom Einsatz von Geld als Belohnungs- und Sanktionsmittel wurde wenig eingesetzt. Je vermehrt der Einsatz, desto weniger wurden damit die vorgesehenen Ziele erreicht.

6 Methodische Konsequenzen

Dieses Kapitel zeigt methodische Konsequenzen mit dem Umgang mit Macht auf, die sich aufgrund vorangegangener Ausführungen ergeben. Auf dieser Basis wird ein Methodenrahmen erstellt, um gegebenenfalls Handlungsempfehlungen abgeben zu können.

6.1 Projektführung aus der Perspektive der Machtquellen

Grundsätzlich entsteht in sozialen und daher auch in wirtschaftlichen Systemen immer Macht[92]. Denn wo Menschen sind, existieren Interessen sowie auch Bestrebungen, diese durchzusetzen[93]. Da Macht grundlegend ist für menschliches Handeln, liegt ein machtorientierter Führungsansatz auf der Hand, in den sich zumindest theoretisch alles Tun eingliedern lässt. Die Machtperspektive versucht dabei, sämtliche Beziehungen zu umfassen und anhand von Machtquellen das Handeln in Systemen wie beispielsweise dem Informatikprojekt zu begreifen und wenn möglich zu antizipieren.

Abbildung 62 zeigt einen Entwurf zur Einbindung der Machtperspektive in den Führungsprozess eines Projektes. Dieses Modell fokussiert sich hauptsächlich auf das Informatikprojekt als Ganzes, kann sich jedoch auch auf Teilprojekte oder Projektphasen beziehen[94].

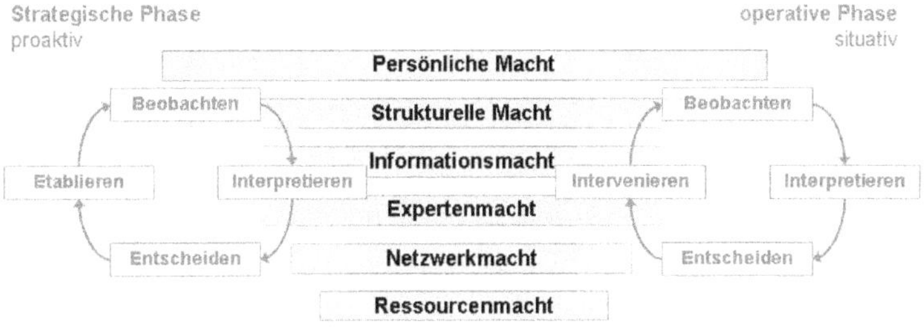

Abbildung 62 Machtorientierte Projektführung

[92] Systeme erzeugen generell Macht durch die Reduktion von Handlungsalternativen: siehe dazu Kapitel 3.1.3

[93] Vergleiche auch Bertrand Russel, Kapitel 2.1

[94] Grundsätzlich könnte das vorgestellte Modell projektunabhängig auf sämtliche Führungsprozesse übertragen werden.

Im Modell wird das Handeln in eine strategische und eine operative Phase eingeteilt. Die strategische Phase beinhaltet die langfristige Ausrichtung und Konzeption, die Planung sowie die Positionierung des Projektes. Die operative Phase umfasst die Durchführung.

Als Handlungsansatz wird vom Interventionszyklus des MIO-Ansatzes ausgegangen. Die einzelnen Phasen des Beobachtens, des Interpretierens der Beobachtungen, des Entscheidens sowie des Intervenierens respektive des Etablierens finden dabei unter den Dimensionen der Machtquellen statt. Diese sind nach der Grösse der Bandbreite der möglichen Auswirkungen auf den Projekterfolg angeordnet[95]. Die Bandbreite umfasst die Spanne zwischen grösstmöglichem positivem und grösstmöglichem negativem Einfluss auf den Projekterfolg. Bei einer Beeinflussung der persönlichen Macht kann der Projekterfolg so am meisten beeinflusst werden, bei Ressourcenmacht entsteht hingegen bei optimaler Ausnutzung des Spielraums der kleinste Effekt auf den Projekterfolg[96]. Das bedeutet, gehen wir vom Status quo[97] aufgrund der untersuchten Projekte aus, Machtquellen mit grösserer Bandbreite spielen einen kritischeren erfolgsrelevanten Faktor in Informatikprojekten also solche mit einer geringen Bandbreite. Das heisst jedoch nicht, dass Ressourcen nicht berücksichtigt werden müssen, um sich mit vermehrtem Einsatz auf persönliche Faktoren zu fokussieren. Sämtliche Machtquellen sind von Bedeutung, ohne Ressourcen beispielsweise ist ein wirtschaftliches Handeln nicht denkbar[98].

6.1.1 Die strategische Phase

In der strategischen Phase werden proaktiv Grundsteine für den weiteren Projektverlauf gelegt. Reaktiv auf die bestehenden Verhältnisse in der Projektumwelt sollen dadurch Voraussetzungen geschaffen werden, die projektförderliche Machtverhältnisse begünstigen, damit das Projekt erfolgreich abgeschlossen werden kann.

Im Gegensatz zum Interventionszyklus befasst sich der Etablierungszyklus [siehe Abbildung 63] in der strategischen Phase mit der Schaffung eines Systems, hier des Informatikprojektes. Dabei werden grundsätzlich die Leitdifferenzen[99] des Systems festgelegt. Ein System wird also gewissermaßen initialisiert und 'von aussen' angestossen.

---

[95] Dies entspricht der Summierung der absoluten Werte des gewichteten negativen sowie des gewichteten positiven Einflusses in Abbildung 61

[96] Die Reihenfolge aufgrund der Gewichtung der Machtquellen basiert hauptsächlich auf den Auswertungen in Kapitel 5, siehe vor allem auch Kapitel 5.2

[97] siehe Abbildung 61

[98] Wirtschaftssysteme basieren auf Ressourcentausch. Siehe auch Kapitel 3.2.3.

[99] Anhand der Leitdifferenzen unterscheiden sich Systeme von der Umwelt. Siehe für detaillertere Ausführungen Kapitel 3.1.2.2

Die einzelnen Phasen des hier genannten Etablierungszyklus lehnen an den Interventionszyklus an. Der Fokus richtet sich dabei auf die Umwelt, in der das System etabliert wird.

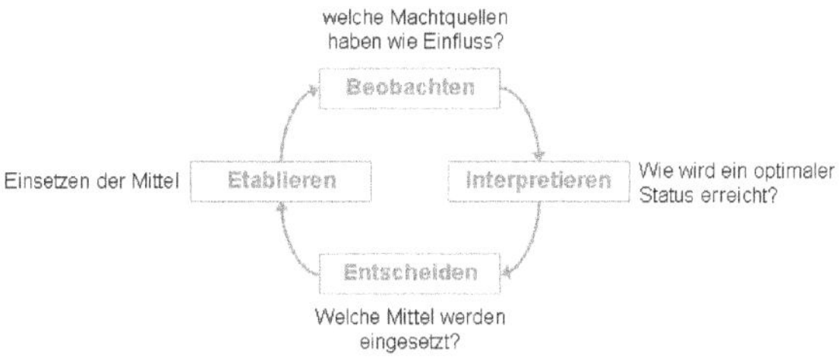

Abbildung 63 Der Etablierungsprozess

In der Beobachtungsphase ist von Interesse, welche Machtquellen bestehen und welchen Einfluss sie auf das Projekt haben. Hierzu wird die Umwelt beobachtet, in dem das System agiert oder agieren wird. Das Projekt wird in seiner Umgebung virtuell positioniert und aus der Perspektive der Machtquellen betrachtet. Es gilt, mögliche Machtfaktoren, die in der Beziehung vom Projekt zur Umwelt[100] entstehen, zu erkennen. Ein systemischer Ansatz bietet dabei als hilfreich an: Es ist zu ermitteln, welche Anforderungen und Bedingungen die 'Umwelt' und die 'unmittelbare Umwelt' an das Projekt stellen und welche Macht dadurch zwischen Projekt und Umwelt erzeugt wird. Die Umwelt des Projektes umfasst als wichtige Faktoren das Gesetz, Informationstechnologie, Wirtschaft und Moral; die unmittelbare Umwelt enthält als bedeutende Systeme den Auftraggeber sowie die Endbenutzer[101].

Das Interpretieren beinhaltet die Reflexion der Beobachtungen. Es gilt abzuklären, welche Machtquellen welche Rolle für das Projekt spielen und wie diesen durch das Projekt begegnet wird. In diesem Kontext ist zu ermitteln, welche Machtstrukturen projektintern etabliert werden, um den Anforderungen der Umwelt gerecht zu werden.

In der Entscheidungsphase wird aufgrund der Interpretation beschlossen, welchen Leitdifferenzen etabliert werden. Es sind dabei Voraussetzungen zu schaffen, dass die Machtquellen möglichst positiven respektiv möglichst geringen negativen Einfluss auf den Projekterfolg haben.

[100] Kapitel 3.2 behandelt die verschiedenen Systeme im und um das Informatikprojekt. Siehe dazu auch Abbildung 20.

[101] Der MIO-Ansatz erwähnt externe Partner, Auftraggeber und Sponsor, Kunden und andere Abteilungen [siehe Kapitel 4.1]

In der Etablierungsphase werden die getroffenen Entscheidungen umgesetzt und damit Leitdifferenzen etabliert. Beispielsweise kann strukturelle Macht so festgelegt werden, sodass ein optimales Setting geschaffen wird, in dem sich persönliche Macht positiv entfalten kann. In diesem Rahmen werden Mitarbeiter gezielt ausgewählt, damit diese in der Stormingphase[102] möglichst positive Gruppenrollen[103] einnehmen.

6.1.2 Die operative Phase

In der operativen Phase wird das Projekt durchgeführt. Führungsaufgaben bestehen dabei aus Analyse und Kontrolle, um anschliessend situativ Einfluss zu nehmen, damit gegebenenfalls Entscheidungen durchgesetzt werden können. Als Handlungsrahmen wird der Interventionszyklus des MIO-Ansatzes hinzugegezogen. Interventionen sind dabei gezielte Eingriffe in ein System, um dieses zu 'stören' oder zu 'irritieren'[104]. Auf diese Irritationen reagiert sodann das System. Die Kunst der Intervention besteht darin, dass das System wie beabsichtigt auf die gezielten Eingriffe reagiert.

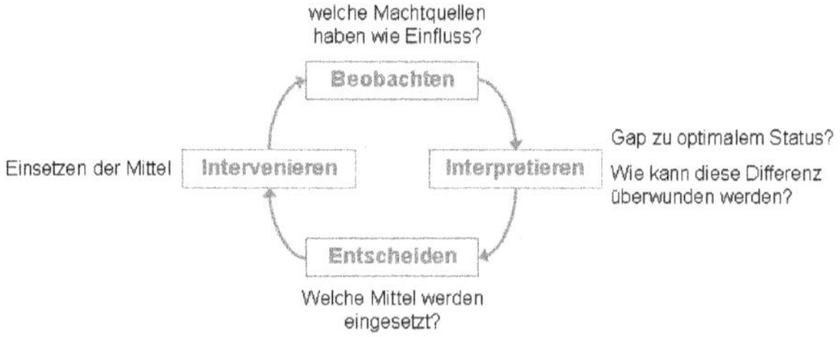

Abbildung 64 Der Interventionszyklus nach MIO [Auf Basis von Mio 2003]

Zunächst wird das System anhand der Leitdifferenzen der Machtquellen beobachtet, um die vorhandenen Machtstrukturen zu analysieren. Der Fokus richtet sich einerseits auf die Beziehung zwischen dem Projekt und der Umwelt, andererseits auf die projektinternen Beziehungen. Die projektexternen Beziehungen wurden im vorhergehenden Kapitel bereits erwähnt, interne Beziehungen bestehen zwischen den einzelnen Akteuren und Gruppen im

[102] Die Phasen der Gruppenbildung werden in Kapitel 2.3.8.1 genauer besprochen.

[103] Gruppenrollen werden in Kapitel 2.3.4.1 vorgestellt

[104] Soziale Systeme sind laufend Rauschen aus der Systemumwelt ausgesetzt. Perturbationen werden dabei vom System wahrgenommen und irritieren dieses, Interventionen sind sozusagen gezielte Perturbationen [Mio 2003]. Siehe dazu auch Kapitel 3.1.2.3.

Projekt. Vereinfacht lassen sich diese in die Projektleitung, in Projektgruppen sowie in Projektgremien[105] einteilen.

Die Beobachtungen werden anschliessend interpretiert. Im Blickpunkt steht die Frage des möglichen Einflusses der Machtquellen auf den Projekterfolg: Wie wirken sich welche Machtfaktoren auf den Projektfortschritt aus? Wo bestehen Gefahren, wo sind Chancen wahrzunehmen? Wo steht das Projekt auf der Bandbreite der möglichen Auswirkungen der spezifischen Machtquellen auf den Projekterfolg? Warum besteht die beobachtete Situation und wie kann diese mit welchen Massnahmen und welchem Aufwand verbessert werden?

Aufgrund der Reflexion sind Entscheidungen zu fällen, um diese schliesslich systemisch gesehen als Interventionen in das betrachtete System einzubringen.

6.1.3 Methodenkatalog

Prinzipiell gilt es, negative Ausprägungen von Macht zu minimieren und positive Aspekte zu stärken. Abbildung 61 gibt uns dazu einen guten Überblick.

Anschliessend werden Aspekte und Methoden aufgezählt, die es im Etablierungsprozess respektive im Interventionszyklus zu berücksichtigen gilt. Der Methodenkatalog fusst dabei auf bisherigen Ausführungen in den vorhergehenden Kapiteln und stellt eine Zusammenfassung dar. Der Übersichtlichkeit halber wird nicht nochmals ausführlich auf einzelne Sachverhalte eingegangen - In Klammern stehen jedoch Angaben zu den Kapiteln, wo jeweils detailliertere Informationen gefunden werden können.

Persönliche Macht

Persönliche Macht verfügt über die grösste Bandbreite an möglichem positiven oder negativen Einfluss auf den Projekterfolg. Durch geeignete Massnahmen kann hier daher der Projekterfolg stark beeinflusst werden.

Das Handeln der Projektleitung sollte übereinstimmen mit sozialen Normen und Grundwerten. Persönliche Macht kann nämlich legitimiert und gesteigert werden, wenn das Agieren des Machthabers gesellschaftlichen Grundwerten, Gesetzen und Moralvorstellungen entspricht [Kapitel 3.4].

Grundsätzlich wird die persönliche Macht der Projektleitung durch ihre organisationelle Stellung gestärkt. Die Höhe der hierarchischen Stellung korrespondiert nämlich mit dem Grad persönlicher Macht [Kapitel 5.1.2].

[105] Siehe für präzisere Ausführungen Kapitel 3.2 und ggf. Kapitel 4.1

Bei der Aufgabenzuweisung im Projekt ist die Persönlichkeit der Mitarbeiter zu berücksichtigen. Je stärker auf diese geachtet wird, desto weniger wird Informationsmacht zu Ungunsten des Projekterfolges ausgeübt [Kapitel 5.1.2.]

Im Gruppenführungsprozess ist darauf zu achten, dass die Gruppenmitglieder nur positive Gruppenrollen einnehmen [Kapitel 2.4.4.]. In der Gruppe sind dabei die Opinion Leaders diejenigen Akteure mit am meisten persönlicher Macht. Mit Vorteil sind diese verstärkt zu motivieren um die Gruppe zu bewegen [siehe Kapitel 2.3.4.und 2.4.4.].

Die Projektleitung darf geborgte Macht nicht persönlich nehmen [Kapitel 2.3.2].

Kurze Informationswege und Nähe der Führung wirken sich positiv auf den Einfluss persönlicher Macht in Projekten aus. Das erklärt den Umstand, dass sich in Stabs-Projektorganisationen persönliche Macht negativer auf den Projekterfolg auswirkt als in den anderen untersuchten Organisationsformen [5.1.1].

Strukturelle Macht

Strukturelle Macht weist die zweitgrösste Spanne zwischen möglichem positivem und negativem Einfluss auf den Projekterfolg auf. Durch gezielte Massnahmen in diesem Rahmen kann deshalb der Projekterfolg stark beeinflusst werden. Grundsätzlich wird dabei zwischen folgenden Machtfaktoren unterschieden werden, die eine wichtige Rolle in Informatikprojekten spielen: Das sind soziale wie beispielsweise die Projektkultur, organisationelle und gesetzliche oder vertragliche.

Wird Macht von einem Individuum nicht wahrgenommen, so wird dieses Machtvakuum durch andere gefüllt [Kapitel 2.3.2]. Das betrifft vor Allem strukturelle Macht im Organisationssystem. Um Macht aufrecht zu erhalten und um sich durchzusetzen, muss also die Projektleitung die zugeteilte Macht wahrnehmen.

Bei Änderungen der Organisationsstruktur eines Projektes ist zu beachten, dass solche strukturelle Wechsel eine Machtumverteilung zur Folge haben [Kapitel 3.4]. Werden Organisationssysteme geändert, gilt es, mögliche Veränderungen der Machtverhältnisse zu antizipieren, um angemessene Voraussetzungen zu schaffen.

Mit steigender Anzahl Projektmitarbeiter steigt die Notwendigkeit von struktureller Macht. Die Erfolgsrelevanz des Projekthandbuches und der Qualität der Aufgaben- und Kompetenzdefinition nimmt zu [Kapitel 5.1.1]. Je grösser das Projekt, desto wichtiger wird die Rolle der Projektleitung in der Organisation als Führungskraft.

Aufgaben, Kompetenzen und Verantwortungen sind im Projekt klar zu regeln [Kapitel 2.4.1] und zu kommunizieren. Vor allem die Qualität der Aufgaben- und Kompetenzdefinitionen hat einen signifikanten Einfluss auf den Projekterfolg [Kapitel 5.1.1].

Klare und umfassende Verträge sind zwischen Auftraggeber und dem Projekt, sowie zwischen dem Projekt und den Zulieferern abzuschliessen: Die Abkommen sollten als Hauptpunkte die Ziele, Verantwortlichkeiten, Ressourcen und den Zeitumfang beinhalten [Kapitel 2.4.2] Im Allgemeinen wurde dabei starke strukturelle Macht beim Auftraggeber als hinderlich, bei Zulieferern als förderlich betrachtet.

Beim Etablieren der Projektkultur können vor Allem sozialisierende und informative Massnahmen aufgeführt werden [Kapitel 5.1.2]. Soziale Massnahmen dienen dem Zusammenhalt des Projektteams, informative Massnahmen schaffen Transparenz.

Es ist im Projekt ein gemeinsames Grundverständnis, eine gemeinsame Terminologie und eine gemeinsame Denkweise zu fördern [Kapitel 2.4.1]. Das darf nicht auf Kosten des Individuums gehen: Eigeninteressen sind zu tolerieren - es ist zu vermeiden, dass eine einheitliche Meinung aufgezwungen und verdeckte Handlungen tabuisiert werden [Kapitel 2.2].

Die Projektkultur hat einen kommunikationsfördernden Charakter und entschärft die Problematik mit Informationsmacht [Kapitel 5.1.2]. Eine Kommunikationskultur ist von zentraler Bedeutung: Das Ausmass negativ erfolgswirksamer Informationsmacht wird reduziert, indem eher Informationsdefizite erkannt werden [Kapitel 5.1.2.].

Ausserdem geht die Stärke einer Projektkultur einher mit positivem erfolgsrelevantem Einfluss von persönlicher Macht. Die Projektkultur scheint in einer Wechselbeziehung mit persönlicher Macht zu stehen [Kapitel 5.1.2.]. Förderungsmassnahmen der Projektkultur wirken sich daher vorteilhaft auf persönliche Macht aus (und umgekehrt).

Je grösser das Projekt, desto negativer beeinflusst die Projektkultur den Projekterfolg [Kapitel 5.1.1.]: Bei zunehmender Projektgrösse entwickelt sich eine positive Projektkultur nicht mehr einfach "von selbst" - sie muss daher stärker in die Projektplanung aufgenommen und zur strategischen Angelegenheit erklärt werden.

Zudem empfehlen sich Massnahmen zur Förderung des Informationsflusses im Projekt. Diese wirken sich positiv auf die Projektkultur aus [Kapitel 5.1.2.]. Förderlich ist die Kommunikation von Erfolgs- und Misserfolgsfaktoren, sowie von Arbeitsformen. Die Kommunikationskultur im Projekt ist dabei auf Rollen- und Kulturdifferenzen auszurichten [Kapitel 2.4.1].

Informationsmacht

Generell wirkt sich zurückbehaltene Information negativ auf den Projekterfolg aus [5.1.1]. In grossen Projekten verschärft sich die Informationsproblematik. Mit zunehmender Anzahl Projektmitarbeiter nehmen Informationsschwierigkeiten zu [Kapitel 5.1.1.].

Ausgeübte Informationsmacht ist gegebenenfalls schwierig zu erkennen. Als hilfreich beim Prüfen des Informationsflusses können sich soziale Netzwerke anbieten. Treten Informationsschwierigkeiten auf, ist das Gespräch zu suchen um die Ursachen zu ermitteln. Mögliche Ursachen sind Überbelastung, Widerstand, eine schlechte Kommunikationskultur oder unpräzises Arbeiten [Kapitel 2.4.2]. Von Überbelastung gefährdet sind vor allem Schlüsselrollen [Kapitel 2.3.3]. Tritt Widerstand auf, so ist dessen Potential wenn möglich zu nutzen. Widerstand ist dabei adäquat zu behandeln: Informationslücken sind zu füllen, Ängsten ist Verständnis entgegenzubringen, Eigeninteressen sind einem allgemeinen Aufgabenverständnis unterzuordnen [siehe Kapitel 2.4.8].

Informationsschwierigkeiten werden dabei in Stabs-Projektorganisationen am wenigsten erkannt [Kapitel 5.1.1.]. Zusätzliche organisationelle Stellen scheinen prädestiniert zu sein für Informationsmacht. Deshalb gilt es, Informationswege möglichst kurz zu halten.

Empfehlenswert sind Massnahmen zur Informationsflussförderung. Sie reduzieren nicht die Häufigkeit von Informationsproblemen, fördern aber das Erkennen von Informationsschwierigkeiten, reduzieren negativ ausgeübte Informationsmacht und wirken sich positiv auf die Projektkultur aus [Kapitel 5.1.2].

Expertenmacht

Abhängigkeit von Experten wirkt sich negativ auf den Projekterfolg aus [Kapitel 5.1.1]. Über Expertenmacht verfügen vor allem beratende Stabsstellen [Kapitel 2.3.7], Zulieferer, Fachmitarbeiter und Spezialisten. Expertenmacht ist deshalb durch adäquate Massnahmen zu entkräften. Solche Massnahmen zur Entschärfung der negativen Aspekte von Expertenmacht sind: Wissenstransfer, Absicherung durch Stellvertretung, Ausschluss von Experten wo möglich aus strategischen Positionen [Kapitel 5.1.2.].

Durch Wissenstransfer kann Wissen expertenunabhängig werden. Kommunikationsfördernde Massnahmen helfen dabei, Expertenwissen zu speichern [Kapitel 2.4.7]. In diesem Rahmen ist projektintern eine kommunikative Projektkultur förderlich.

Der Aufbau von internem Expertenwissen bringt Unabhängigkeit und erlaubt Kontrolle von externen Zulieferern [Kapitel 2.4.7]. Intern kann Expertenmacht durch Stellvertretungen entschärft werden. Durch mehrere externe Zulieferer im gleichen Segment wird durch die Konkurrenzsituation die Expertenmacht des einzelnen ebenfalls abgeschwächt.

Netzwerkmacht

Der forcierte Aufbau von Netzwerkmacht ist vor allem für Projektverantwortliche ins Auge zu fassen. Netzwerkmacht kann dazu dienen, die eigene Machtposition zu verbessern, um verstärkt Einflussmöglichkeiten zu gewinnen. Vorzugsweise ist dabei die eigene Machtposition zu Akteuren mit viel Macht gezielt auszubauen. Solche Akteure sind vor allem

Beratungsgremien, Opinion Leaders, welche in der Projektgruppe über starke soziale Kompetenz verfügen, sowie Auftraggeber [Kapitel 3.4.].

Ressourcenmacht

Das Anstellungsverhältnis der Mitarbeiter basiert auf Ressourcenmacht seitens des Arbeitgebers, die aber durch strukturelle Macht wie Gesetze und Normen weitgehend relativiert wird. Ein möglicher Einsatz von Ressourcenmacht besteht dabei im Einsatz von Belohnungs- und Bestrafungsmassnahmen. Diese können jedoch gegenseitiges Vertrauen, Respekt und Toleranz empfindlich stören [Kapitel 2.4.5]. Je stärker der Einsatz von Geld in diesem Rahmen, desto weniger werden die vorgesehen Ziele erreicht [Kapitel 5.1.2.]. Belohnungs- und Sanktionsstrategien empfehlen sich in Projekten deshalb nicht zur Anwendung.

6.1.4 Ausbildungsmässige Konsequenzen für Projektverantwortliche

Bisherige Ausführungen betrachten wirtschaftliche Systeme im Rahmen von sozialen Systemen. Als wichtige erfolgsbeeinflussende Machtquellen wurden persönliche Macht und strukturelle Macht, welche die Projektkultur separat aufführt, erwähnt. Vor Allem soziale Faktoren können den Projektausgang massgeblich beeinflussen. Vor diesem Hintergrund sollen Projektleiter eine Management und Führungsausbildung geniessen [bereits in Kapitel 2.4.7. kurz erwähnt].

Vernetztes Denken ist dabei gefordert: Projekte sind als wirtschaftliche Systeme mit interessengeleiteten Akteuren zu begreifen, die unter sich und gegen aussen in ihrer Umwelt fortwährend agieren. Daraus entstehen dauernd neue Machtsituationen und Beziehungen. Von diesen gilt es, die erfolgsrelevantesten zu erkennen, zu beeinflussen und zu managen. Die vorgeschlagenen Machtquellen dienen dabei als Orientierungshilfe und heben vor allem persönliche und strukturelle Machtfaktoren hervor.

7 Epilog

Es freut mich, thematisch ein Gebiet bearbeitet haben zu dürfen, dass sich nicht ausschliesslich auf technische Aspekte fokussiert und nur den Bereich der Informatik betrifft, sondern weitläufiger ist und eine gesellschaftliche Tragweite hat. Macht entsteht nämlich überall dort, wo Interessen sind - und wo Menschen sind, sind auch Interessen. Aus dieser Perspektive funktioniert die Wirtschaft analog zum Menschen. Auch sie basiert auf Interessen.

Besonders Interessant war die Auseinandersetzung mit Luhmann. Ich kannte die Systemtheorie in diesem Sinn nicht, vermochte aber viele Grundzüge zu erkennen, die im 'heutigen' Denken verwurzelt sind.

7.1 Persönliche Einschätzung der Arbeit

Aus meiner Sicht wurden die Ziele der Aufgabenstellung erreicht. Dank gezieltem und effizienten Vorgehen konnten konnte die Thematik in gebührendem Umfang behandelt und schlüssig strukturiert werden, so dass sich ein roter Faden durch die ganze Arbeit zieht. Die entsprechend gegliederte Aufgabenstellung war hilfreich: Sie ermöglichte, dass die späteren Kapitel jeweils auf den vorhergehenden aufbauen. Die Themenblöcke liessen sich dadurch vernünftig abschliessen, so dass diese später nicht mehr grundlegend geändert werden mussten. Die mit meinem Betreuer ausgemachten Milestones bewährten sich dabei als zeitliche Richtpunkte und sind empfehlenswert für umfangreichere Arbeiten.

Da Macht ein relativ abstraktes Phänomen und daher umfangreich ist, gestaltete sich die Inhaltssuche und Themenpriorisierung nicht immer einfach. Schwierig zu Treffen waren zum Teil Entscheidungen, nämlich welche Sachverhalte in der Arbeit detaillierter aufzuführen sind, da sie später allenfalls noch von Bedeutung sein könnten. Diese Problematik wurde meineserachtens überwunden, so dass die Arbeit homogen wirkt und sich nicht grossflächig in unwichtige Details verheddert.

Um einen Praxisbezug herzustellen standen vor allem die Untersuchungsmethoden des Fragebogens und des Interviews zur Verfügung. Ich wählte wahrscheinlich den steinigeren Weg: Unterschätzt wurde der Aufwand fürs Erstellen des Fragebogens. Es galt, abstrakte Machtquellen anhand einer beschränkten Anzahl von konkreten und verständlichen Fragen zu ermitteln, ohne sich dabei zu stark auf einzelne Aspekte zu fokussieren. Die Thematik war zu umfangreich, um anfangs erhoffte genaue Ergebnisse zu erzielen. Jedoch lassen die

Resultate Tendenzen erkennen. Rückblickend wurde die Diskrepanz zwischen Verständlichkeit, Abstraktheit und Umfang erfolgreich gemeistert.

In diesem Bereich ist sicher weiterführende Forschung interessant. Bemerkt wurde von den Befragten vielfach, sie würden den Fragebogen lieber elektronisch übers Internet ausfüllen. Das hätte ihn sicher attraktiver gemacht und ist für Nachfolgeuntersuchungen in Betracht zu ziehen.

7.2 Persönlicher Nutzen

Was habe ich gelernt? Sicherlich methodisches Denken: Zur Bewältigung von komplexen Themen ist ein methodisches Vorgehen bezüglich Inhalt, Form und Mittel unabdingbar. Nicht, wie Anfangs befürchtet, ist nur das 'Was' das Problem, sondern mehr das 'Wie', nämlich wie Inhalte in verständlicher Form präsentiert werden können damit die Arbeit zudem einen roten Faden aufweist. Beispielsweise ergab die Literaturanalyse ein Netzwerk von Informationen, die schliesslich in eine lineare Form gebracht werden mussten. Als sehr hilfreich stellten sich einfache konsequent angewandte Methoden heraus wie z.B. jeden Abschnitt für sich abzuschliessen, so dass er allein stehen kann. So ist es möglich, deren Reihenfolge ohne Anpassungen zu ändern.

7.3 Wie weiter?

In der Literaturanalyse war festzustellen, dass über das Thema Macht geschweige denn über Macht in Informatikprojekten eher spärlich Literatur existiert. Bedeutende systemische Betrachtungen konnte ich mit Ausnahme von Luhmann selbst keine auffinden. Vor dieser Ausgangslage tastet die Arbeit die Thematik ab. Sie widmet sich also der Grundlagenforschung: Festzustellen ist, dass das Thema 'Macht' nur in den Grundzügen angerissen wurde und viel Potential bietet. Daher scheint mir ein Weiterführen des Forschungsgebietes interessant und viel versprechend.

In der Arbeit wurde durchgehend an den sechs Machtquellen aus dem zweiten Kapitel festgehalten. Im Rahmen dieser Machtquellen wurden bereits einige wenige projektrelevante Machtfaktoren erwähnt. Diese Aufzählung ist nur angerissen und unvollständig: Interessant ist ein Ergänzen und Weiterführen dieser Liste.

Sinnvoll ist zudem, weitere Umfragen durchzuführen die mit grösseren Stichproben mehr Daten liefern. Möglicherweise lohnt sich eine internationale Ausrichtung, um genügend 'grössere' Projekte befragen zu können. Es empfiehlt sich dabei, konsequent für jeden Machtfaktor die in der jetzigen Arbeit bewährten drei Fragen nach der Ausprägung, der Stärke und der Art des Einflusses auf den Projekterfolg zu stellen. Das erlaubt, die

Auswertungen in den bisherigen Kontext einzugliedern. Zu berücksichtigen ist die Problematik des Umfangs des Fragebogens vor allem in Anbetracht zusätzlicher Machtfaktoren. Gegebenenfalls sind daher die Umfragen aufzuteilen beispielsweise auf das Gebiet von einzelnen Machtquellen.

Bereits angesprochen wurden in der Arbeit zeitliche Änderungen der Machtverhältnisse, wurden aber bei der Umfrage nicht berücksichtigt. Interessant wäre es, die Gewichtung und die Erfolgsrelevanz der Machtquellen, erweitert um die zeitliche Dimension, zu betrachten.

7.4 Dank

An dieser Stelle danke ich allen, die mich bei meiner Arbeit unterstützt haben. Es freut mich ausserordentlich, dass ich auf zahlreiche motivierende Mithilfe zurückgreifen konnte. Im Speziellen erwähne ich meinen Betreuer Andreas Huber, der mich hilfreich und konstruktiv begleitete; meine Familie und mein persönliches Umfeld; meinen Arbeitgeber, welcher mich unterstützte und mit Geduld meine Prioritäten respektierte; insbesondere Roberto Brugnolaro fürs zahlreiche Gegenlesen, die hilfreichen Inputs und unterstützenden Vorschläge; sowie allen, die sich die Zeit nahmen, an der Umfrage teilzunehmen. Ausserdem bedanke ich mich auch vielmals bei all denjenigen, die ich oben nicht im Speziellen genannt habe, für ihre Mithilfe.

8 Quellenverzeichnis

Back 1987	Backhaus Klaus, Erichson Bernd, Plinke Wulff, Schuchard-Ficher Christiane, Weiber Rolf, 1987, Multivariate Analysemethoden, Springer Berlin
Bahr 1974	Bahrdt H P, 1974, Die Krise der Hierarchie im Wandel der Kooperationsformen
Berg 2003	Berghaus Margot, 2003, Luhmann leicht gemacht, 2. Auflage, Böhlau Verlag Köln
Bern eint	Berner Winfried, 2002, Eigeninteressen, http://www.umsetzungsberatung.de/geschaeftsleitung/-eigeninteressen.php, Zugriff Juni 2005
Bern mach	Berner Winfried, 2002, Macht, http://www.umsetzungsberatung.de/geschaeftsleitung/macht.php, Zugriff Juni 2005
Bern miss	Berner Winfried, 2002, Machtmissbrauch, http://www.umsetzungsberatung.de/geschaeftsleitung/-machtmissbrauch.php, Zugriff Juni 2005
Bern quel	Berner Winfried, 2002, Machtquellen, http://www.umsetzungsberatung.de/geschaeftsleitung/-machtquellen.php, Zugriff Juni 2005
Bern team	Berner Winfried, 2000, Teamarbeit, http://www.umsetzungsberatung.de/geschaeftsleitung/-teamarbeit.php, Zugriff Juni 2005
Bern wide	Berner Winfried, 2002, Widerstände, http://www.umsetzungsberatung.de/geschaeftsleitung/-widerstaende.php, Zugriff Juni 2005
Best 1995	Das Grosse Wörterbuch der Deutschen Sprache, Das Beste, 1995, in Zusammenarbeit mit dem Lektorat Deutsch des Bibliographischen Instituts Leipzig
Burc 1905	Burckhardt Jacob, 1905, Weltgeschichtliche Betrachtungen
Busc 1995	Buschmeier Ulrike, 1995, Macht und Einfluss in Organisationen, Cuvillier Verlag Göttingen
Cane 1980	Canetti Elias, 1980, Masse und Macht, Fischer Taschenbuch Verlag
Chan frra	Changingminds.org, French and Raven, http://changingminds.org/explanations/power/french_and_raven.htm; Zugriff Juni 2005
Croz 1979	Crozier and Friedberg 1979, Macht und Organisation
Dahl 1957	Dahl, Robert A, 1957, the concept of power in Behavioral Science, 2
Deut 1995	Deutschschweizerische Mathematikkommission, Deutschschweizerische Physikkommission, 1995, Formeln und Tafeln, Orell Füssli Zürich

DIN 69901	DIN-Normen für Projektwirtschaft und Projektmanagement, 1989, Beuth Verlag Berlin
Dopp 2000	Doppler Klaus, Lautenburg Christoph, 2000, Change Management
Dude 1971	Duden, 1971, Fremdwörterbuch
Engl 1998	English Fanita, 1998, Transaktionsanalyse, Gefühle und Ersatzgefühle in Beziehungen, Iskopress Salzhausen
Enno phil	Enno Rudolph, Macht als Thema der Philosophie, Schulungsunterlage NDK Philosophie
Enno unma	Enno Rudolph, Die Unhintergehbarkeit der Macht , Schulungsunterlage, NDK Philosophie
Fren 1960	French and Raven, 1960, The bases of social power
Gehl 1961	Gehlen Arnold, 1961, Soziologie der Macht
Gehl matr	Gehlen Arnold, Machttrieb, Behelfswort für Unerkanntes, NDK Philosophie
Glis 2003	Glisenti Monica, 2003, Psycho-soziale Faktoren im Projektmanagement, Theoretische Diplomarbeit am Institut für angewandte Psychologie Zürich
Hans 2003	Hansel Jürg, Lomnitz Gero, 2003, Projektleiterpraxis, 4. Auflage, Springer-Verlag Berlin Heidelberg
Hau2 2001	Hauri Christian, 2001, Projektkultur kann und muss erarbeitet werden, in: Wissscript, 19, November 2001, www.viw.ch
Haur 2001	Hauri Christian, Klemm Jörg, 2001, Projektkultur – das Getriebeöl gegen zuviel Reibung, in: Wissscript, 18, Oktober 2001, www.viw.ch
Hube ades	Huber Andreas, Kuhnt Beate, A Systemic Approach to Application Design, Technical Report, Institut für Informatik der Universität Zürich
Hube manu	Huber Andreas, Kuhnt Beate, Manuskript, Mensch-Informatik-Organisation: Grundlagen eines systemischen Projektmanagements
ISB 2004	Informatikstrategieorgan Bund, 2004, 20. Februar, Informatikterminologie des Bundes, www.hermes.admin.ch, Zugriff im September 2005
Jenn 2000	Jenny Bruno, 2000, Projektmanagement in der Wirtschaftsinformatik, 4. Auflage
Kara 2002	Karafillidis Athanasios, 2002, Organisation als generalisiertes Medium der modernen Gesellschaft, Diplomarbeit Universität Wuppertal
Kerl 1979	Kerlinger F.N., 1979, Grundlagen der Sozialwissenschaften, Band2, Beltz
Krau 1986	Krausz R, 1986, Power and Leadership in Organisations
Kraw 2001	Krawiec Ingo, 2001, Umgang mit Macht, http://www.train-the-trainer-seminar.de/monatstipps/macht.htm, Zugriff Juni 2005
Krüg 1976	Krüger W, 1976, Macht in der Unternehmung – Elemente und Strukturen, Stuttgart

Latt 1982	Lattmann Charles, 1982, Die verhaltenswissenschaftlichen Grundlagen der Führung des Mitarbeiters, Bern/Stuttgart
Laut 1978	Lauterburg C, 1978, Vor dem Ende der Hierarchie, Econ Verlag
Lomn mapr	Lomnitz Gero, Macht in Projekten, Aufsatz
Lude 1999	Ludewig Jochen, 1999, Woran scheitert der Projektleiter?; in: Informatik, 1999 – 5, Schweizerischer Verband der Informatikorganisationen
Luhm 1969	Luhmann Niklas, 1969, Klassische Theorie der Macht: Kritik ihrer Prämissen, in Zeitschrift für Politik, Heft 2
Luhm 1981	Luhmann Niklas, 1981, Gesellschaftliche Grundlagen der Macht: Steigerung und Verteilung.
Luhm 1984	Luhmann Niklas, 1984, soziale Systeme, 1. Auflage, Suhrkamp Frankfurt
Luhm 1988	Luhmann Niklas, 1988, Macht, 2. Auflage, Enke Stuttgart
Luhm 2003	Luhmann Niklas, 2003, Macht. 3. Auflage, Lucius & Lucius Stuttgart
Mand 1999	Mandl-Striegnitz Patricia, Lichter Horst, 1999, Defizite im Software-Projektmanagement – Erfahrungen aus einer industriellen Studie, in: Informatik, 1999 – 5, Schweizerischer Verband der Informatikorganisationen
Manh 2004	Manhart Klaus, 2004, Frohe Nutzer, in: http://www.cio.de, Zugriff Juni 2005
McGr 1984	McGrath Joseph E, 1984, Methods for the study of groups
Mint 1983	Mintzberg Henry, 1983, Power in and around organizations
Mio 2003	MIO, 2003/2004, Blockübersicht 5, Vorlesungsunterlagen MIO Nachdiplomstudiengang
Morg 1997	Morgan G, 1997, Bilder der Organisation, Klett- Cotta Stuttgart
Nehr 2001	Nehrkorn Stefan, 2001, Systemtheorie: Niklas Luhmann, http://www.humboldtgesellschaft.de, Zugriff Juni 2005
Pick 2004	Pickel Gert, 2004, Einführung in soziologische Theorien
Porr 1997	Porr Bernd, 1997, Soziale Systeme
Rees 2000	Reese-Schäfer Walter, 2000, Politische Theorie heute, neuere Entwicklungen und Tendenzen, Oldenbourg Verlag München
Sand 1993	Sandner Karl, 1993, Prozesse der Macht, Physica Verlag
Stei 1999	Steiger, Lippmann, 1999, Handbuch angewandte Psychologie für Führungskräfte
Stein 1998	Steiner Claude, 1998, Macht ohne Ausbeutung, Junfermann Verlag
Thom 1996	Thommen Jean-Paul, 1996, Betriebswirtschaftslehre, Band 3, Versus Zürich, 4.Auflage
Thom 2000	Thomi Maja, 2000, Macht, Prozesse im Führungsverhalten unter der Sichtweise der TA, zweite Studienarbeit, eingereicht an der Hochschule für Angewandte Psychologie Zürich

Torr 2003	Torresani Cristina, 2003, Gestaltung kommunikativer Räume, Diplomarbeit am Institut für Informatik der Universität Zürich
Tuck 1965	Tuckmann B.W., 1965, Development sequence small companies, Group and Organizational Studies, 2
Webe 1922	Weber, 1922; Wirtschaft und Gesellschaft, § 16. Macht und Herrschaft in: http://www.textlog.de/, Zugriff Juli 2005
Welt 1992	Weltz Friedrich, Ortmann Rolf G, 1992, Das Softwareprojekt, Campusverlag Frankfurt Main
Wenz syst	Wenzel Joachim, Einführung in die Systemtheorie, http://www.systemische-beratung.de/systemtheorie/theorie.htm, Zugriff Juni 2005
Wiki autp	Wikipedia, Autopoiesis, http//de.wikipedia.org/wiki/Autopoiesis, Zugriff Juni 2005
Wiki doko	Wikipedia, doppelte Kontingenz, http://de.wikipedia.org/wiki/doppelte_kontingenz, Zugriff Juni 2005
Wiki luhm	Wikipedia, Niklas Luhmann, http://de.wikipedia.org/Niklas_Luhmann, Zugriff Juni, 2005
Wiki mach	Wikipedia, Macht, http://www.de.wikipedia.org/wiki/Macht; Zugriff im Juni 2005
Wiki meso	Wikipedia, Methoden der empirischen Sozialforschung, http://de.wikipedia.org/wiki/methoden_der_empirischen_sozialforschung, Zugriff August 2005
Wiki syst	Wikipedia, Systemtheorie, http://de.wikipedia.org/wiki/Systemtheorie, Zugriff Juni 2005
Wink mach	Winkler Ingo, Macht, http://www.tu-chemnitz.de/bps/wirtschaft/bwl5/orgstruktur/macht/macht.htm, Zugriff Juni 2005
Zünd 1986	Zündorf Lutz, 1986, Macht, Einfluss, Vertrauen und Verständigung. Zum Problem der Handlungskoordinierung in Arbeitsorganisationen, in: Seltz R, Mill U, Hildebrandt E, 1986 Organisation als soziales System. Kontrolle und Kommunikationstechnologie in Arbeitsorganisationen, Berlin

9 Abbildungsverzeichnis

Wurden Graphiken inhaltlich übernommen, so ist dies entsprechend gekennzeichnet. Exakte Quellenangaben finden sich in den Beschriftungen zu den Abbildungen.

10 Anhang

I. Tabellen zu Netzwerkmacht
Berechnungen zu Netzwerkmacht

II. Fragebogen zu Macht in Informatikprojekten
Fragebogen zur Umfrage, auf der die Auswertungen basieren

III. Verteilung der Resultate des Fragebogens
Erste graphische Auswertung der Ergebnisse der Umfrage

IV. Übersicht Korrelationen
Graphische Übersicht über die Beziehungen verschiedener intervallskalierten Resultaten

V. Übersicht Korrelationen (2)
Vereinfachte Darstellung. Die "Machtquellen" wurden jeweils zusammengefasst.

VI. Korrelationstabelle
Korrelationen zwischen verschiedenen intervallskalierten Resultaten

VII. Zusammenhang von nominal- und intervallskalierten Resultaten
Tabelle einfaktoreller Varianzanalyse

VIII. Deckungsgrad
Tabelle mit Prozentualem Anteil gleicher Antworten zwischen nominalskalierten Resultaten

Netzwerkmacht: Ursprüngliche Machtverteilung

Faktor k		1																		
		Machthaber																		
Faktor p	Machtquelle	Auftraggeber		Projektleitung		Projektträger-Gremium		Beratungs-Gremium		Organisations-Bereich		Informatik-Bereich		Spezialisten		Fach-mitarbeiter		Endbenutzer		
0.5	Summe		8%		22%		5%		20%		14%		9%		11%		9%		1%	
Auftraggeber	Summe	-	0%	0.5	3%	0.2	1%	0.5	3%	0.2	1%	-	0%	-	0%	-	0%	-	0%	
	Struktur	-		-	0%	-	0%	-	0%	-	0%	-	0%	-	0%	-	0%	-	0%	-
	Ressourcen	-		3	1%	-	0%	-	0%	-	0%	-	0%	-	0%	-	0%	-	0%	3.00
	Information	-		3	1%	2	1%	3	1%	2	1%	-	0%	-	0%	-	0%	-	0%	10.00
	Expertentum	-		-	0%	-	0%	3	1%	-	0%	-	0%	-	0%	-	0%	-	0%	3.00
	Persönlichkeit	-		2	1%	1	0%	2	1%	1	0%	-	0%	-	0%	-	0%	-	0%	5.33
Projektleitung	Summe	0.6	4%	-	0%	0.5	3%	0.5	3%	0.4	2%	0.3	2%	0.3	2%	0.3	2%	-	0%	
	Struktur	2	1%	-		2	1%	-	0%	-	0%	-	0%	-	0%	-	0%	-	0%	4.00
	Ressourcen	2	1%	-		2	1%	-	0%	-	0%	-	0%	-	0%	-	0%	-	0%	4.00
	Information	3	1%	-		2	1%	3	1%	3	1%	1	0%	1	0%	1	0%	-	0%	14.00
	Expertentum	-	0%	-		-	0%	3	1%	1	0%	2	1%	2	1%	2	1%	-	0%	10.00
	Persönlichkeit	2	1%	-		2	1%	2	1%	1	1%	1	1%	1	1%	1	1%	-	0%	9.67
Projektträger-Gremium	Summe	0.4	3%	0.2	1%	-	0%	0.5	3%	0.2	1%	-	0%	-	0%	-	0%	-	0%	
	Struktur	2	1%	-	0%	-		-	0%	-	0%	-	0%	-	0%	-	0%	-	0%	2.00
	Ressourcen	1	0%	-	0%	-		-	0%	-	0%	-	0%	-	0%	-	0%	-	0%	1.00
	Information	2	1%	2	1%	-		3	1%	2	1%	-	0%	-	0%	-	0%	-	0%	9.00
	Expertentum	-	0%	-	0%	-		3	1%	-	0%	-	0%	-	0%	-	0%	-	0%	3.00
	Persönlichkeit	1	1%	1	0%	-		2	1%	1	0%	-	0%	-	0%	-	0%	-	0%	5.25
Beratungs-Gremium	Summe	-	0%	0.2	1%	-	0%	-	0%	0.3	2%	0.1	1%	0.1	1%	0.1	1%	-	0%	
	Struktur	-	0%	-	0%	-	0%	-		-	0%	-	0%	-	0%	-	0%	-	0%	-
	Ressourcen	-	0%	-	0%	-	0%	-		-	0%	-	0%	-	0%	-	0%	-	0%	-
	Information	-	0%	2	1%	-	0%	-		3	1%	1	0%	1	0%	1	0%	-	0%	8.00
	Expertentum	-	0%	-	0%	-	0%	-		-	0%	-	0%	-	0%	-	0%	-	0%	-
	Persönlichkeit	-	0%	1	0%	-	0%	-		1	1%	1	0%	1	0%	1	0%	-	0%	5.67
Organisations-Bereich	Summe	-	0%	0.6	4%	-	0%	0.5	3%	-	0%	0.4	2%	0.4	3%	0.4	2%	0.2	1%	
	Struktur	-	0%	2	1%	-	0%	-	0%	-		-	0%	-	0%	-	0%	-	0%	2.00
	Ressourcen	-	0%	2	1%	-	0%	-	0%	-		-	0%	-	0%	-	0%	-	0%	2.00
	Information	-	0%	2	1%	-	0%	3	1%	-		2	1%	2	1%	2	1%	2	1%	13.00
	Expertentum	-	0%	2	1%	-	0%	3	1%	-		2	1%	3	1%	2	1%	-	0%	12.00
	Persönlichkeit	-	0%	2	1%	-	0%	2	1%	-		1	1%	1	1%	1	1%	1	0%	8.42
Informatik-Bereich	Summe	-	0%	0.6	4%	-	0%	0.5	3%	0.4	2%	-	0%	0.4	3%	0.4	2%	-	0%	
	Struktur	-	0%	2	1%	-	0%	-	0%	-	0%	-		-	0%	-	0%	-	0%	2.00
	Ressourcen	-	0%	2	1%	-	0%	-	0%	-	0%	-		-	0%	-	0%	-	0%	2.00
	Information	-	0%	2	1%	-	0%	3	1%	3	1%	-		2	1%	2	1%	-	0%	12.00
	Expertentum	-	0%	2	1%	-	0%	3	1%	1	0%	-		3	1%	2	1%	-	0%	11.00
	Persönlichkeit	-	0%	2	1%	-	0%	2	1%	1	1%	-		1	1%	1	1%	-	0%	7.25
Spezialisten	Summe	-	0%	0.6	4%	-	0%	0.4	2%	0.4	2%	0.4	2%	-	0%	0.4	2%	-	0%	
	Struktur	-	0%	2	1%	-	0%	-	0%	-	0%	-	0%	-		-	0%	-	0%	2.00
	Ressourcen	-	0%	2	1%	-	0%	-	0%	-	0%	-	0%	-		-	0%	-	0%	2.00
	Information	-	0%	2	1%	-	0%	2	1%	3	1%	2	1%	-		2	1%	-	0%	11.00
	Expertentum	-	0%	2	1%	-	0%	2	1%	1	0%	2	1%	-		2	1%	-	0%	9.00
	Persönlichkeit	-	0%	2	1%	-	0%	1	1%	1	1%	1	1%	-		1	1%	-	0%	7.00
Fach-mitarbeiter	Summe	-	0%	0.6	4%	-	0%	0.4	2%	0.4	2%	0.4	2%	0.4	3%	-	0%	-	0%	
	Struktur	-	0%	2	1%	-	0%	-	0%	-	0%	-	0%	-	0%	-		-	0%	2.00
	Ressourcen	-	0%	2	1%	-	0%	-	0%	-	0%	-	0%	-	0%	-		-	0%	2.00
	Information	-	0%	2	1%	-	0%	2	1%	3	1%	2	1%	2	1%	-		-	0%	11.00
	Expertentum	-	0%	2	1%	-	0%	2	1%	1	0%	2	1%	3	1%	-		-	0%	10.00
	Persönlichkeit	-	0%	2	1%	-	0%	1	1%	1	1%	1	1%	1	1%	-		-	0%	7.08
Endbenutzer	Summe	0.2	1%	-	0%	-	0%	-	0%	0.1	1%	-	0%	-	0%	-	0%	-	0%	
	Struktur	1	0%	-	0%	-	0%	-	0%	-	0%	-	0%	-	0%	-	0%	-		1.00
	Ressourcen	1	0%	-	0%	-	0%	-	0%	-	0%	-	0%	-	0%	-	0%	-		1.00
	Information	1	0%	-	0%	-	0%	-	0%	2	1%	-	0%	-	0%	-	0%	-		3.00
	Expertentum	-	0%	-	0%	-	0%	-	0%	-	0%	-	0%	-	0%	-	0%	-		-
	Persönlichkeit	-	0%	-	0%	-	0%	-	0%	-	0%	-	0%	-	0%	-	0%	-		-
																				236.67

Netzwerkmacht: Machtverteilung nach dritter Iteration

Faktor p	Machtquelle	Machthaber Auftraggeber		Projektleitung		Projektträger-Gremium		Beratungs-Gremium		Organisations-Bereich		Informatik-Bereich		Spezialisten		Fach-mitarbeiter		Endbenutzer		
0.5	Summe		8%		18%		2%		23%		14%		10%		11%		11%		3%	
Auftraggeber	Summe	-	0%	33.2	2%	4.2	0%	38.7	2%	26.0	2%	18.4	1%	20.0	1%	20.6	1%	4.4	0%	
	Struktur	-		29	0%	3	0%	34	0%	23	0%	16	0%	17	0%	18	0%	4	0%	143
	Ressourcen	-		31	0%	4	0%	37	0%	25	0%	17	0%	19	0%	19	0%	4	0%	157
	Information	-		124	0%	17	0%	145	1%	97	0%	69	0%	75	0%	77	0%	16	0%	620
	Expertentum	-		230	1%	27	0%	266	1%	179	1%	126	0%	138	1%	142	1%	30	0%	1'138
	Persönlichkeit	-		85	0%	11	0%	99	0%	66	0%	47	0%	51	0%	53	0%	11	0%	424
Projektleitung	Summe	20.2	1%	0.5	0%	6.4	0%	60.2	4%	39.0	2%	28.8	2%	31.2	2%	32.2	2%	7.2	0%	
	Struktur	22	0%	-		8	0%	62	0%	40	0%	29	0%	32	0%	33	0%	7	0%	233
	Ressourcen	26	0%	-		9	0%	75	0%	48	0%	36	0%	39	0%	40	0%	9	0%	283
	Information	49	0%	-		16	0%	144	1%	92	1%	69	0%	75	0%	77	0%	17	0%	539
	Expertentum	94	0%	-		27	0%	286	1%	185	1%	137	1%	149	1%	154	1%	35	0%	1'067
	Persönlichkeit	113	0%	8		35	0%	336	1%	220	1%	160	1%	174	1%	179	1%	40	0%	1'264
Projektträger-Gremium	Summe	9.9	1%	24.9	1%	-	0%	29.0	2%	19.4	1%	13.8	1%	15.0	1%	15.4	1%	3.2	0%	
	Struktur	13	0%	31	0%	-		37	0%	24	0%	17	0%	19	0%	20	0%	4	0%	165
	Ressourcen	3	0%	6	0%	-		7	0%	4	0%	3	0%	3	0%	4	0%	1	0%	30
	Information	27	0%	68	0%	-		79	0%	53	0%	38	0%	41	0%	42	0%	9	0%	356
	Expertentum	66	0%	170	1%	-		196	1%	132	1%	93	0%	101	0%	105	0%	22	0%	885
	Persönlichkeit	40	0%	100	0%	-		116	0%	78	0%	55	0%	60	0%	62	0%	13	0%	524
Beratungs-Gremium	Summe	9.4	1%	23.2	1%	3.0	0%	-	0%	18.5	1%	12.9	1%	14.0	1%	14.4	1%	3.2	0%	
	Struktur	9	0%	22	0%	3	0%	-		18	0%	12	0%	13	0%	14	0%	3	0%	95
	Ressourcen	-	0%	-	0%	-	0%	-		-	0%	-	0%	-	0%	-	0%	-	0%	-
	Information	31	0%	78	0%	10	0%	-		61	0%	43	0%	47	0%	48	0%	11	0%	330
	Expertentum	78	0%	193	1%	25	0%	-		154	1%	107	0%	117	0%	120	0%	26	0%	820
	Persönlichkeit	22	0%	55	0%	7	0%	-		44	0%	30	0%	33	0%	34	0%	7	0%	233
Organisations-Bereich	Summe	21.4	1%	52.9	3%	6.9	0%	63.7	4%	-	0%	29.4	2%	32.1	2%	32.9	2%	7.2	0%	
	Struktur	25	0%	61	0%	8	0%	74	0%	-		34	0%	37	0%	38	0%	8	0%	287
	Ressourcen	16	0%	37	0%	5	0%	46	0%	-		21	0%	23	0%	23	0%	5	0%	176
	Information	40	0%	100	0%	13	0%	120	0%	-		55	0%	60	0%	62	0%	15	0%	465
	Expertentum	130	1%	324	1%	41	0%	390	2%	-		180	1%	196	1%	202	1%	43	0%	1'507
	Persönlichkeit	110	0%	271	1%	35	0%	326	1%	-		151	1%	164	1%	168	1%	37	0%	1'262
Informatik-Bereich	Summe	23.6	1%	58.4	3%	7.5	0%	69.9	4%	46.6	3%	-	0%	35.5	2%	36.5	2%	8.1	0%	
	Struktur	27	0%	66	0%	9	0%	80	0%	54	0%	-		41	0%	42	0%	9	0%	328
	Ressourcen	21	0%	50	0%	7	0%	61	0%	41	0%	-		31	0%	32	0%	7	0%	249
	Information	50	0%	126	0%	16	0%	149	1%	100	0%	-		76	0%	78	0%	17	0%	612
	Expertentum	136	1%	337	1%	43	0%	402	2%	268	1%	-		204	1%	210	1%	46	0%	1'646
	Persönlichkeit	120	0%	298	1%	38	0%	356	1%	237	1%	-		181	1%	186	1%	41	0%	1'458
Spezialisten	Summe	21.6	1%	53.5	3%	6.9	0%	64.1	4%	42.6	2%	29.8	2%	-	0%	33.3	2%	7.3	0%	
	Struktur	26	0%	62	0%	8	0%	76	0%	50	0%	35	0%	-		39	0%	9	0%	305
	Ressourcen	21	0%	51	0%	7	0%	61	0%	41	0%	29	0%	-		32	0%	7	0%	248
	Information	49	0%	124	0%	16	0%	148	1%	98	0%	69	0%	-		77	0%	17	0%	596
	Expertentum	126	0%	312	1%	40	0%	373	1%	248	1%	173	1%	-		194	1%	43	0%	1'509
	Persönlichkeit	102	0%	254	1%	33	0%	303	1%	202	1%	141	1%	-		158	1%	35	0%	1'227
Fach-mitarbeiter	Summe	21.7	1%	53.7	3%	6.9	0%	64.3	4%	42.8	3%	29.9	2%	32.5	2%	-	0%	7.3	0%	
	Struktur	25	0%	61	0%	8	0%	74	0%	50	0%	34	0%	37	0%	-		8	0%	299
	Ressourcen	21	0%	50	0%	7	0%	61	0%	40	0%	28	0%	31	0%	-		7	0%	244
	Information	49	0%	122	0%	15	0%	146	1%	97	0%	68	0%	74	0%	-		17	0%	589
	Expertentum	124	0%	307	1%	39	0%	367	1%	244	1%	170	1%	185	1%	-		42	0%	1'479
	Persönlichkeit	107	0%	264	1%	34	0%	316	1%	210	1%	147	1%	160	1%	-		36	0%	1'275
Endbenutzer	Summe	2.8	0%	6.9	0%	0.9	0%	8.1	0%	5.4	0%	3.8	0%	4.1	0%	4.3	0%	-	0%	
	Struktur	4	0%	10	0%	1	0%	12	0%	8	0%	5	0%	6	0%	6	0%	-		52
	Ressourcen	3	0%	6	0%	1	0%	7	0%	5	0%	3	0%	3	0%	4	0%	-		31
	Information	11	0%	27	0%	3	0%	32	0%	21	0%	15	0%	16	0%	17	0%	-		143
	Expertentum	23	0%	61	0%	7	0%	71	0%	48	0%	33	0%	36	0%	37	0%	-		318
	Persönlichkeit	-	0%	-	0%	-	0%	-	0%	-	0%	-	0%	-	0%	-	0%	-		-
																				25'611

Fragebogen zu Macht in IT-Projekten

Im Rahmen meiner Diplomarbeit führe ich Untersuchungen durch zum Thema "*Macht als sozialer Erfolgsfaktor in IT-Projekten*". Meine Abschlussarbeit schreibe ich am Institut für Wirtschaftinformatik an der Universität Zürich bei Prof. Helmut Schauer unter der Betreuung von Dr. Andreas Huber.

Das Ziel des Fragebogens ist es, Machtaspekte, Machtbewusstsein und Methoden zum Umgang mit Macht in IT-Projekten zu ermitteln. Einerseits möchte ich so den Einfluss von verschiedenen Machtaspekten auf den Projekterfolg beleuchten, andererseits Handlungsempfehlungen zu einem angemessenen Umgang mit Macht abgeben. Für den Fragebogen suche ich daher Personen, die stark in ein IT-Projekt integriert sind oder dies waren. Um möglichst aussagekräftige Resultate zu erhalten, freue ich mich auf zahlreiche Antworten.

Ich danke Ihnen, dass Sie sich zum Ausfüllen Zeit nehmen. Der Fragebogen ist in drei Teile aufgegliedert. Teil eins stellt generelle Fragen zum Projekt, Teil zwei beschäftigt sich mit spezifischen Aspekten, Teil drei möchte Situationen in Erfahrung bringen, die in Ihrem Informatikprojekt das Projektergebnis beeinflussten. Alle Fragen beziehen sich dabei auf ein Informatikprojekt, an dem Sie in irgendeiner Funktion beteiligt waren. Der erste und zweite Teil sind für meine Auswertungen von erster Priorität. Der dritte Teil geht mehr ins Detail und ist quasi fakultativ – es würde mich jedoch freuen, wenn Sie auch diesen Teil ausfüllen würden.

Bei den meisten Fragen steht eine abgestufte Skala von eins bis sechs zur Verfügung. Können oder möchten Sie dabei eine Frage nicht beantworten, so kreuzen Sie bitte das Feld "k.A." für "keine Angabe" an. Selbstverständlich werden Ihre Antworten vertraulich und anonym behandelt.

Bitte senden Sie mir die Antworten bis nächsten Montag (10. Oktober 2005) an untenstehende Adresse:

Lukas Keller

Giselstrasse 21

8925 Ebertswil

Sind Sie an den Resultaten interessiert? Kontaktieren Sie mich am besten per Email (ogge@gmx.ch). Ich stelle Ihnen nach dem Abgabetermin vom 20. November 2005 gerne die Auswertungen zusammen mit der Diplomarbeit zu.

Besten Dank für Ihre Mithilfe.

Lukas Keller

Teil 1

Der erste Teil des Fragebogens stellt einleitende Fragen zu ihrem Projekt, unabhängig von Macht und Einflusssituationen.

1. Bitte Kreuzen Sie unterhalb der Diagramme diejenige Projektorganisationsform an, die am ehesten Ihrem Projekt entspricht.
   Unter Projektorganisation verstehen wir "die Gesamtheit der Organisationseinheiten und der aufbau- und ablauforganisatorischen Regelungen zur Abwicklung eines bestimmten Projektes" [Jenny, S. 521]

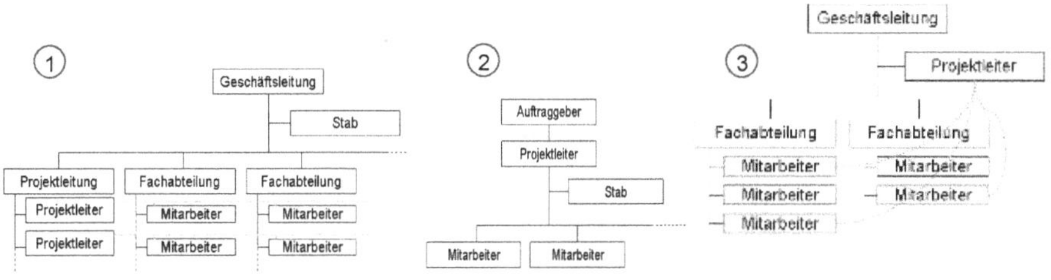

1☐ Matrix-Projektorganisation 2☐ Reine Projektorganisation 3☐ Stabs- Projektorganisation 4☐ **k.A.**

2. Bitte notieren Sie allfällige Besonderheiten und wichtige Abweichungen zur Darstellung unter Frage 1.

....

....

....

....

3. Bitte nennen Sie Ihre persönliche Rolle im Projekt.
   In der Informatikterminologie des Bundes [ISB, S. 278] wird der Begriff Rolle als "Zusammenfassung von zusammengehörigen Aufgaben, welche einem Rollenträger im Umfeld eines Prozesses übertragen werden" umschrieben.

1☐ Projektleitung
2☐ Auftraggeber
3☐ Informatikmitarbeiter
4☐ Organisator oder Organisationsspezialist
5☐ Fachmitarbeiter
6☐ IT-Spezialist
7☐ IT-Lieferant
8☐ Andere: ....
0☐ **keine Angabe**

4. Wann wurde das Projekt abgeschlossen?

1☐ Noch nicht abgeschlossen
2☐ Während des letzten Jahres
3☐ Vor 1 bis 3 Jahren
4☐ Vor über 3 Jahren
5☐ **keine Angabe**

5. War das Projekt erfolgreich?
Ein Projekt ist dann erfolgreich, "wenn die vom Arbeitgeber gewünschten Resultate mit den vorgesehenen Mitteln innerhalb der vorgegebenen Zeit in der geforderten Qualität erreicht werden." [Jenny, S. 520]

1☐ 2☐ 3☐ 4☐ 5☐ 6☐ 0☐
Misserfolg — weder/noch — Erfolg — k.A.

6. Bitte nennen Sie die Anzahl Projektmitarbeiter.

. . . .

Teil 2

Der zweite Teil dieses Fragebogens stellt spezifische Fragen zu ihrem Projekt. Die Faktoren Projektorganisation und Projektkultur, Geld als Belohnungsmittel, Informationsfluss, Expertenwissen, Persönlichkeit sowie soziale Netzwerke werden dabei auf ihren Einfluss auf den Projekterfolg untersucht.

Fragen zur Projektorganisation

Das Projekthandbuch spielt im Rahmen der Projektorganisation eine wichtige Rolle. Es beinhaltet "eine gegliederte Zusammenfassung der für die Projektorganisation und -durchführung gültigen, übergeordneten organisatorischen Regeln." [Jenny, Seite 48]

7. Wie stark prägten die im Projekthandbuch festgelegten Richtlinien das Handeln in ihrem IT-Projekt?

1☐ 2☐ 3☐ 4☐ 5☐ 6☐ 0☐
gar nicht — stark — k.A.

8. Wie gross war der Einfluss der im Projekthandbuch festgelegten Richtlinien auf den Projekterfolg?

1☐ 2☐ 3☐ 4☐ 5☐ 6☐ 0☐
kein Einfluss — starker Einfluss — k.A.

9. Wie beeinflussten diese Richtlinien den Projekterfolg?

1☐ 2☐ 3☐ 4☐ 5☐ 6☐ 0☐
negativ — neutral — positiv — k.A.

10. Wie klar waren Aufgaben und Kompetenzen in ihrem Projekt definiert?

1☐ 2☐ 3☐ 4☐ 5☐ 6☐ 0☐
unklar — klar — k.A.

11. Wie verbindlich waren Aufgaben und Kompetenzen in ihrem Projekt?

1☐ 2☐ 3☐ 4☐ 5☐ 6☐ 0☐
unverbindlich — verbindlich — k.A.

12. Wie gross war der Einfluss der Qualität der Aufgaben- und Kompetenzdefinition auf den Projekterfolg?

1☐ 2☐ 3☐ 4☐ 5☐ 6☐ 0☐
kein Einfluss — starker Einfluss — k.A.

13. Wie beeinflussten die Aufgaben- und Kompetenzdefinition den Projekterfolg?

1☐ 2☐ 3☐ 4☐ 5☐ 6☐ 0☐
negativ — neutral — positiv — k.A.

Fragen zur Projektkultur

Unter Projektkultur versteht man die Gesamtheit von Normen, Wertvorstellungen und Denkhaltungen, welche das Verhalten aller Mitarbeiter und somit das Erscheinungsbild eines Projektes prägen [nach Thommen, S. 269]

14. Wie stark war in Ihrem Projekt eine Projektkultur etabliert?

1☐ 2☐ 3☐ 4☐ 5☐ 6☐ 0☐
gar nicht — stark — **k.A.**

15. Wie gross war der Einfluss der Projektkultur auf den Projekterfolg?

1☐ 2☐ 3☐ 4☐ 5☐ 6☐ 0☐
kein Einfluss — starker Einfluss — **k.A.**

16. Wie beeinflusste die Projektkultur den Projekterfolg?

1☐ 2☐ 3☐ 4☐ 5☐ 6☐ 0☐
negativ — neutral — positiv — **k.A.**

17. Wie wurde die Projektkultur etabliert?

....

....

....

....

Fragen zu Geld als Belohnungsmittel

Es besteht die Möglichkeit, Geld im Rahmen von Belohnungs- oder Sanktionsmassnahmen einzusetzen, wenn beispielsweise Termine und Ziele erreicht beziehungsweise nicht eingehalten werden.

18. Wie weit wurde Geld im Rahmen von Belohnungs- oder Sanktionsmassnahmen eingesetzt?

1☐ 2☐ 3☐ 4☐ 5☐ 6☐ 0☐
gar nicht — systematisch — **k.A.**

19. Wurden damit die beabsichtigten Ziele erreicht?

1☐ 2☐ 3☐ 4☐ 5☐ 6☐ 0☐
gar nicht — vollumfänglich — **k.A.**

20. Notieren Sie bitte, in welcher Form Geld im Rahmen von Sanktions- oder Belohnungsmassnahmen eingesetzt wurde.

....

....

....

....

....

Fragen zum Informationsfluss und zu Informationsproblemen

21. Wie stark beeinflussten Schwierigkeiten aufgrund unzureichender oder unterlassener Information den Projekterfolg?

1☐ 2☐ 3☐ 4☐ 5☐ 6☐ 0☐
gar nicht — stark — **k.A.**

22. Wie wirkten sich Schwierigkeiten aufgrund unzureichender oder unterlassener Information auf den Projekterfolg aus?

1☐ 2☐ 3☐ 4☐ 5☐ 6☐ 0☐
negativ — neutral — positiv — **k.A.**

23. Wie häufig traten solche Schwierigkeiten aufgrund mangelnder, unzureichender oder zurückbehaltener Information auf?

1☐ 2☐ 3☐ 4☐ 5☐ 6☐ 0☐
gar nicht … häufig — k.A.

24. Wie weit wurden solche Informationsdefizite (wie in Frage 23 erwähnt) während des Projektverlaufs erkannt?

1☐ 2☐ 3☐ 4☐ 5☐ 6☐ 0☐
gar nicht … immer — k.A.

25. Wie stark wurde der Informationsfluss aktiv gefördert?

1☐ 2☐ 3☐ 4☐ 5☐ 6☐ 0☐
gar nicht … systematisch — k.A.

26. Wie weit wurden Informationen zurückbehalten oder falsch übermittelt, um etwas zu erreichen?

1☐ 2☐ 3☐ 4☐ 5☐ 6☐ 0☐
gar nicht … systematisch — k.A.

27. Von welchen Rollenträgern im Projekt wurde diese Form der Informationsmacht (siehe obige Frage 26) ausgespielt?

1☐ Projektleitung
2☐ Auftraggeber
3☐ Informatikmitarbeiter
4☐ Organisator oder Organisationsspezialist
5☐ Fachmitarbeiter
6☐ IT-Spezialist
7☐ IT-Lieferant
8☐ Andere: ....
0☐ **keine Angabe**

Fragen zu Expertenwissen

Expertenwissen besteht aus spezifischem Wissen sowie speziellen Fähigkeiten und Fertigkeiten zur Erfüllung einer Aufgabe. Experten und Spezialisten sind dabei Träger von Expertenwissen.

28. Hatten Sie in Ihrem Projekt Schwierigkeiten, die auf Abhängigkeiten von Experten und Spezialisten beruhten und den Projekterfolg beeinflussten?

1☐ 2☐ 3☐ 4☐ 5☐ 6☐ 0☐
keine … starke Schwierigkeiten — k.A.

29. Wie stark wurden in Ihrem Projekt spezifische Fähigkeiten und Kenntnisse einzelner Mitarbeiter gefördert?

1☐ 2☐ 3☐ 4☐ 5☐ 6☐ 0☐
gar nicht … stark — k.A.

30. Wie weit wurde das Projekt gegen Abhängigkeiten von Experten abgesichert?

1☐ 2☐ 3☐ 4☐ 5☐ 6☐ 0☐
gar nicht … systematisch — k.A.

31. Bitte notieren Sie kurz, wie das Projekt gegen Abhängigkeit von Experten abgesichert wurde?

....
....
....
....

Fragen zu persönlichem Einfluss

Persönlicher Einfluss beruht im Wesentlichen darauf, dass bei zwischenmenschlichen Beziehungen Gefühle wie Sympathie und Abneigung eine grosse Rolle spielen [Thommen, S. 258]. Der Begriff 'persönlicher Einfluss' ist hier nicht mit dem individuellen Beitrag gleichzusetzen, den jeder Mitarbeiter zum Projektergebnis beisteuert.

32. Wie weit trugen die Persönlichkeit und der persönliche Einfluss der einzelnen Akteure zum Projekterfolg bei?

1☐ 2☐ 3☐ 4☐ 5☐ 6☐ 0☐
kein Einfluss — starker Einfluss — **k.A.**

33. Wirkte sich persönlicher Einfluss negativ oder positiv auf den Projekterfolg aus?

1☐ 2☐ 3☐ 4☐ 5☐ 6☐ 0☐
negativ — neutral — positiv — **k.A.**

34. Wie korrespondierten die Höhe der Position in der Projekthierarchie eines Projektmitarbeiters mit dessen Ausstrahlung und Charisma?

1☐ 2☐ 3☐ 4☐ 5☐ 6☐ 0☐
negativ — neutral — positiv — **k.A.**

35. Welcher Rollenträger verfügte Ihrer Ansicht nach am meisten über persönlichen Einfluss und konnte Mitarbeiter am besten nach seinem Willen motivieren?

1☐ Projektleitung
2☐ Auftraggeber
3☐ Informatikmitarbeiter
4☐ Organisator oder Organisationsspezialist
5☐ Fachmitarbeiter
6☐ IT-Spezialist
7☐ IT-Lieferant
8☐ Andere: . . . .
0☐ **keine Angabe**

36. Wie weit wurde bei der Aufgabenzuweisung die Persönlichkeit von jemandem berücksichtigt?

1☐ 2☐ 3☐ 4☐ 5☐ 6☐ 0☐
gar nicht — systematisch — **k.A.**

37. Auf welche Art und Weise geschah das?

. . . .
. . . .
. . . .
. . . .
. . . .

38. Inwieweit wurde in ihrem Projekt dagegen vorgebeugt, dass Mitarbeiter andere demotivieren?

1☐ 2☐ 3☐ 4☐ 5☐ 6☐ 0☐
gar nicht — systematisch — k.A.

39. Wie geschah das?

....

....

....

....

Fragen zu sozialen Netzwerken

Soziale Netzwerke bestehen aus Akteuren, die unter sich in Kontakt stehen und miteinander kommunizieren.

40. Wie stark wurden Netzwerke gefördert?

1☐ 2☐ 3☐ 4☐ 5☐ 6☐ 0☐
gar nicht — systematisch — k.A.

41. Welcher Rollenträger beeinflusste über sein persönliches Netzwerk den Projekterfolg am meisten?

1☐ Projektleitung
2☐ Auftraggeber
3☐ Informatikmitarbeiter
4☐ Organisator oder Organisationsspezialist
5☐ Fachmitarbeiter
6☐ IT-Spezialist
7☐ IT-Lieferant
8☐ Andere: ....
0☐ **keine Angabe**

42. Welcher Rollenträger beeinflusste über sein persönliches Netzwerk den Projekterfolg am wenigsten?

1☐ Projektleitung
2☐ Auftraggeber
3☐ Informatikmitarbeiter
4☐ Organisator oder Organisationsspezialist
5☐ Fachmitarbeiter
6☐ IT-Spezialist
7☐ IT-Lieferant
8☐ Andere: ....
0☐ **keine Angabe**

Allgemeine Fragen

43. Welcher Rollenträger hatte am Projekterfolg am meisten Anteil?

- 1 ☐ Projektleitung
- 2 ☐ Auftraggeber
- 3 ☐ Informatikmitarbeiter
- 4 ☐ Organisator oder Organisationsspezialist
- 5 ☐ Fachmitarbeiter
- 6 ☐ IT-Spezialist
- 7 ☐ IT-Lieferant
- 8 ☐ Andere: ....
- 0 ☐ **keine Angabe**

44. Wie beeinflusste dieser Rollenträger den Projekterfolg am meisten?

....

....

....

....

....

....

....

45. Welcher Rollenträger hatte am wenigsten zum Projekterfolg beigetragen?

- 1 ☐ Projektleitung
- 2 ☐ Auftraggeber
- 3 ☐ Informatikmitarbeiter
- 4 ☐ Organisator oder Organisationsspezialist
- 5 ☐ Fachmitarbeiter
- 6 ☐ IT-Spezialist
- 7 ☐ IT-Lieferant
- 8 ☐ Andere: ....
- 0 ☐ **keine Angabe**

46. Wie beeinflusste dieser Rollenträger den Projekterfolg am wenigsten?

....

....

....

....

....

....

....

Teil 3

Der dritte Teil geht über die ersten zwei Teile hinaus und ist gewissermassen fakultativ. Es freut mich jedoch, wenn Sie sich auch diesem widmen.

Er beinhaltet dreimal denselben Frageblock, welcher wichtige Einflusssituationen zwischen zwei Personen im Projekt untersucht. Bitte füllen Sie die Frageblöcke für die drei Situationen aus, die Ihrer Ansicht nach in Ihrem Projekt den grössten Einfluss – positiv oder negativ – auf das Projektergebnis hatten.

Frageblock 1: Zwischen welchen Parteien des Projektes existierte welcher Einfluss mit welchen Auswirkungen auf den Projekterfolg?

47. Bitte beschreiben Sie kurz die Situation.

....

....

....

48. Wer hatte Einfluss?

1 ☐ Projektleitung
2 ☐ Auftraggeber
3 ☐ Informatikmitarbeiter
4 ☐ Organisator oder Organisationsspezialist
5 ☐ Fachmitarbeiter
6 ☐ IT-Spezialist
7 ☐ IT-Lieferant
8 ☐ Andere: ....
0 ☐ **keine Angabe**

49. Wer wurde beeinflusst?

1 ☐ Projektleitung
2 ☐ Auftraggeber
3 ☐ Informatikmitarbeiter
4 ☐ Organisator oder Organisationsspezialist
5 ☐ Fachmitarbeiter
6 ☐ IT-Spezialist
7 ☐ IT-Lieferant
8 ☐ Andere: ....
0 ☐ **keine Angabe**

50. Bitte beschreiben Sie die Art und Weise des Einflusses

....

....

....

51. Wie gross war der Einfluss auf den Projekterfolg?

1☐ 2☐ 3☐ 4☐ 5☐ 6☐ 0☐
kein Einfluss — starker Einfluss — **k.A.**

52. Wie positiv oder negativ wirkte sich der Einfluss auf den Projekterfolg aus?

1☐ 2☐ 3☐ 4☐ 5☐ 6☐ 0☐
negativ — neutral — positiv — **k.A.**

53. Wie stark wurde auf diese Situation in Ihrem IT-Projekt bewusst reagiert?

1☐ 2☐ 3☐ 4☐ 5☐ 6☐ 0☐
gar nicht — stark — **k.A.**

54. Wie fiel die Reaktion aus?

. . . .

. . . .

. . . .

. . . .

55. Wie schätzen Sie den Erfolg getroffener Massnahmen, die Sie allenfalls unter der Frage 54 beschrieben haben, ein?

1☐ 2☐ 3☐ 4☐ 5☐ 6☐ 0☐
erfolglos — erfolgreich — **k.A.**

Frageblock 2: Zwischen welchen Parteien des Projektes existierte welcher Einfluss mit welchen Auswirkungen auf den Projekterfolg?

56. Bitte beschreiben Sie kurz die Situation.

. . . .

. . . .

. . . .

57. Wer hatte Einfluss?

1☐ Projektleitung
2☐ Auftraggeber
3☐ Informatikmitarbeiter
4☐ Organisator oder Organisationsspezialist
5☐ Fachmitarbeiter
6☐ IT-Spezialist
7☐ IT-Lieferant
8☐ Andere: . . . .
0☐ **keine Angabe**

58. Wer wurde beeinflusst?

- 1 ☐ Projektleitung
- 2 ☐ Auftraggeber
- 3 ☐ Informatikmitarbeiter
- 4 ☐ Organisator oder Organisationsspezialist
- 5 ☐ Fachmitarbeiter
- 6 ☐ IT-Spezialist
- 7 ☐ IT-Lieferant
- 8 ☐ Andere: ....
- 0 ☐ **keine Angabe**

59. Bitte beschreiben Sie die Art und Weise des Einflusses

....

....

....

60. Wie gross war der Einfluss auf den Projekterfolg?

1 ☐ 2 ☐ 3 ☐ 4 ☐ 5 ☐ 6 ☐ 0 ☐
kein Einfluss starker Einfluss **k.A.**

61. Wie positiv oder negativ wirkte sich der Einfluss auf den Projekterfolg aus?

1 ☐ 2 ☐ 3 ☐ 4 ☐ 5 ☐ 6 ☐ 0 ☐
negativ neutral positiv **k.A.**

62. Wie stark wurde auf diese Situation in Ihrem IT-Projekt bewusst reagiert?

1 ☐ 2 ☐ 3 ☐ 4 ☐ 5 ☐ 6 ☐ 0 ☐
gar nicht stark **k.A.**

63. Wie fiel die Reaktion aus?

....

....

....

....

64. Wie schätzen Sie den Erfolg getroffener Massnahmen, die Sie allenfalls unter der Frage 63 beschrieben haben, ein?

1 ☐ 2 ☐ 3 ☐ 4 ☐ 5 ☐ 6 ☐ 0 ☐
erfolglos erfolgreich **k.A.**

Frageblock 3: Zwischen welchen Parteien des Projektes existierte welcher Einfluss mit welchen Auswirkungen auf den Projekterfolg?

65. Bitte beschreiben Sie kurz die Situation.

....

....

....

66. Wer hatte Einfluss?

1 ☐ Projektleitung
2 ☐ Auftraggeber
3 ☐ Informatikmitarbeiter
4 ☐ Organisator oder Organisationsspezialist
5 ☐ Fachmitarbeiter
6 ☐ IT-Spezialist
7 ☐ IT-Lieferant
8 ☐ Andere: ....
0 ☐ **keine Angabe**

67. Wer wurde beeinflusst?

1 ☐ Projektleitung
2 ☐ Auftraggeber
3 ☐ Informatikmitarbeiter
4 ☐ Organisator oder Organisationsspezialist
5 ☐ Fachmitarbeiter
6 ☐ IT-Spezialist
7 ☐ IT-Lieferant
8 ☐ Andere: ....
0 ☐ **keine Angabe**

68. Bitte beschreiben Sie die Art und Weise des Einflusses

....

....

....

69. Wie gross war der Einfluss auf den Projekterfolg?

1 ☐ 2 ☐ 3 ☐ 4 ☐ 5 ☐ 6 ☐ 0 ☐
kein Einfluss — starker Einfluss — **k.A.**

70. Wie positiv oder negativ wirkte sich der Einfluss auf den Projekterfolg aus?

1 ☐ 2 ☐ 3 ☐ 4 ☐ 5 ☐ 6 ☐ 0 ☐
negativ — neutral — positiv — **k.A.**

71. Wie stark wurde auf diese Situation in Ihrem IT-Projekt bewusst reagiert?

1 ☐ 2 ☐ 3 ☐ 4 ☐ 5 ☐ 6 ☐ 0 ☐
gar nicht — stark — **k.A.**

72. Wie fiel die Reaktion aus?

....

....

....

....

73. Wie schätzen Sie den Erfolg getroffener Massnahmen, die Sie allenfalls unter der Frage 72 beschrieben haben, ein?

1☐	2☐	3☐	4☐	5☐	6☐	0☐
erfolglos					erfolgreich	**k.A.**

Nochmals besten Dank für Ihre Mithilfe!

Quellenverzeichnis

Jenny	Jenny, 2000, Projektmanagement in der Wirtschaftsinformatik, 4. Auflage, vdf Hochschulverlag Zürich
Thommen	Thommen, 1996, Betriebswirtschaftslehre, Band 3, 4. Auflage, Versus Verlag Zürich
ISB	Informatikstrategieorgan Bund, 2004, 20. Februar, Informatikterminologie des Bundes, www.hermes.admin.ch, Zugriff im September 2005

Verteilungen der Resultate des Fragebogens

Teil 1

1 *Bitte Kreuzen Sie unterhalb der Diagramme diejenige Projektorganisationsform an, die am ehesten Ihrem Projekt entspricht.*

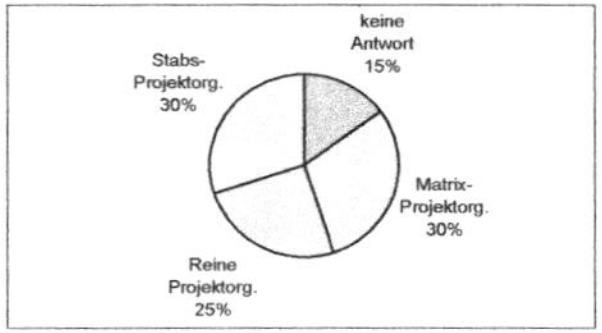

Antworten = 20

3 *Bitte nennen Sie Ihre persönliche Rolle im Projekt.*

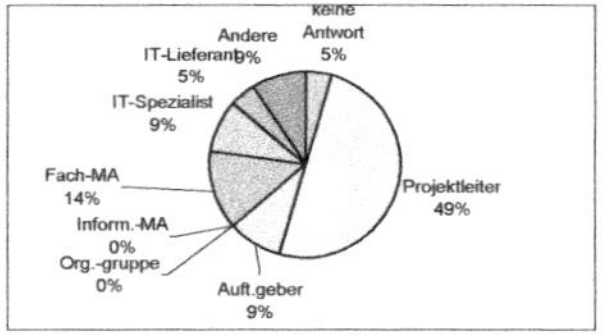

Antworten = 22

4 *Wann wurde das Projekt abgeschlossen?*

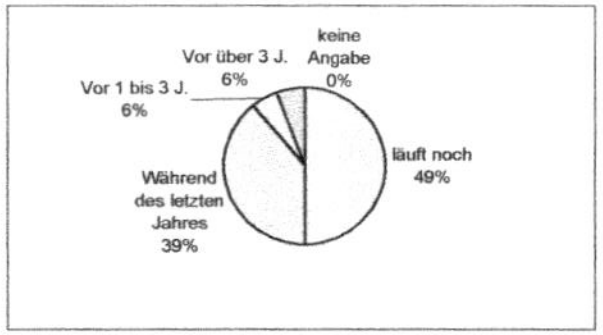

Antworten = 18

5 *War das Projekt erfolgreich?*

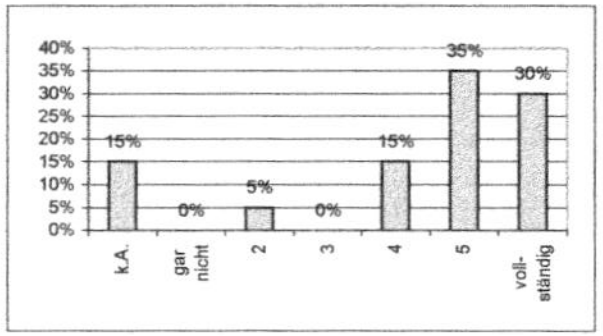

Antworten = 20
Mittelwert = 5
Varianz = 1.1
Median = 5

6 *Anzahl Projektmitarbeiter.*

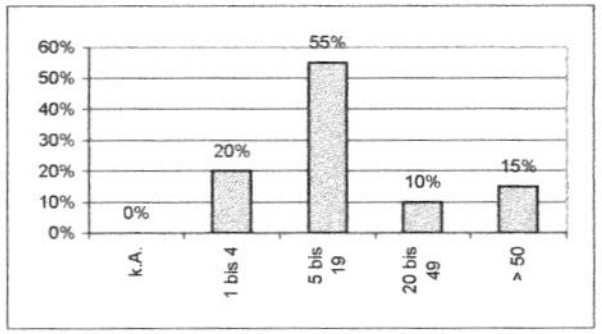

Antworten = 20
Mittelwert = 26.5

Struktur

7 *Wie stark prägen die im Projekthandbuch festgelegten Richtlinien das Handeln in ihrem IT-Projekt ?*

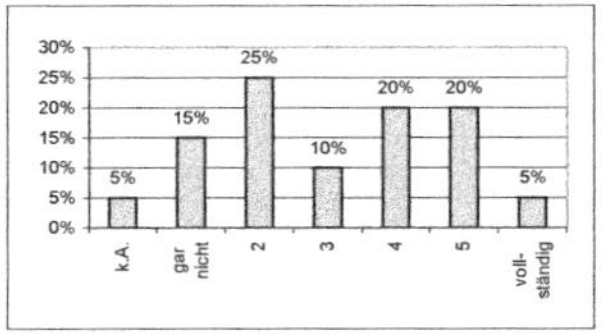

Antworten = 20
Mittelwert = 3.21
Varianz = 2.5
Median = 3

8 *Wie gross ist der Einfluss der im Projekthandbuch festgelegten Richtlinien auf den Projekterfolg?*

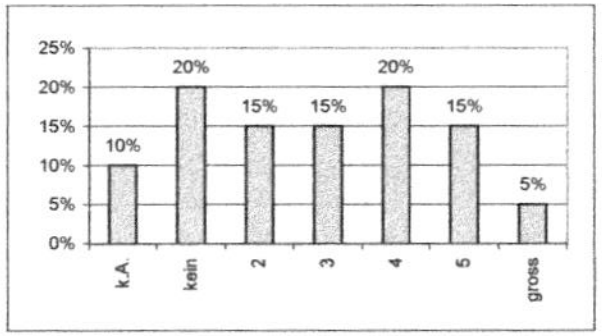

Antworten = 20
Mittelwert = 3.11
Varianz = 2.6
Median = 3

9 *Wie beeinflussen diese Richtlinien den Projekterfolg?*

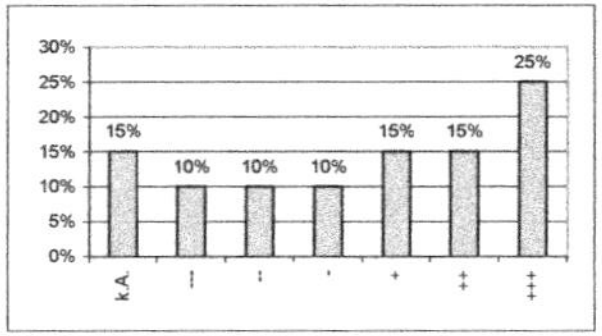

Antworten = 20
Mittelwert = 4.06
Varianz = 3.2
Median = 4

10 *Wie klar sind Aufgaben und Kompetenzen in ihrem Projekt definiert?*

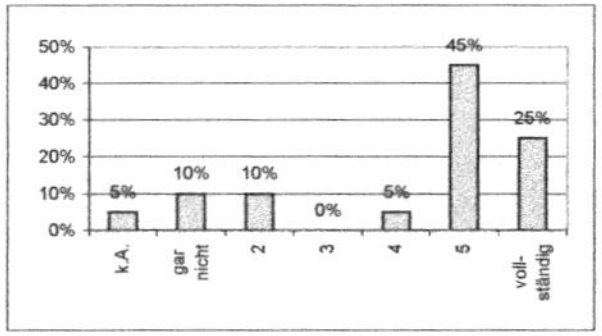

Antworten = 20
Mittelwert = 4.47
Varianz = 2.8
Median = 5

11 *Wie verbindlich sind Aufgaben und Kompetenzen in ihrem Projekt?*

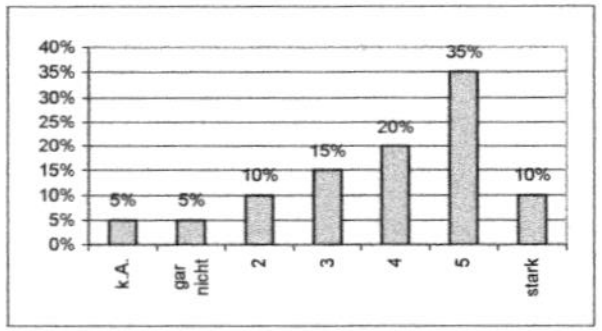

Antworten = 20
Mittelwert = 4.05
Varianz = 1.9
Median = 4

12 *Wie gross ist der Einfluss der Qualität der Aufgaben- und Kompetenzdefinition auf den Projekterfolg?*

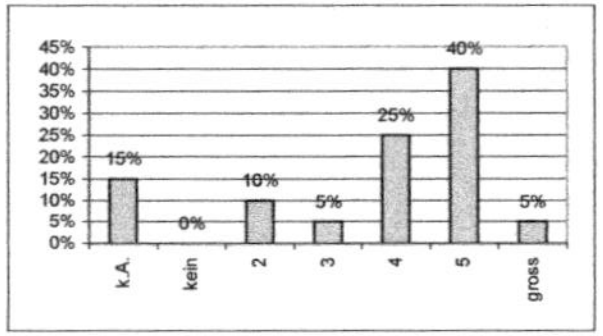

Antworten = 20
Mittelwert = 4.29
Varianz = 1.2
Median = 5

13 *Wie beeinflussen die Aufgaben- und Kompetenzdefinition den Projekterfolg?*

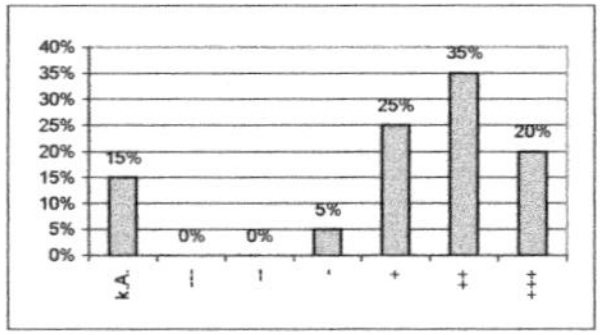

Antworten = 20
Mittelwert = 4.82
Varianz = 0.8
Median = 5

14 *Wie stark ist in Ihrem Projekt eine Projektkultur etabliert?*

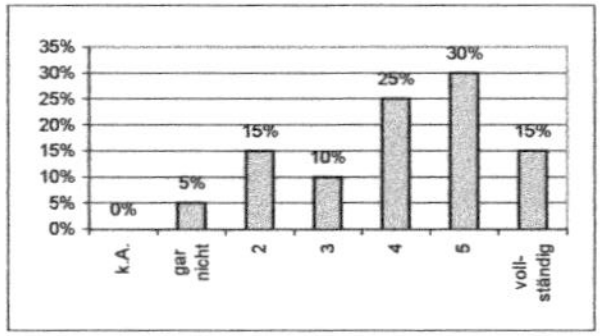

Antworten = 20
Mittelwert = 4.05
Varianz = 2.2
Median = 4

15 *Wie gross ist der Einfluss der Projektkultur auf den Projekterfolg*

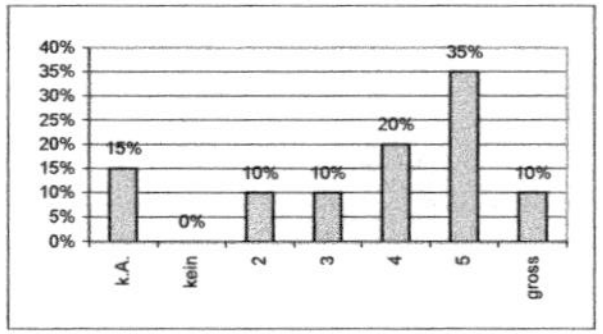

Antworten = 20
Mittelwert = 4.29
Varianz = 1.5
Median = 5

16 *Wie beeinflusst die Projektkultur den Projekterfolg?*

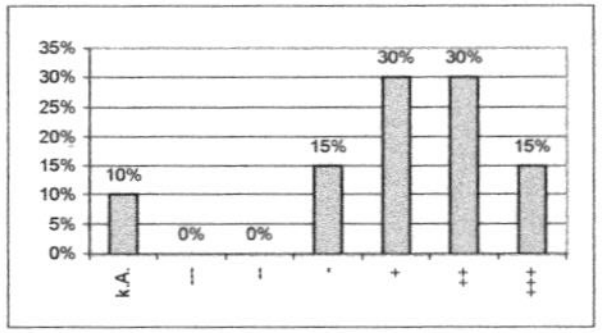

Antworten = 20
Mittelwert = 4.5
Varianz = 1 Median = 4.5

Ressourcen

18 *Wie weit wurde Geld im Rahmen von Bestrafungs- oder Belohnungsmasssnahmen eingesetzt?*

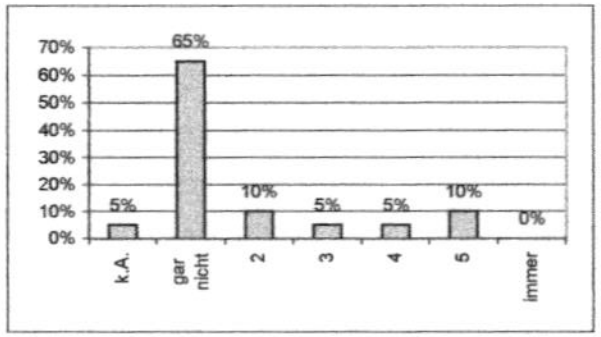

Antworten = 20
Mittelwert = 1.79
Varianz = 2 Median = 1

19 *Wurden damit die beabsichtigten Ziele erreicht?*

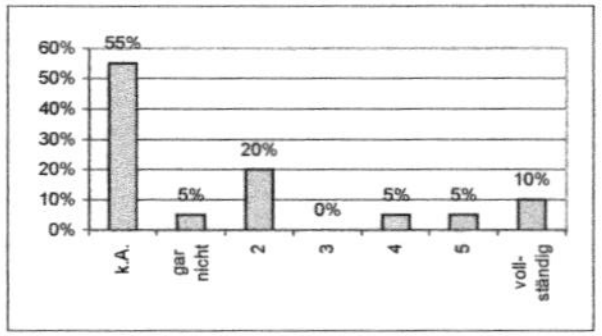

Antworten = 20
Mittelwert = 3.33
Varianz = 3.8
Median = 2

Information

21 *Wie stark beeinflussten Schwierigkeiten aufgrund unzureichender oder unterlassener Information den Projekterfolg?*

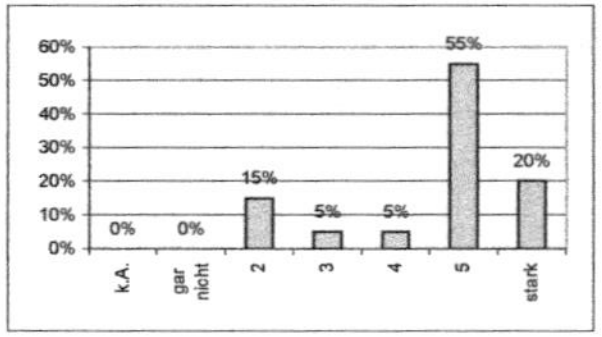

Antworten = 20
Mittelwert = 4.6
Varianz = 1.7
Median = 5

22 *Wie wirkten sich Schwierigkeiten aufgrund unzureichender oder unterlassener Information auf das Projektergebnis aus?*

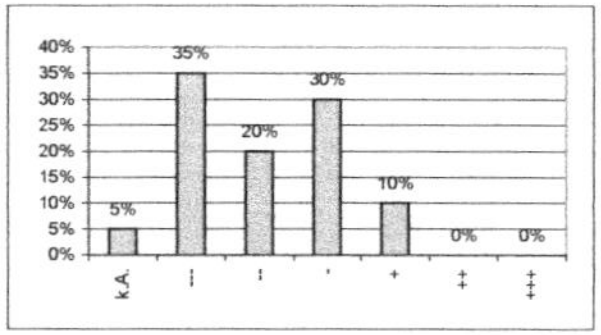

Antworten = 20
Mittelwert = 2.16
Varianz = 1.1
Median = 2

23 *Wie häufig traten solche Schwierigkeiten aufgrund mangelnder, unzureichender oder zurückbehaltener Information auf?*

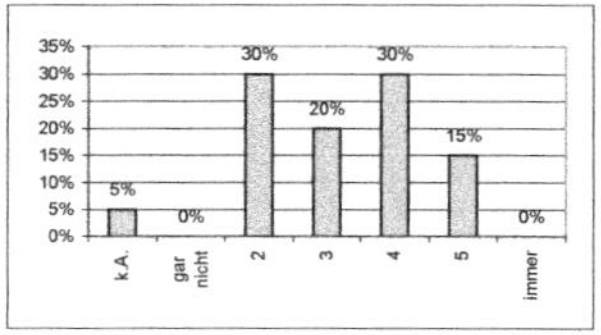

Antworten = 20
Mittelwert = 3.32
Varianz = 1.2
Median = 3

24 *Wie weit wurden solche Informationsdefizite (wie in Frage 25 erwähnt) während des Projektverlaufs erkannt?*

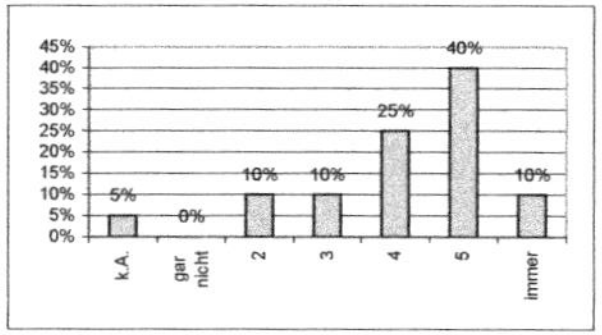

Antworten = 20
Mittelwert = 4.32
Varianz = 1.3
Median = 5

25 *Wie stark wird aktiv der Informationsfluss gefördert?*

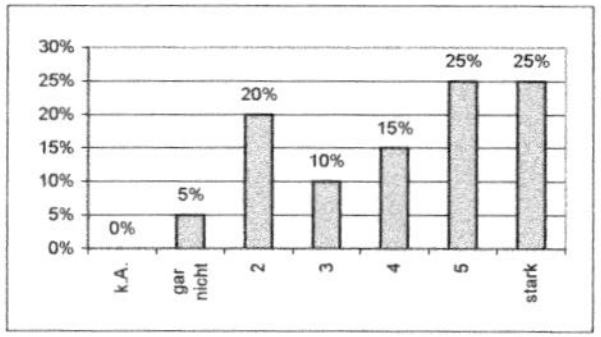

Antworten = 20
Mittelwert = 4.1
Varianz = 2.7
Median = 4.5

26 *Wie weit werden Informationen zurückbehalten oder falsch übermittelt, um etwas zu erreichen?*

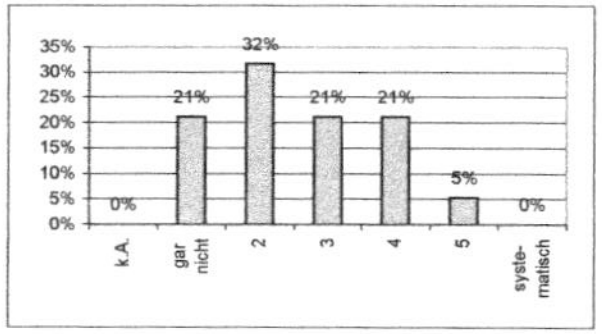

Antworten = 19
Mittelwert = 2.58
Varianz = 1.5
Median = 2

27 *Von welchen Rollenträgern im Projekt wurde solche Informationsmacht (siehe obige Frage 28) ausgespielt?*

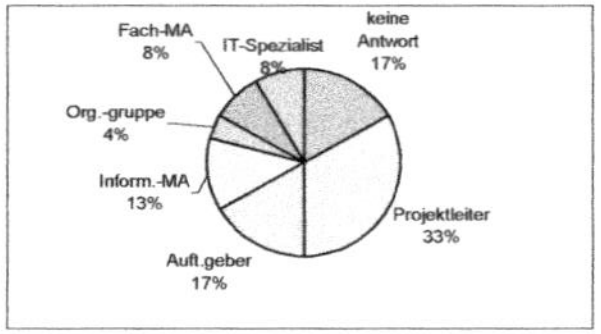

Antworten = 29

Expertentum

28 *Hatten Sie in Ihrem Projekt Schwierigkeiten, die auf Abhängigkeiten von Experten und Spezialisten beruhten und den Projekterfolg beeinflussten?*

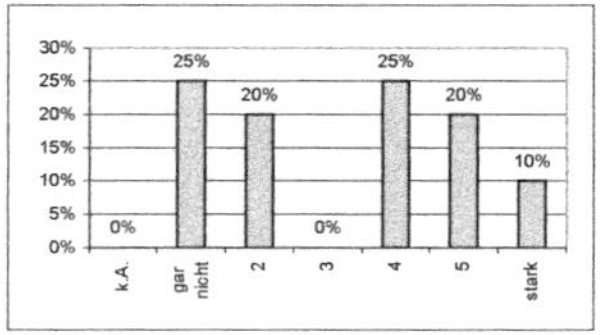

Antworten = 20
Mittelwert = 3.25
Varianz = 3.3
Median = 4

29 *Wie stark werden in Ihrem Projekt spezifische Fähigkeiten und Kenntnisse einzelner Mitarbeiter gefördert?*

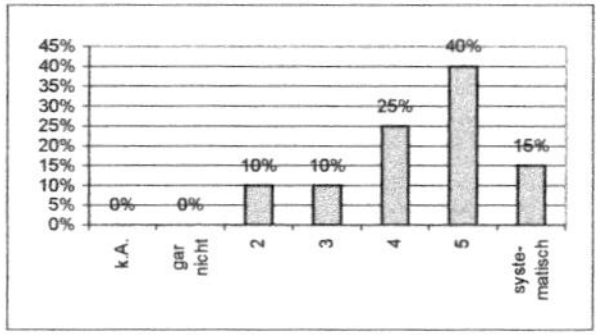

Antworten = 20
Mittelwert = 4.4
Varianz = 1.4
Median = 5

30 *Wie weit wird das Projekt gegen Abhängigkeiten von Experten abgesichert?*

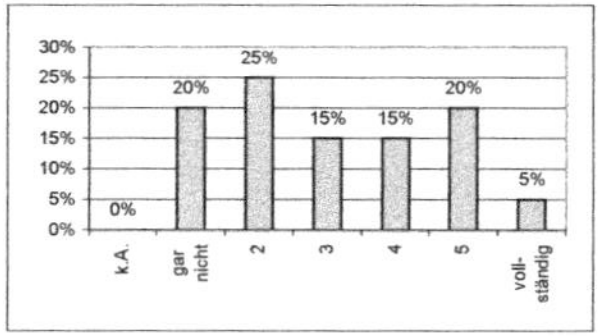

Antworten = 20
Mittelwert = 3.05
Varianz = 2.6
Median = 3

Persönlichkeit

32 *Wie weit tragen die Persönlichkeit und der persönliche Einfluss der einzelnen Akteure zum Projekterfolg bei?*

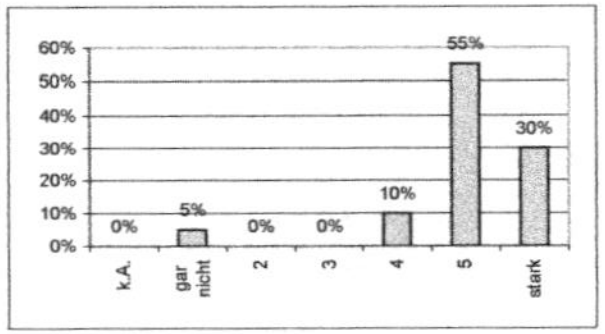

Antworten = 20
Mittelwert = 5
Varianz = 1.3
Median = 5

33 *Wirkt sich persönlicher Einfluss negativ oder positiv auf den Projekterfolg aus?*

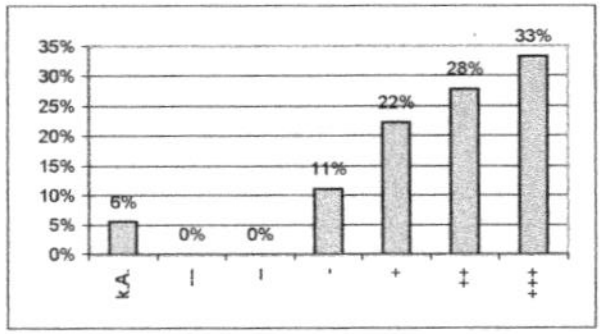

Antworten = 18
Mittelwert = 4.88
Varianz = 1.1
Median = 5

34 *Wie korrespondieren die Höhe der Position in der Projekthierarchie eines Projektmitarbeiters mit dessen Ausstrahlung und Charisma?*

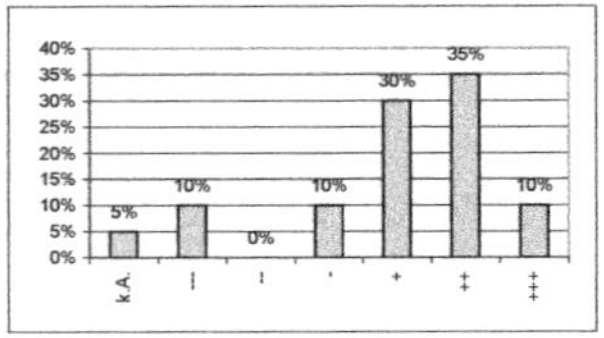

Antworten = 20
Mittelwert = 4.16
Varianz = 1.9
Median = 4

35 *Welcher Rollenträger verfügte Ihrer Ansicht nach am meisten über persönlichen Einfluss und konnte Mitarbeiter am besten nach seinem Willen motivieren?*

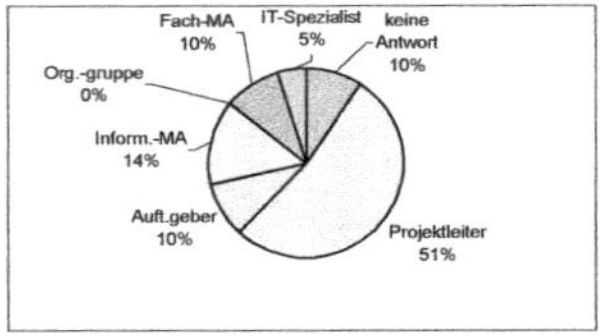

Antworten = 24

36 *Wie weit wurde bei der Aufgabenzuweisung die Persönlichkeit von jemandem berücksichtigt?*

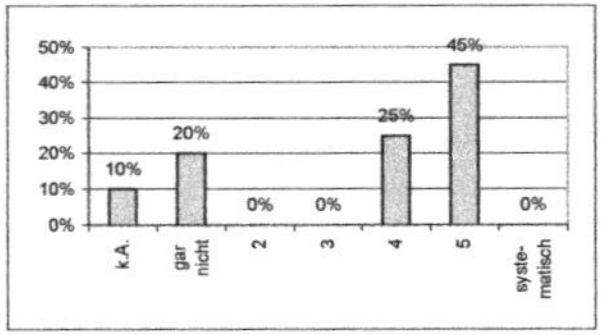

Antworten = 20
Mittelwert = 3.83
Varianz = 2.6
Median = 4.5

38 *Inwieweit wurde in ihrem Projekt dagegen vorgebeugt, dass Mitarbeiter andere demotivieren?*

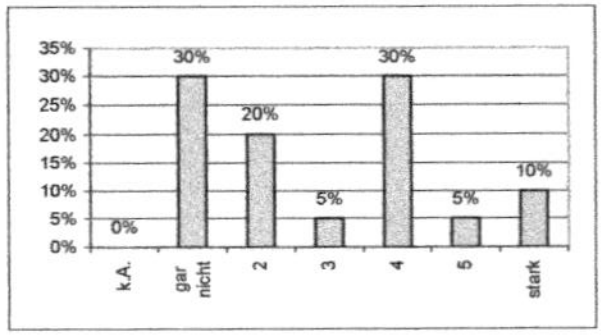

Antworten = 20
Mittelwert = 2.9
Varianz = 2.9
Median = 2.5

soziale Netzwerke

40 *Wie stark wurden Netzwerke gefördert?*

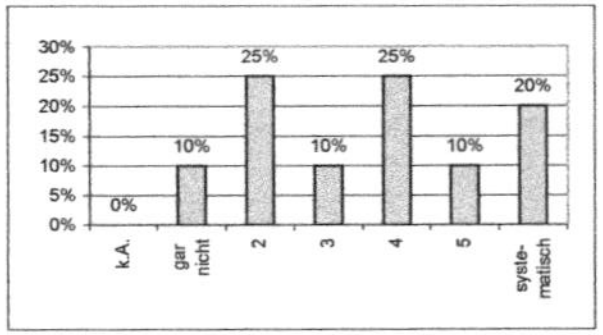

Antworten = 20
Mittelwert = 3.6
Varianz = 2.9
Median = 4

41 *Welcher Rollenträger beeinflusste durch sein persönliches Netzwerk den Projekterfolg am meisten?*

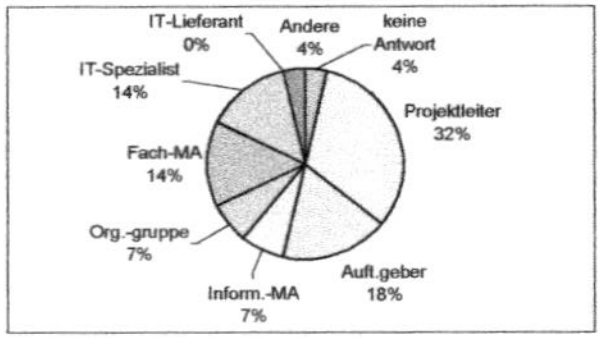

Antworten = 28

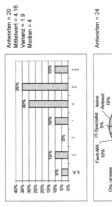

42 *Welcher Rollenträger beeinflusste über sein persönliches Netzwerk den Projekterfolg am wenigsten?*

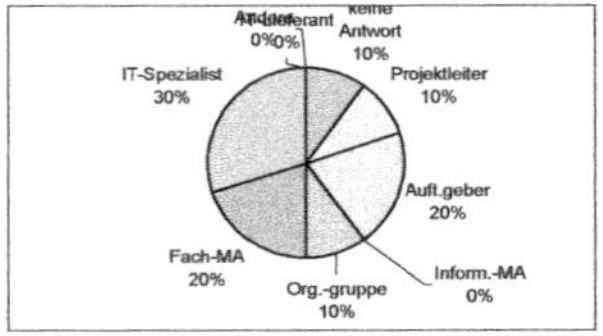

Antworten = 20

allgemeine Fragen

43 *Welcher am Projekt beteiligte Rollenträger hatte am Projekterfolg am meisten Anteil?*

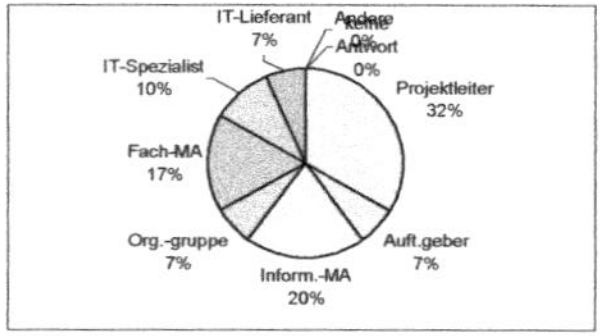

Antworten = 30

45 *Welcher projektbeteiligte Rollenträger hatte am wenigsten zum Projekterfolg beigetragen?*

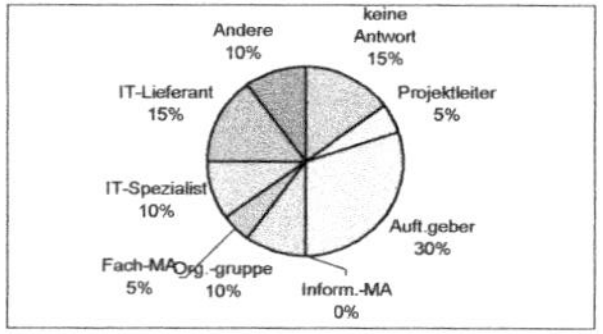

Antworten = 20

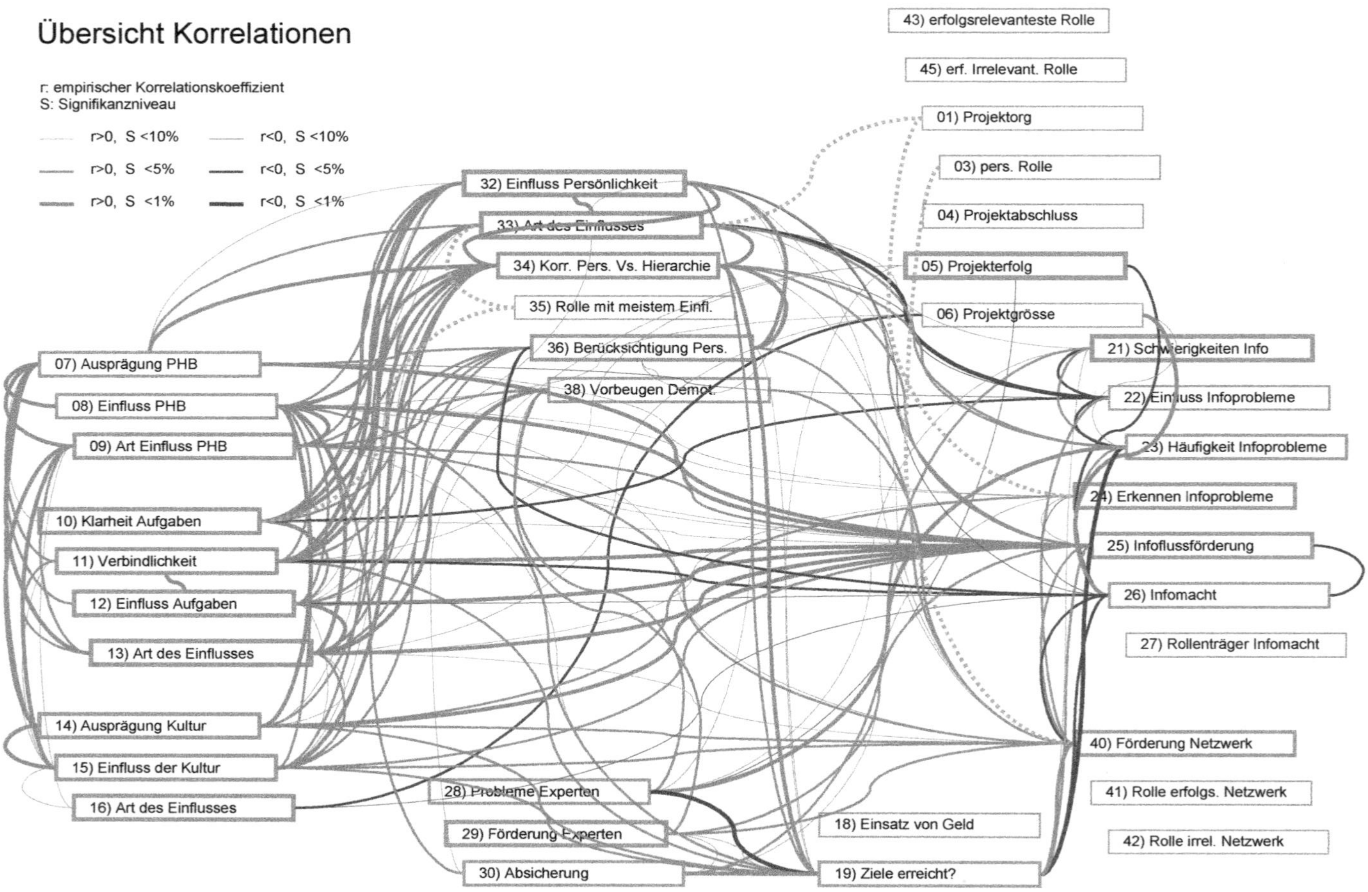

Übersicht Korrelationen
r: empirischer Korrelationskoeffizient
S: Signifikanzniveau
r>0, S <10%
r<0, S <10%
r>0, S <5%
r<0, S <5%
r>0, S <1%
r<0, S <1%
43) erfolgsrelevanteste Rolle
45) erf. Irrelevant. Rolle
01) Projektorg
03) pers. Rolle
04) Projektabschluss
05) Projekterfolg
06) Projektgrösse
32) Einfluss Persönlichkeit
33) Art des Einflusses
34) Korr. Pers. Vs. Hierarchie
35) Rolle mit meistem Einfl.
36) Berücksichtigung Pers.
38) Vorbeugen Demot.
07) Ausprägung PHB
08) Einfluss PHB
09) Art Einfluss PHB
10) Klarheit Aufgaben
11) Verbindlichkeit
12) Einfluss Aufgaben
13) Art des Einflusses
14) Ausprägung Kultur
15) Einfluss der Kultur
16) Art des Einflusses
21) Schwierigkeiten Info
22) Einfluss Infoprobleme
23) Häufigkeit Infoprobleme
24) Erkennen Infoprobleme
25) Infoflussförderung
26) Infomacht
27) Rollenträger Infomacht
40) Förderung Netzwerk
41) Rolle erfolgs. Netzwerk
42) Rolle irrel. Netzwerk
28) Probleme Experten
29) Förderung Experten
30) Absicherung
18) Einsatz von Geld
19) Ziele erreicht?

Übersicht Korrelationen Machtquellen

r: empirischer Korrelationskoeffizient
S: Signifikanzniveau

Diese Übersicht zeigt eine Zusammenfassung der "Übersicht Korrelationen". Die jeweiligen Antworten zu den Machtquellen wurden zu einem gewichteten Einfluss aggregiert, wie im Text [Kapitel 5] besprochen.

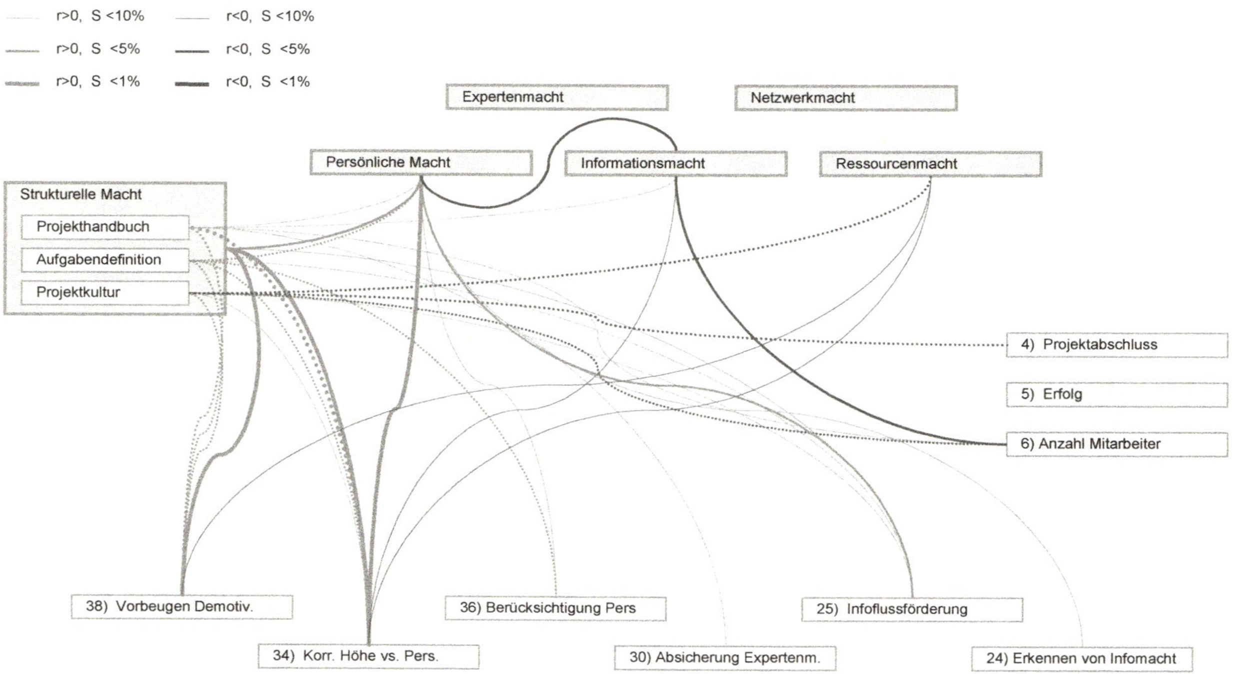

Korrelationstabelle

r: empirischer Korrelationskoeffizient
n: Anzahl von relevanten Wertpaaren (ohne "k.A.")
t: t-Wert (Prüfwert)
S: Signifikanzniveau (nach t-Verteilung)

Intervall Frage 1	Intervall Frage 2	r =	n =	t =	S =	<10%
4	5	-0.24	17	-0.96	17.56%	FALSCH
4	6	-0.28	18	-1.14	13.46%	FALSCH
4	7	0.44	18	1.94	3.49%	WAHR
4	8	0.32	18	1.33	10.13%	FALSCH
4	9	0.17	17	0.66	25.91%	FALSCH
4	10	0.10	18	0.39	34.98%	FALSCH
4	11	0.19	18	0.77	22.49%	FALSCH
4	12	0.19	17	0.74	23.54%	FALSCH
4	13	0.04	17	0.15	44.17%	FALSCH
4	14	-0.06	18	-0.25	40.40%	FALSCH
4	15	-0.35	17	-1.46	8.18%	WAHR
4	16	-0.47	18	-2.14	2.40%	WAHR
4	19	-0.31	9	-0.87	20.54%	FALSCH
4	21	-0.10	18	-0.42	33.99%	FALSCH
4	22	-0.29	18	-1.22	11.96%	FALSCH
4	23	-0.13	18	-0.51	30.71%	FALSCH
4	24	0.36	18	1.57	6.84%	WAHR
4	25	0.24	18	0.98	17.00%	FALSCH
4	26	-0.22	18	-0.88	19.50%	FALSCH
4	28	-0.18	18	-0.72	24.18%	FALSCH
4	29	-0.06	18	-0.23	41.17%	FALSCH
4	30	-0.05	18	-0.18	42.91%	FALSCH
4	32	0.04	18	0.16	43.71%	FALSCH
4	33	0.24	17	0.94	18.16%	FALSCH
4	34	0.08	18	0.33	37.20%	FALSCH
4	36	0.18	18	0.75	23.25%	FALSCH
4	38	-0.11	18	-0.45	33.00%	FALSCH
4	40	-0.16	18	-0.63	26.88%	FALSCH
5	6	-0.11	17	-0.44	33.38%	FALSCH
5	7	-0.16	17	-0.63	26.83%	FALSCH
5	8	0.04	17	0.16	43.86%	FALSCH
5	9	-0.12	17	-0.48	31.86%	FALSCH
5	10	0.20	17	0.79	22.10%	FALSCH
5	11	0.36	17	1.51	7.56%	WAHR
5	12	-0.24	17	-0.95	17.92%	FALSCH
5	13	-0.20	17	-0.81	21.64%	FALSCH
5	14	-0.08	17	-0.29	38.66%	FALSCH
5	15	-0.27	17	-1.07	15.11%	FALSCH
5	16	0.30	17	1.23	11.85%	FALSCH
5	19	0.55	9	1.74	6.29%	WAHR
5	21	0.00	17	-	50.00%	FALSCH
5	22	0.06	17	0.23	41.05%	FALSCH
5	23	-0.30	17	-1.24	11.71%	FALSCH
5	24	0.19	17	0.76	22.91%	FALSCH
5	25	-0.04	17	-0.15	44.04%	FALSCH
5	26	-0.45	17	-1.97	3.40%	WAHR

Frage 1	Frage 2	r =	n =	t =	S =	<10%
5	28	-0.33	17	-1.34	9.99%	WAHR
5	29	-0.06	17	-0.23	41.18%	FALSCH
5	30	0.37	17	1.57	6.91%	WAHR
5	32	0.15	17	0.58	28.59%	FALSCH
5	33	0.04	17	0.14	44.60%	FALSCH
5	34	0.01	17	0.03	48.82%	FALSCH
5	36	0.00	17	0.01	49.61%	FALSCH
5	38	-0.31	17	-1.27	11.20%	FALSCH
5	40	0.00	17	-	50.00%	FALSCH
6	7	0.23	19	0.97	17.18%	FALSCH
6	8	0.36	18	1.55	6.98%	WAHR
6	9	0.11	17	0.45	33.07%	FALSCH
6	10	0.15	19	0.64	26.47%	FALSCH
6	11	-0.02	19	-0.10	46.06%	FALSCH
6	12	0.01	17	0.03	48.71%	FALSCH
6	13	0.34	17	1.39	9.19%	WAHR
6	14	0.18	20	0.80	21.84%	FALSCH
6	15	0.30	17	1.22	12.14%	FALSCH
6	16	-0.41	18	-1.78	4.75%	WAHR
6	19	-0.10	9	-0.26	40.14%	FALSCH
6	21	0.25	20	1.10	14.24%	FALSCH
6	22	-0.21	19	-0.88	19.68%	FALSCH
6	23	0.33	19	1.44	8.37%	WAHR
6	24	0.03	19	0.11	45.55%	FALSCH
6	25	-0.06	20	-0.24	40.62%	FALSCH
6	26	0.55	19	2.74	0.70%	WAHR
6	28	0.28	20	1.22	11.83%	FALSCH
6	29	0.15	20	0.64	26.44%	FALSCH
6	30	0.29	20	1.27	10.96%	FALSCH
6	32	0.02	20	0.10	45.98%	FALSCH
6	33	-0.02	17	-0.10	46.22%	FALSCH
6	34	0.15	19	0.61	27.44%	FALSCH
6	36	-0.13	18	-0.51	30.85%	FALSCH
6	38	0.01	20	0.03	48.69%	FALSCH
6	40	0.03	20	0.15	44.29%	FALSCH
7	8	0.83	18	6.05	0.00%	WAHR
7	9	0.66	17	3.40	0.20%	WAHR
7	10	0.32	19	1.37	9.41%	WAHR
7	11	0.42	19	1.92	3.57%	WAHR
7	12	0.45	17	1.95	3.48%	WAHR
7	13	0.75	17	4.34	0.03%	WAHR
7	14	0.41	19	1.88	3.87%	WAHR
7	15	0.38	17	1.57	6.89%	WAHR
7	16	0.03	18	0.13	44.97%	FALSCH
7	19	0.06	9	0.17	43.43%	FALSCH
7	21	0.17	19	0.73	23.79%	FALSCH
7	22	-0.32	19	-1.39	9.08%	WAHR
7	23	0.28	19	1.19	12.59%	FALSCH
7	24	0.33	19	1.42	8.70%	WAHR
7	25	0.59	19	3.00	0.40%	WAHR
7	26	-0.17	19	-0.70	24.78%	FALSCH
7	28	0.30	19	1.29	10.69%	FALSCH
7	29	-0.15	19	-0.61	27.48%	FALSCH
7	30	0.23	19	0.97	17.23%	FALSCH

Frage 1	Frage 2	r =	n =	t =	S =	<10%
7	32	0.37	19	1.62	6.15%	WAHR
7	33	0.51	17	2.30	1.80%	WAHR
7	34	0.72	19	4.26	0.03%	WAHR
7	36	0.43	18	1.89	3.87%	WAHR
7	38	0.31	19	1.32	10.18%	FALSCH
7	40	0.29	19	1.26	11.26%	FALSCH
8	9	0.79	17	5.04	0.01%	WAHR
8	10	0.19	18	0.77	22.76%	FALSCH
8	11	0.43	18	1.90	3.79%	WAHR
8	12	0.44	17	1.89	3.89%	WAHR
8	13	0.69	17	3.70	0.11%	WAHR
8	14	0.57	18	2.77	0.68%	WAHR
8	15	0.54	17	2.51	1.21%	WAHR
8	16	0.06	18	0.25	40.13%	FALSCH
8	19	0.59	9	1.96	4.56%	WAHR
8	21	0.16	18	0.63	26.78%	FALSCH
8	22	-0.16	18	-0.65	26.30%	FALSCH
8	23	-0.03	18	-0.10	45.91%	FALSCH
8	24	0.39	18	1.68	5.63%	WAHR
8	25	0.55	18	2.61	0.94%	WAHR
8	26	-0.21	18	-0.87	19.79%	FALSCH
8	28	-0.01	18	-0.05	48.20%	FALSCH
8	29	0.00	18	-0.00	50.00%	FALSCH
8	30	0.50	18	2.30	1.76%	WAHR
8	32	0.41	18	1.80	4.50%	WAHR
8	33	0.30	17	1.22	12.12%	FALSCH
8	34	0.58	18	2.87	0.56%	WAHR
8	36	0.27	18	1.11	14.24%	FALSCH
8	38	0.16	18	0.67	25.71%	FALSCH
8	40	0.37	18	1.59	6.57%	WAHR
9	10	0.10	17	0.39	35.26%	FALSCH
9	11	0.31	17	1.25	11.57%	FALSCH
9	12	0.24	17	0.95	17.77%	FALSCH
9	13	0.52	17	2.38	1.54%	WAHR
9	14	0.62	17	3.04	0.41%	WAHR
9	15	0.81	17	5.43	0.00%	WAHR
9	16	0.36	17	1.48	7.91%	WAHR
9	19	0.57	9	1.85	5.38%	WAHR
9	21	0.11	17	0.43	33.67%	FALSCH
9	22	-0.26	17	-1.02	16.09%	FALSCH
9	23	0.14	17	0.56	29.32%	FALSCH
9	24	0.28	17	1.13	13.83%	FALSCH
9	25	0.52	17	2.33	1.71%	WAHR
9	26	-0.15	17	-0.58	28.44%	FALSCH
9	28	0.13	17	0.53	30.33%	FALSCH
9	29	0.29	17	1.17	13.03%	FALSCH
9	30	0.12	17	0.48	32.00%	FALSCH
9	32	0.45	17	1.94	3.60%	WAHR
9	33	0.40	17	1.69	5.56%	WAHR
9	34	0.55	17	2.56	1.09%	WAHR
9	36	0.23	17	0.93	18.35%	FALSCH
9	38	0.46	17	1.99	3.23%	WAHR
9	40	0.47	17	2.05	2.89%	WAHR
10	11	0.82	19	5.91	0.00%	WAHR

Frage 1	Frage 2	r =	n =	t =	S =	<10%
10	12	0.51	17	2.27	1.91%	WAHR
10	13	0.27	17	1.10	14.42%	FALSCH
10	14	0.11	19	0.47	32.33%	FALSCH
10	15	0.29	17	1.19	12.64%	FALSCH
10	16	-0.02	18	-0.09	46.41%	FALSCH
10	19	0.14	9	0.39	35.51%	FALSCH
10	21	0.17	19	0.70	24.74%	FALSCH
10	22	-0.39	19	-1.75	4.87%	WAHR
10	23	0.09	19	0.39	35.05%	FALSCH
10	24	0.09	19	0.37	35.66%	FALSCH
10	25	0.33	19	1.44	8.43%	WAHR
10	26	-0.31	19	-1.32	10.19%	FALSCH
10	28	0.12	19	0.50	31.12%	FALSCH
10	29	0.05	19	0.20	42.10%	FALSCH
10	30	-0.01	19	-0.04	48.46%	FALSCH
10	32	0.57	19	2.88	0.52%	WAHR
10	33	0.75	17	4.33	0.03%	WAHR
10	34	0.69	19	3.90	0.06%	WAHR
10	36	0.51	18	2.38	1.52%	WAHR
10	38	-0.07	19	-0.28	39.29%	FALSCH
10	40	0.14	19	0.58	28.49%	FALSCH
11	12	0.62	17	3.10	0.37%	WAHR
11	13	0.44	17	1.88	4.01%	WAHR
11	14	0.27	19	1.13	13.61%	FALSCH
11	15	0.36	17	1.51	7.58%	WAHR
11	16	0.18	18	0.72	23.96%	FALSCH
11	19	0.74	9	2.90	1.15%	WAHR
11	21	0.07	19	0.30	38.53%	FALSCH
11	22	-0.29	19	-1.25	11.43%	FALSCH
11	23	-0.12	19	-0.50	31.33%	FALSCH
11	24	0.23	19	0.98	17.14%	FALSCH
11	25	0.56	19	2.80	0.62%	WAHR
11	26	-0.53	19	-2.55	1.03%	WAHR
11	28	-0.25	19	-1.05	15.43%	FALSCH
11	29	-0.02	19	-0.07	47.39%	FALSCH
11	30	0.05	19	0.19	42.41%	FALSCH
11	32	0.56	19	2.81	0.60%	WAHR
11	33	0.74	17	4.26	0.03%	WAHR
11	34	0.64	19	3.46	0.15%	WAHR
11	36	0.44	18	1.95	3.43%	WAHR
11	38	-0.09	19	-0.37	35.69%	FALSCH
11	40	0.21	19	0.91	18.86%	FALSCH
12	13	0.70	17	3.77	0.09%	WAHR
12	14	0.19	17	0.74	23.42%	FALSCH
12	15	0.40	17	1.68	5.69%	WAHR
12	16	0.00	17	-0.01	49.46%	FALSCH
12	19	0.33	9	0.94	19.00%	FALSCH
12	21	0.09	17	0.36	36.02%	FALSCH
12	22	-0.02	17	-0.06	47.54%	FALSCH
12	23	-0.28	17	-1.12	13.92%	FALSCH
12	24	0.09	17	0.34	36.95%	FALSCH
12	25	0.76	17	4.46	0.02%	WAHR
12	26	-0.38	17	-1.59	6.64%	WAHR
12	28	-0.05	17	-0.19	42.59%	FALSCH

Frage 1	Frage 2	r =	n =	t =	S =	<10%
12	29	0.16	17	0.64	26.65%	FALSCH
12	30	0.07	17	0.28	39.20%	FALSCH
12	32	0.36	17	1.49	7.82%	WAHR
12	33	0.25	17	1.02	16.26%	FALSCH
12	34	0.35	17	1.46	8.23%	WAHR
12	36	0.56	17	2.60	1.00%	WAHR
12	38	0.37	17	1.55	7.15%	WAHR
12	40	0.32	17	1.31	10.44%	FALSCH
13	14	0.41	17	1.74	5.07%	WAHR
13	15	0.52	17	2.35	1.65%	WAHR
13	16	0.02	17	0.07	47.31%	FALSCH
13	19	0.18	9	0.49	32.12%	FALSCH
13	21	0.03	17	0.11	45.55%	FALSCH
13	22	-0.13	17	-0.49	31.57%	FALSCH
13	23	0.00	17	0.01	49.46%	FALSCH
13	24	0.36	17	1.49	7.86%	WAHR
13	25	0.60	17	2.88	0.57%	WAHR
13	26	-0.16	17	-0.64	26.63%	FALSCH
13	28	0.17	17	0.66	25.95%	FALSCH
13	29	-0.02	17	-0.06	47.62%	FALSCH
13	30	0.11	17	0.42	34.08%	FALSCH
13	32	0.26	17	1.06	15.27%	FALSCH
13	33	0.23	17	0.93	18.27%	FALSCH
13	34	0.46	17	2.03	3.03%	WAHR
13	36	0.44	17	1.92	3.70%	WAHR
13	38	0.60	17	2.89	0.56%	WAHR
13	40	0.34	17	1.42	8.78%	WAHR
14	15	0.74	17	4.27	0.03%	WAHR
14	16	0.22	18	0.91	18.94%	FALSCH
14	19	0.66	9	2.35	2.54%	WAHR
14	21	0.17	20	0.75	23.08%	FALSCH
14	22	-0.14	19	-0.60	27.90%	FALSCH
14	23	0.18	19	0.76	22.92%	FALSCH
14	24	0.53	19	2.57	1.00%	WAHR
14	25	0.58	20	3.05	0.34%	WAHR
14	26	-0.25	19	-1.06	15.29%	FALSCH
14	28	-0.06	20	-0.27	39.33%	FALSCH
14	29	0.26	20	1.14	13.45%	FALSCH
14	30	0.20	20	0.87	19.91%	FALSCH
14	32	0.26	20	1.12	13.88%	FALSCH
14	33	0.41	17	1.72	5.29%	WAHR
14	34	0.48	19	2.28	1.78%	WAHR
14	36	0.11	18	0.42	33.83%	FALSCH
14	38	0.13	20	0.55	29.59%	FALSCH
14	40	0.43	20	2.02	2.90%	WAHR
15	16	0.38	17	1.60	6.58%	WAHR
15	19	0.65	9	2.24	3.01%	WAHR
15	21	0.19	17	0.77	22.74%	FALSCH
15	22	-0.16	17	-0.65	26.34%	FALSCH
15	23	0.19	17	0.74	23.66%	FALSCH
15	24	-0.02	17	-0.07	47.41%	FALSCH
15	25	0.50	17	2.24	2.03%	WAHR
15	26	-0.05	17	-0.20	42.09%	FALSCH
15	28	0.15	17	0.60	28.00%	FALSCH

Frage 1	Frage 2	r =	n =	t =	S =	<10%
15	29	0.25	17	0.98	17.16%	FALSCH
15	30	0.00	17	0.01	49.45%	FALSCH
15	32	0.46	17	2.01	3.16%	WAHR
15	33	0.41	17	1.72	5.29%	WAHR
15	34	0.62	17	3.06	0.39%	WAHR
15	36	0.26	17	1.03	15.98%	FALSCH
15	38	0.43	17	1.86	4.11%	WAHR
15	40	0.50	17	2.24	2.05%	WAHR
16	19	0.32	9	0.90	19.78%	FALSCH
16	21	-0.09	18	-0.35	36.65%	FALSCH
16	22	0.19	18	0.78	22.47%	FALSCH
16	23	0.03	18	0.12	45.28%	FALSCH
16	24	-0.08	18	-0.32	37.52%	FALSCH
16	25	0.02	18	0.08	46.79%	FALSCH
16	26	-0.34	18	-1.45	8.30%	WAHR
16	28	0.10	18	0.39	34.98%	FALSCH
16	29	-0.24	18	-1.01	16.39%	FALSCH
16	30	-0.13	18	-0.52	30.47%	FALSCH
16	32	0.08	18	0.31	38.05%	FALSCH
16	33	0.20	17	0.80	21.83%	FALSCH
16	34	0.26	18	1.09	14.60%	FALSCH
16	36	-0.05	18	-0.22	41.44%	FALSCH
16	38	0.13	18	0.53	30.06%	FALSCH
16	40	0.11	18	0.42	33.86%	FALSCH
18	19	-0.62	9	-2.11	3.66%	WAHR
18	21	0.30	19	1.29	10.66%	FALSCH
18	22	0.01	19	0.05	47.93%	FALSCH
18	23	0.66	19	3.66	0.10%	WAHR
18	24	-0.13	19	-0.53	30.13%	FALSCH
18	25	-0.32	19	-1.38	9.29%	WAHR
18	26	0.32	19	1.39	9.08%	WAHR
18	28	0.57	19	2.87	0.53%	WAHR
18	29	-0.08	19	-0.31	37.91%	FALSCH
18	30	0.05	19	0.19	42.74%	FALSCH
18	32	-0.26	19	-1.12	13.92%	FALSCH
18	33	0.14	17	0.55	29.64%	FALSCH
18	34	0.14	19	0.58	28.52%	FALSCH
18	36	-0.31	18	-1.29	10.77%	FALSCH
18	38	-0.05	19	-0.21	41.90%	FALSCH
18	21	0.30	19	1.29	10.66%	FALSCH
19	22	-0.16	9	-0.44	33.73%	FALSCH
19	23	-0.80	9	-3.48	0.51%	WAHR
19	24	0.11	9	0.29	39.05%	FALSCH
19	25	0.62	9	2.11	3.66%	WAHR
19	26	-0.65	9	-2.24	3.02%	WAHR
19	28	-0.77	9	-3.19	0.76%	WAHR
19	29	0.55	9	1.73	6.34%	WAHR
19	30	0.77	9	3.20	0.75%	WAHR
19	32	0.61	9	2.05	3.95%	WAHR
19	33	0.11	9	0.29	39.08%	FALSCH
19	34	0.75	9	3.04	0.94%	WAHR
19	36	0.47	9	1.42	9.94%	WAHR
19	38	0.33	9	0.92	19.47%	FALSCH
19	40	0.84	9	4.03	0.25%	WAHR

Frage 1	Frage 2	r =	n =	t =	S =	<10%
21	22	-0.41	19	-1.88	3.87%	WAHR
21	23	0.47	19	2.17	2.21%	WAHR
21	24	0.05	19	0.22	41.24%	FALSCH
21	25	0.09	20	0.39	34.95%	FALSCH
21	26	0.23	19	0.95	17.68%	FALSCH
21	28	0.38	20	1.73	5.03%	WAHR
21	29	0.24	20	1.06	15.11%	FALSCH
21	30	0.43	20	2.05	2.79%	WAHR
21	32	0.25	20	1.09	14.44%	FALSCH
21	33	0.35	17	1.47	8.16%	WAHR
21	34	0.29	19	1.25	11.49%	FALSCH
21	36	0.25	18	1.05	15.42%	FALSCH
21	38	0.22	20	0.93	18.13%	FALSCH
21	40	-0.05	20	-0.22	41.40%	FALSCH
22	23	-0.48	19	-2.28	1.80%	WAHR
22	24	-0.21	19	-0.91	18.85%	FALSCH
22	25	-0.16	19	-0.68	25.15%	FALSCH
22	26	-0.10	19	-0.40	34.57%	FALSCH
22	28	-0.17	19	-0.71	24.42%	FALSCH
22	29	-0.22	19	-0.94	18.06%	FALSCH
22	30	-0.15	19	-0.62	27.27%	FALSCH
22	32	-0.18	19	-0.76	23.02%	FALSCH
22	33	-0.61	17	-2.95	0.50%	WAHR
22	34	-0.36	19	-1.58	6.66%	WAHR
22	36	0.01	18	0.03	48.63%	FALSCH
22	38	-0.15	19	-0.64	26.58%	FALSCH
22	40	0.40	19	1.78	4.67%	WAHR
23	24	-0.04	19	-0.16	43.74%	FALSCH
23	25	-0.04	19	-0.16	43.68%	FALSCH
23	26	0.43	19	1.94	3.44%	WAHR
23	28	0.72	19	4.33	0.02%	WAHR
23	29	0.09	19	0.38	35.36%	FALSCH
23	30	-0.19	19	-0.81	21.55%	FALSCH
23	32	0.21	19	0.88	19.64%	FALSCH
23	33	0.54	17	2.50	1.22%	WAHR
23	34	0.49	19	2.29	1.76%	WAHR
23	36	-0.22	18	-0.92	18.61%	FALSCH
23	38	0.21	19	0.89	19.42%	FALSCH
23	40	-0.11	19	-0.45	32.81%	FALSCH
24	25	0.35	19	1.53	7.21%	WAHR
24	26	-0.38	19	-1.67	5.61%	WAHR
24	28	-0.16	19	-0.66	25.87%	FALSCH
24	29	0.29	19	1.26	11.16%	FALSCH
24	30	0.37	19	1.64	5.99%	WAHR
24	32	-0.06	19	-0.23	41.00%	FALSCH
24	33	0.31	17	1.26	11.30%	FALSCH
24	34	0.17	19	0.73	23.77%	FALSCH
24	36	0.05	18	0.19	42.73%	FALSCH
24	38	0.15	19	0.61	27.54%	FALSCH
24	40	0.20	19	0.84	20.69%	FALSCH
25	26	-0.40	19	-1.78	4.67%	WAHR
25	28	-0.11	20	-0.49	31.47%	FALSCH
25	29	0.38	20	1.75	4.87%	WAHR
25	30	0.20	20	0.85	20.30%	FALSCH

Frage 1	Frage 2	r =	n =	t =	S =	<10%
25	32	0.51	20	2.52	1.07%	WAHR
25	33	0.38	17	1.58	6.76%	WAHR
25	34	0.50	19	2.36	1.52%	WAHR
25	36	0.39	18	1.71	5.32%	WAHR
25	38	0.30	20	1.34	9.83%	WAHR
25	40	0.48	20	2.35	1.52%	WAHR
26	28	0.26	19	1.09	14.45%	FALSCH
26	29	-0.03	19	-0.14	44.57%	FALSCH
26	30	-0.11	19	-0.45	32.92%	FALSCH
26	32	-0.34	19	-1.49	7.68%	WAHR
26	33	-0.22	17	-0.89	19.33%	FALSCH
26	34	-0.26	19	-1.10	14.35%	FALSCH
26	36	-0.47	18	-2.10	2.59%	WAHR
26	38	-0.16	19	-0.67	25.48%	FALSCH
26	40	-0.48	19	-2.27	1.84%	WAHR
28	29	0.10	20	0.42	34.00%	FALSCH
28	30	0.03	20	0.14	44.70%	FALSCH
28	32	0.10	20	0.44	33.14%	FALSCH
28	33	0.31	17	1.28	10.99%	FALSCH
28	34	0.31	19	1.34	9.94%	WAHR
28	36	0.19	18	0.75	23.07%	FALSCH
28	38	0.50	20	2.47	1.20%	WAHR
28	40	0.07	20	0.29	38.67%	FALSCH
29	30	0.35	20	1.57	6.64%	WAHR
29	32	0.04	20	0.17	43.45%	FALSCH
29	33	0.00	17	0.01	49.53%	FALSCH
29	34	-0.14	19	-0.57	28.95%	FALSCH
29	36	-0.14	18	-0.57	28.77%	FALSCH
29	38	0.41	20	1.90	3.68%	WAHR
29	40	0.32	20	1.42	8.57%	WAHR
30	32	-0.20	20	-0.89	19.39%	FALSCH
30	33	-0.11	17	-0.44	33.36%	FALSCH
30	34	-0.05	19	-0.19	42.46%	FALSCH
30	36	0.20	18	0.80	21.74%	FALSCH
30	38	0.29	20	1.28	10.83%	FALSCH
30	40	0.26	20	1.14	13.54%	FALSCH
32	33	0.56	17	2.61	0.99%	WAHR
32	34	0.72	19	4.23	0.03%	WAHR
32	36	0.56	18	2.68	0.82%	WAHR
32	38	0.03	20	0.12	45.45%	FALSCH
32	40	0.36	20	1.63	6.03%	WAHR
33	34	0.83	17	5.68	0.00%	WAHR
33	36	0.38	17	1.60	6.50%	WAHR
33	38	0.02	17	0.07	47.42%	FALSCH
33	40	0.01	17	0.04	48.43%	FALSCH
34	36	0.54	18	2.59	0.99%	WAHR
34	38	0.12	19	0.49	31.52%	FALSCH
34	40	0.34	19	1.48	7.85%	WAHR
36	38	0.36	18	1.57	6.85%	WAHR
36	40	0.42	18	1.86	4.10%	WAHR
38	40	0.47	20	2.28	1.74%	WAHR

Frage 1	Frage 2	r =	n =	t =	S =	<10%
S	4	-0.10	15	-0.38	35.52%	FALSCH
S	5	-0.03	15	-0.12	45.20%	FALSCH
S	6	0.08	15	0.30	38.48%	FALSCH
S	24	0.28	15	1.04	15.93%	FALSCH
S	25	0.42	15	1.65	6.10%	WAHR
S	29	-0.04	15	-0.16	43.88%	FALSCH
S	30	0.34	15	1.28	11.10%	FALSCH
S	34	0.72	15	3.76	0.12%	WAHR
S	36	0.25	15	0.93	18.53%	FALSCH
S	38	0.60	15	2.67	0.96%	WAHR
S	P	0.53	15	2.28	2.02%	WAHR
S	I	-0.12	15	-0.42	34.16%	FALSCH
S	R	-0.18	9	-0.47	32.52%	FALSCH
sp	4	0.10	16	0.37	35.96%	FALSCH
sp	5	-0.25	16	-0.96	17.65%	FALSCH
sp	6	0.40	16	1.65	6.07%	WAHR
sp	24	0.26	16	1.01	16.46%	FALSCH
sp	25	0.20	16	0.76	23.03%	FALSCH
sp	29	0.07	16	0.25	40.42%	FALSCH
sp	30	0.37	16	1.49	7.89%	WAHR
sp	34	0.60	16	2.81	0.69%	WAHR
sp	36	0.07	16	0.27	39.41%	FALSCH
sp	38	0.43	16	1.80	4.65%	WAHR
sp	P	0.36	16	1.45	8.46%	WAHR
sp	I	-0.43	16	-1.78	4.83%	WAHR
sp	R	0.20	9	0.55	29.96%	FALSCH
sa	4	0.18	17	0.73	23.90%	FALSCH
sa	5	-0.05	17	-0.18	43.15%	FALSCH
sa	6	0.15	17	0.57	28.78%	FALSCH
sa	24	0.27	17	1.09	14.72%	FALSCH
sa	25	0.54	17	2.45	1.34%	WAHR
sa	29	-0.06	17	-0.25	40.34%	FALSCH
sa	30	0.08	17	0.30	38.50%	FALSCH
sa	34	0.51	17	2.28	1.89%	WAHR
sa	36	0.50	17	2.22	2.09%	WAHR
sa	38	0.53	17	2.45	1.36%	WAHR
sa	P	0.43	17	1.85	4.24%	WAHR
sa	I	0.00	17	-0.02	49.31%	FALSCH
sa	R	0.23	9	0.64	27.22%	FALSCH
sk	4	-0.47	17	-2.04	2.98%	WAHR
sk	5	0.27	17	1.08	14.85%	FALSCH
sk	6	-0.43	17	-1.83	4.39%	WAHR
sk	24	0.01	17	0.04	48.25%	FALSCH
sk	25	0.40	17	1.71	5.38%	WAHR
sk	29	0.09	17	0.33	37.14%	FALSCH
sk	30	0.02	17	0.08	46.89%	FALSCH
sk	34	0.38	17	1.57	6.88%	WAHR
sk	36	0.13	17	0.51	30.92%	FALSCH
sk	38	0.43	17	1.85	4.20%	WAHR
sk	P	0.32	17	1.29	10.88%	FALSCH
sk	I	0.31	17	1.28	10.95%	FALSCH
sk	R	-0.69	9	-2.54	1.95%	WAHR
P	4	0.24	17	0.97	17.35%	FALSCH
P	5	0.07	17	0.29	38.92%	FALSCH

Frage 1	Frage 2	r =	n =	t =	S =	<10%
P	6	-0.05	17	-0.18	42.86%	FALSCH
P	24	0.34	17	1.40	9.11%	WAHR
P	25	0.47	17	2.04	2.99%	WAHR
P	29	0.05	17	0.19	42.68%	FALSCH
P	30	-0.05	17	-0.21	41.77%	FALSCH
P	34	0.80	17	5.12	0.01%	WAHR
P	36	0.37	17	1.54	7.28%	WAHR
P	38	0.10	17	0.40	34.60%	FALSCH
P	I	-0.48	17	-2.10	2.64%	WAHR
P	R	-0.37	9	-1.07	16.03%	FALSCH
I	4	0.01	17	0.05	48.05%	FALSCH
I	5	0.16	17	0.62	27.38%	FALSCH
I	6	-0.54	17	-2.48	1.26%	WAHR
I	24	0.10	17	0.41	34.46%	FALSCH
I	25	0.20	17	0.79	22.22%	FALSCH
I	29	-0.07	17	-0.28	39.19%	FALSCH
I	30	-0.09	17	-0.37	35.94%	FALSCH
I	34	-0.34	17	-1.40	9.08%	WAHR
I	36	0.10	17	0.41	34.45%	FALSCH
I	38	0.05	17	0.21	41.93%	FALSCH
I	R	0.07	9	0.19	42.84%	FALSCH
R	4	0.28	9	0.76	23.48%	FALSCH
R	5	-0.26	9	-0.71	25.14%	FALSCH
R	6	0.21	9	0.56	29.70%	FALSCH
R	24	0.06	9	0.16	44.05%	FALSCH
R	25	-0.15	9	-0.41	34.77%	FALSCH
R	29	-0.18	9	-0.48	32.27%	FALSCH
R	30	-0.05	9	-0.14	44.52%	FALSCH
R	34	-0.55	9	-1.72	6.42%	WAHR
R	36	0.03	9	0.08	46.75%	FALSCH
R	38	-0.48	9	-1.45	9.54%	WAHR

Pro Machtquelle wurden jeweils die Fragen nach der Ausprägung, dem Einfluss und der Art des Einflusses normiert und multipliziert. Siehe Ausführungen in Kapitel 5.

S: Strukturelle Macht
sp: Strukturelle Macht, Projekthandbuch
sa: Strukturelle Macht, Aufgaben- und Kompetenzdefinition
sk: Strukturelle Macht, Projektkultur
P: Persönliche Macht
I: Informationsmacht
R: Ressourcenmacht

Zusammenhang von nominalskalierten und intervallskalierten Resultaten

MW: Mittelwert
s²: Varianz
n: Anzahl Werte
S: Signifikanzniveau der Varianz
S': Signifikanzniveau des Zusammenhanges von Frage 1 und Frage 2.

Falls die Anzahl Werte (n<2) oder Klassen (k<2) kleiner als 2 ist, können die Signifikanzniveaus nicht berechnet werden.

Wert x bezeichnet den x-ten Wert auf dem Fragebogen. Meistens enspricht Wert 1 der Projektleitung, Wert 2 dem Auftraggeber etc. Für jeden Wert sind jeweils unabhängig voneinader der Mittelwert, die Varianz, die Anzahl Werte sowie das Signifikanzniveau aufgeführt.

Nominal	Intervall		Wert 1				Wert 2				Wert 3				Wert 4				Wert 5				Wert 6				Wert 7			
Frage 1	Frage 2	S' =	MW =	s² =	n=	S =	MW =	s² =	n=	S =	MW =	s² =	n=	S =	MW =	s² =	n=	S =	MW =	s² =	n=	S =	MW =	s² =	n=	S =	MW =	s² =	n=	S =
1	5	48.4%	4.5	3.0	4	32.7%	5.5	0.3	4	7.1%	4.8	1.0	6	41.1%	-	-	0	n<2	-	-	0	n<2	-	-	0	n<2	-	-	0	n<2
1	6	81.1%	15.2	83.0	6	18.5%	16.8	371.7	5	41.3%	24.2	1'407.0	6	37.1%	-	-	0	n<2	-	-	0	n<2	-	-	0	n<2	-	-	0	n<2
1	7	68.6%	3.0	3.5	5	39.0%	3.8	3.7	5	27.9%	3.0	1.6	6	32.4%	-	-	0	n<2	-	-	0	n<2	-	-	0	n<2	-	-	0	n<2
1	8	97.5%	2.8	2.7	5	43.0%	3.0	3.5	5	47.2%	3.0	2.0	6	45.9%	-	-	0	n<2	-	-	0	n<2	-	-	0	n<2	-	-	0	n<2
1	9	79.4%	4.5	1.7	4	24.8%	3.8	5.2	5	42.7%	3.8	1.7	5	37.4%	-	-	0	n<2	-	-	0	n<2	-	-	0	n<2	-	-	0	n<2
1	10	21.3%	5.2	0.7	5	17.9%	5.4	0.3	5	3.7%	4.0	4.0	6	18.3%	-	-	0	n<2	-	-	0	n<2	-	-	0	n<2	-	-	0	n<2
1	11	46.0%	4.6	0.3	5	11.3%	4.6	1.3	5	26.5%	3.7	3.9	6	25.0%	-	-	0	n<2	-	-	0	n<2	-	-	0	n<2	-	-	0	n<2
1	12	30.3%	5.0	0.5	5	12.3%	4.0	2.0	4	23.9%	4.6	0.3	5	45.6%	-	-	0	n<2	-	-	0	n<2	-	-	0	n<2	-	-	0	n<2
1	13	74.1%	5.0	0.5	5	33.7%	5.0	2.0	4	42.6%	4.6	0.3	5	17.7%	-	-	0	n<2	-	-	0	n<2	-	-	0	n<2	-	-	0	n<2
1	14	70.4%	4.2	1.8	6	34.7%	4.2	2.2	5	35.8%	3.5	3.5	6	29.4%	-	-	0	n<2	-	-	0	n<2	-	-	0	n<2	-	-	0	n<2
1	15	84.3%	4.6	0.8	5	28.8%	4.3	2.9	4	45.4%	4.2	0.7	5	34.8%	-	-	0	n<2	-	-	0	n<2	-	-	0	n<2	-	-	0	n<2
1	16	66.3%	4.5	1.5	6	42.5%	5.0	1.3	4	26.9%	4.4	0.3	5	23.0%	-	-	0	n<2	-	-	0	n<2	-	-	0	n<2	-	-	0	n<2
1	19	82.6%	2.7	4.3	3	33.8%	3.3	5.3	3	47.8%	4.0	8.0	2	38.6%	-	-	0	n<2	-	-	0	n<2	-	-	0	n<2	-	-	0	n<2
1	21	61.2%	4.5	1.5	6	31.0%	5.2	0.7	5	15.5%	4.7	1.9	6	43.4%	-	-	0	n<2	-	-	0	n<2	-	-	0	n<2	-	-	0	n<2
1	22	17.6%	2.3	1.5	6	34.5%	1.3	0.3	4	2.0%	2.5	1.1	6	21.1%	-	-	0	n<2	-	-	0	n<2	-	-	0	n<2	-	-	0	n<2
1	23	15.3%	3.0	1.0	5	22.4%	4.2	0.7	5	4.6%	3.0	1.6	6	25.0%	-	-	0	n<2	-	-	0	n<2	-	-	0	n<2	-	-	0	n<2
1	24	5.9%	5.0	0.5	5	3.1%	4.4	0.3	5	21.7%	3.3	2.3	6	11.2%	-	-	0	n<2	-	-	0	n<2	-	-	0	n<2	-	-	0	n<2
1	25	76.3%	4.5	1.9	6	36.5%	3.8	5.2	5	32.7%	4.5	2.7	6	38.6%	-	-	0	n<2	-	-	0	n<2	-	-	0	n<2	-	-	0	n<2
1	26	57.3%	2.5	1.9	6	45.8%	2.0	0.5	5	11.9%	2.8	1.7	5	28.4%	-	-	0	n<2	-	-	0	n<2	-	-	0	n<2	-	-	0	n<2
1	28	25.0%	3.0	2.4	6	24.5%	4.6	2.8	5	10.3%	3.0	3.6	6	28.5%	-	-	0	n<2	-	-	0	n<2	-	-	0	n<2	-	-	0	n<2
1	29	18.1%	5.2	1.4	6	8.7%	3.8	1.7	5	17.7%	4.2	1.4	6	31.5%	-	-	0	n<2	-	-	0	n<2	-	-	0	n<2	-	-	0	n<2
1	30	97.1%	3.0	2.0	6	42.3%	2.8	2.7	5	45.8%	2.8	2.2	6	46.9%	-	-	0	n<2	-	-	0	n<2	-	-	0	n<2	-	-	0	n<2
1	32	18.2%	4.8	0.2	6	3.0%	5.4	0.3	5	26.9%	5.5	0.7	6	23.7%	-	-	0	n<2	-	-	0	n<2	-	-	0	n<2	-	-	0	n<2
1	33	0.2%	5.2	0.6	6	38.5%	5.8	0.2	5	1.1%	3.7	0.3	3	2.6%	-	-	0	n<2	-	-	0	n<2	-	-	0	n<2	-	-	0	n<2
1	34	16.2%	4.2	0.6	6	26.4%	5.2	0.7	5	4.6%	3.8	2.7	5	23.9%	-	-	0	n<2	-	-	0	n<2	-	-	0	n<2	-	-	0	n<2
1	36	91.2%	4.0	3.0	5	40.4%	4.4	0.3	5	23.0%	4.2	3.2	5	50.0%	-	-	0	n<2	-	-	0	n<2	-	-	0	n<2	-	-	0	n<2
1	38	66.3%	3.3	2.3	6	33.7%	3.4	3.8	5	35.8%	2.5	4.3	6	26.9%	-	-	0	n<2	-	-	0	n<2	-	-	0	n<2	-	-	0	n<2
1	40	68.3%	4.2	3.8	6	27.0%	3.2	3.2	5	30.3%	3.5	3.5	6	42.7%	-	-	0	n<2	-	-	0	n<2	-	-	0	n<2	-	-	0	n<2
3	5	k<2	5.0	1.6	10	42.5%	-	0.0	1	n<2	-	-	0	n<2	-	-	0	n<2	-	-	1	n<2	-	-	1	n<2	-	-	0	n<2
3	6	45.2%	13.8	201.7	10	39.2%	10.0	50.0	2	35.1%	-	-	0	n<2	-	-	0	n<2	-	-	1	n<2	-	-	1	n<2	-	-	1	n<2
3	7	1.8%	3.7	1.3	10	10.3%	3.5	12.5	2	46.2%	-	-	0	n<2	-	-	0	n<2	-	-	1	n<2	-	-	1	n<2	-	-	1	n<2
3	8	5.8%	3.3	1.8	10	20.1%	3.0	8.0	2	48.9%	-	-	0	n<2	-	-	0	n<2	-	-	1	n<2	-	-	0	n<2	-	-	1	n<2
3	9	k<2	4.3	1.8	10	19.8%	-	0.0	1	n<2	-	-	0	n<2	-	-	0	n<2	-	-	0	n<2	-	-	1	n<2	-	-	1	n<2
3	10	0.0%	5.0	1.6	10	13.4%	5.5	0.5	2	15.2%	-	-	0	n<2	-	-	0	n<2	-	-	1	n<2	-	-	1	n<2	-	-	1	n<2
3	11	k<2	4.5	1.6	10	19.2%	5.0	0.0	2	n<2	-	-	0	n<2	-	-	0	n<2	-	-	1	n<2	-	-	1	n<2	-	-	1	n<2
3	12	15.3%	4.6	1.2	10	34.7%	4.5	0.5	2	47.6%	-	-	0	n<2	-	-	0	n<2	-	-	0	n<2	-	-	1	n<2	-	-	0	n<2
3	13	34.4%	4.9	0.8	10	42.5%	5.0	2.0	2	45.1%	-	-	0	n<2	-	-	0	n<2	-	-	0	n<2	-	-	1	n<2	-	-	0	n<2
3	14	3.6%	4.3	2.7	10	33.1%	4.5	0.5	2	27.3%	-	-	0	n<2	-	-	0	n<2	-	-	1	n<2	-	-	1	n<2	-	-	1	n<2
3	15	k<2	4.4	1.4	10	40.5%	5.0	0.0	2	n<2	-	-	0	n<2	-	-	0	n<2	-	-	0	n<2	-	-	1	n<2	-	-	0	n<2
3	16	11.8%	4.4	0.9	10	33.1%	5.5	0.5	2	15.3%	-	-	0	n<2	-	-	0	n<2	-	-	0	n<2	-	-	1	n<2	-	-	0	n<2
3	19	k<2	3.8	4.2	6	50.0%	-	0.0	0	n<2	-	-	0	n<2	-	-	0	n<2	-	-	0	n<2	-	-	0	n<2	-	-	0	n<2
3	21	19.2%	4.7	2.2	10	41.9%	4.5	0.5	2	43.7%	-	-	0	n<2	-	-	0	n<2	-	-	1	n<2	-	-	1	n<2	-	-	1	n<2
3	22	k<2	2.3	1.1	10	32.5%	1.0	0.0	2	n<2	-	-	0	n<2	-	-	0	n<2	-	-	1	n<2	-	-	1	n<2	-	-	0	n<2
3	23	k<2	3.3	1.6	10	46.7%	4.0	0.0	2	n<2	-	-	0	n<2	-	-	0	n<2	-	-	1	n<2	-	-	1	n<2	-	-	1	n<2

Nominal	Intervall		Wert 1				Wert 2				Wert 3				Wert 4				Wert 5				Wert 6				Wert 7			
Frage 1	Frage 2	S' =	MW =	s² =	n=	S =	MW =	s² =	n=	S =	MW =	s² =	n=	S =	MW =	s² =	n=	S =	MW =	s² =	n=	S =	MW =	s² =	n=	S =	MW =	s² =	n=	S =
3	24	k<2	4.4	1.4	10	30.2%	4.0	0.0	2	n<2	-	-	0	n<2	-	-	0	n<2	-	-	1	n<2	-	-	1	n<2	-	-	1	n<2
3	25	0.1%	5.0	1.6	10	6.3%	4.5	0.5	2	39.8%	-	-	0	n<2	-	-	0	n<2	-	-	1	n<2	-	-	1	n<2	-	-	1	n<2
3	26	1.5%	1.9	0.9	9	11.8%	3.0	2.0	2	30.3%	-	-	0	n<2	-	-	0	n<2	-	-	1	n<2	-	-	1	n<2	-	-	1	n<2
3	28	6.9%	3.5	2.9	10	33.9%	3.0	8.0	2	45.8%	-	-	0	n<2	-	-	0	n<2	-	-	1	n<2	-	-	1	n<2	-	-	1	n<2
3	29	3.4%	4.7	1.3	10	27.0%	4.5	4.5	2	49.3%	-	-	0	n<2	-	-	0	n<2	-	-	1	n<2	-	-	1	n<2	-	-	1	n<2
3	30	1.2%	3.3	2.2	10	27.1%	1.5	0.5	2	10.2%	-	-	0	n<2	-	-	0	n<2	-	-	1	n<2	-	-	1	n<2	-	-	1	n<2
3	32	k<2	5.5	0.3	10	0.7%	5.0	0.0	2	n<2	-	-	0	n<2	-	-	0	n<2	-	-	1	n<2	-	-	1	n<2	-	-	1	n<2
3	33	k<2	5.3	0.8	8	22.6%	6.0	0.0	2	n<2	-	-	0	n<2	-	-	0	n<2	-	-	1	n<2	-	-	1	n<2	-	-	1	n<2
3	34	0.0%	4.8	0.7	9	3.9%	5.0	2.0	2	28.8%	-	-	0	n<2	-	-	0	n<2	-	-	1	n<2	-	-	1	n<2	-	-	1	n<2
3	36	0.0%	4.7	0.2	10	0.3%	2.5	4.5	2	23.6%	-	-	0	n<2	-	-	0	n<2	-	-	0	n<2	-	-	1	n<2	-	-	1	n<2
3	38	1.9%	3.5	2.7	10	33.3%	2.5	4.5	2	35.0%	-	-	0	n<2	-	-	0	n<2	-	-	1	n<2	-	-	1	n<2	-	-	1	n<2
3	40	0.0%	4.8	1.7	10	2.0%	1.5	0.5	2	6.8%	-	-	0	n<2	-	-	0	n<2	-	-	1	n<2	-	-	1	n<2	-	-	1	n<2
27	5	k<2	4.8	3.6	4	44.2%	-	0.0	0	n<2	-	-	1	n<2	-	-	0	n<2	-	-	0	n<2	-	-	0	n<2	-	-	0	n<2
27	6	k<2	7.0	9.5	5	31.6%	-	0.0	0	n<2	-	-	1	n<2	-	-	0	n<2	-	-	1	n<2	-	-	0	n<2	-	-	0	n<2
27	7	k<2	2.8	2.7	5	45.6%	-	0.0	0	n<2	-	-	1	n<2	-	-	0	n<2	-	-	1	n<2	-	-	0	n<2	-	-	0	n<2
27	8	k<2	3.0	2.0	4	33.5%	-	0.0	0	n<2	-	-	1	n<2	-	-	0	n<2	-	-	1	n<2	-	-	0	n<2	-	-	0	n<2
27	9	k<2	3.6	6.3	5	42.3%	-	0.0	0	n<2	-	-	1	n<2	-	-	0	n<2	-	-	0	n<2	-	-	0	n<2	-	-	0	n<2
27	10	k<2	3.6	3.8	5	48.8%	-	0.0	0	n<2	-	-	1	n<2	-	-	0	n<2	-	-	1	n<2	-	-	0	n<2	-	-	0	n<2
27	11	k<2	3.6	1.3	5	47.9%	-	0.0	0	n<2	-	-	1	n<2	-	-	0	n<2	-	-	1	n<2	-	-	0	n<2	-	-	0	n<2
27	12	k<2	3.8	2.3	4	45.9%	-	0.0	0	n<2	-	-	1	n<2	-	-	0	n<2	-	-	1	n<2	-	-	0	n<2	-	-	0	n<2
27	13	k<2	4.5	0.3	4	50.0%	-	0.0	0	n<2	-	-	1	n<2	-	-	0	n<2	-	-	1	n<2	-	-	0	n<2	-	-	0	n<2
27	14	k<2	4.2	0.2	5	6.8%	-	0.0	0	n<2	-	-	1	n<2	-	-	0	n<2	-	-	1	n<2	-	-	0	n<2	-	-	0	n<2
27	15	k<2	3.5	1.7	4	24.8%	-	0.0	0	n<2	-	-	1	n<2	-	-	0	n<2	-	-	1	n<2	-	-	0	n<2	-	-	0	n<2
27	16	k<2	4.0	0.7	4	23.7%	-	0.0	0	n<2	-	-	1	n<2	-	-	0	n<2	-	-	1	n<2	-	-	0	n<2	-	-	0	n<2
27	19	k<2	-	-	1	n<2	-	0.0	0	n<2	-	-	0	n<2	-	-	0	n<2	-	-	0	n<2	-	-	0	n<2	-	-	0	n<2
27	21	k<2	4.0	2.0	5	33.7%	-	0.0	0	n<2	-	-	1	n<2	-	-	0	n<2	-	-	1	n<2	-	-	0	n<2	-	-	0	n<2
27	22	k<2	2.0	1.3	4	39.6%	-	0.0	0	n<2	-	-	1	n<2	-	-	0	n<2	-	-	1	n<2	-	-	0	n<2	-	-	0	n<2
27	23	k<2	2.8	0.7	5	20.6%	-	0.0	0	n<2	-	-	1	n<2	-	-	0	n<2	-	-	1	n<2	-	-	0	n<2	-	-	0	n<2
27	24	k<2	5.0	0.5	5	20.9%	-	0.0	0	n<2	-	-	1	n<2	-	-	0	n<2	-	-	1	n<2	-	-	0	n<2	-	-	0	n<2
27	25	k<2	3.4	4.3	5	27.6%	-	0.0	0	n<2	-	-	1	n<2	-	-	0	n<2	-	-	1	n<2	-	-	0	n<2	-	-	0	n<2
27	26	k<2	2.4	0.3	5	13.4%	-	0.0	0	n<2	-	-	1	n<2	-	-	0	n<2	-	-	1	n<2	-	-	0	n<2	-	-	0	n<2
27	28	k<2	1.8	1.7	5	37.4%	-	0.0	0	n<2	-	-	1	n<2	-	-	0	n<2	-	-	1	n<2	-	-	0	n<2	-	-	0	n<2
27	29	k<2	3.8	1.2	5	26.1%	-	0.0	0	n<2	-	-	1	n<2	-	-	0	n<2	-	-	1	n<2	-	-	0	n<2	-	-	0	n<2
27	30	k<2	2.6	3.3	5	35.9%	-	0.0	0	n<2	-	-	1	n<2	-	-	0	n<2	-	-	1	n<2	-	-	0	n<2	-	-	0	n<2
27	32	k<2	4.4	3.8	5	36.8%	-	0.0	0	n<2	-	-	1	n<2	-	-	0	n<2	-	-	1	n<2	-	-	0	n<2	-	-	0	n<2
27	33	k<2	4.5	1.7	4	40.6%	-	0.0	0	n<2	-	-	1	n<2	-	-	0	n<2	-	-	1	n<2	-	-	0	n<2	-	-	0	n<2
27	34	k<2	3.4	2.3	5	33.4%	-	0.0	0	n<2	-	-	1	n<2	-	-	0	n<2	-	-	1	n<2	-	-	0	n<2	-	-	0	n<2
27	36	k<2	3.4	4.8	5	45.6%	-	0.0	0	n<2	-	-	1	n<2	-	-	0	n<2	-	-	1	n<2	-	-	0	n<2	-	-	0	n<2
27	38	k<2	1.8	1.7	5	37.4%	-	0.0	0	n<2	-	-	1	n<2	-	-	0	n<2	-	-	1	n<2	-	-	0	n<2	-	-	0	n<2
27	40	k<2	2.6	1.8	5	34.5%	-	0.0	0	n<2	-	-	1	n<2	-	-	0	n<2	-	-	1	n<2	-	-	0	n<2	-	-	0	n<2
35	5	5.2%	5.5	0.3	6	13.5%	-	0.0	0	n<2	4.5	0.5	2	19.3%	-	-	0	n<2	-	-	1	n<2	-	-	0	n<2	-	-	0	n<2
35	6	7.3%	11.8	47.0	6	37.6%	-	0.0	0	n<2	4.5	0.5	2	2.5%	-	-	0	n<2	-	-	1	n<2	-	-	0	n<2	-	-	1	n<2
35	7	9.7%	3.7	2.7	6	30.3%	-	0.0	0	n<2	3.0	2.0	2	40.7%	-	-	0	n<2	-	-	1	n<2	-	-	0	n<2	-	-	1	n<2
35	8	k<2	3.2	3.0	6	35.5%	-	0.0	0	n<2	-	-	1	n<2	-	-	0	n<2	-	-	1	n<2	-	-	0	n<2	-	-	1	n<2
35	9	7.6%	4.3	2.7	6	16.1%	-	0.0	0	n<2	3.0	8.0	2	40.7%	-	-	0	n<2	-	-	1	n<2	-	-	0	n<2	-	-	1	n<2
35	10	0.0%	5.5	0.7	6	3.3%	-	0.0	0	n<2	1.5	0.5	2	4.9%	-	-	0	n<2	-	-	1	n<2	-	-	0	n<2	-	-	1	n<2
35	11	k<2	4.7	1.1	6	15.9%	-	0.0	0	n<2	2.0	0.0	2	n<2	-	-	0	n<2	-	-	1	n<2	-	-	0	n<2	-	-	1	n<2
35	12	27.5%	4.5	1.9	6	39.0%	-	0.0	0	n<2	3.5	0.5	2	17.2%	-	-	0	n<2	-	-	1	n<2	-	-	0	n<2	-	-	0	n<2
35	13	53.8%	5.0	1.2	6	40.7%	-	0.0	0	n<2	4.5	0.5	2	29.0%	-	-	0	n<2	-	-	1	n<2	-	-	0	n<2	-	-	0	n<2
35	14	12.2%	4.0	2.8	6	50.0%	-	0.0	0	n<2	5.0	2.0	2	25.0%	-	-	0	n<2	-	-	1	n<2	-	-	0	n<2	-	-	1	n<2
35	15	51.6%	4.3	2.3	6	36.6%	-	0.0	0	n<2	3.5	4.5	2	37.7%	-	-	0	n<2	-	-	1	n<2	-	-	0	n<2	-	-	0	n<2
35	16	45.1%	4.8	1.4	6	37.1%	-	0.0	0	n<2	4.5	0.5	2	39.8%	-	-	0	n<2	-	-	1	n<2	-	-	0	n<2	-	-	0	n<2
35	19	k<2	4.3	4.3	3	50.0%	-	0.0	0	n<2	-	-	0	n<2	-	-	0	n<2	-	-	0	n<2	-	-	0	n<2	-	-	0	n<2
35	21	7.9%	4.7	2.3	6	28.8%	-	0.0	0	n<2	4.0	2.0	2	40.7%	-	-	0	n<2	-	-	1	n<2	-	-	0	n<2	-	-	1	n<2
35	22	4.3%	1.8	1.0	6	13.4%	-	0.0	0	n<2	3.5	0.5	2	12.9%	-	-	0	n<2	-	-	1	n<2	-	-	0	n<2	-	-	0	n<2

Nominal	Intervall		Wert 1				Wert 2				Wert 3				Wert 4				Wert 5				Wert 6				Wert 7			
Frage 1	**Frage 2**	**S' =**	**MW =**	**s^2 =**	**n=**	**S =**	**MW =**	**s^2 =**	**n=**	**S =**	**MW =**	**s^2 =**	**n=**	**S =**	**MW =**	**s^2 =**	**n=**	**S =**	**MW =**	**s^2 =**	**n=**	**S =**	**MW =**	**s^2 =**	**n=**	**S =**	**MW =**	**s^2 =**	**n=**	**S =**
35	23	28.0%	3.3	1.5	6	32.8%	-	0.0	0	n<2	3.0	2.0	2	46.8%	-	-	0	n<2	-	-	1	n<2	-	-	0	n<2	-	-	1	n<2
35	24	0.3%	4.8	0.6	6	10.9%	-	0.0	0	n<2	4.5	0.5	2	43.7%	-	-	0	n<2	-	-	1	n<2	-	-	0	n<2	-	-	1	n<2
35	25	4.3%	4.5	2.3	6	32.4%	-	0.0	0	n<2	4.5	4.5	2	43.7%	-	-	0	n<2	-	-	1	n<2	-	-	0	n<2	-	-	1	n<2
35	26	k<2	1.7	0.7	6	18.2%	-	0.0	0	n<2	3.0	0.0	2	n<2	-	-	0	n<2	-	-	0	n<2	-	-	0	n<2	-	-	1	n<2
35	28	6.9%	3.8	2.6	6	15.7%	-	0.0	0	n<2	2.5	4.5	2	37.9%	-	-	0	n<2	-	-	1	n<2	-	-	0	n<2	-	-	1	n<2
35	29	k<2	4.8	1.4	6	9.3%	-	0.0	0	n<2	4.0	0.0	2	n<2	-	-	0	n<2	-	-	1	n<2	-	-	0	n<2	-	-	1	n<2
35	30	1.9%	3.8	1.4	6	12.1%	-	0.0	0	n<2	3.5	4.5	2	43.7%	-	-	0	n<2	-	-	1	n<2	-	-	0	n<2	-	-	1	n<2
35	32	10.5%	5.2	0.2	6	8.5%	-	0.0	0	n<2	3.5	12.5	2	33.8%	-	-	0	n<2	-	-	1	n<2	-	-	0	n<2	-	-	1	n<2
35	33	1.9%	5.3	0.7	6	12.0%	-	0.0	0	n<2	3.5	0.5	2	11.0%	-	-	0	n<2	-	-	0	n<2	-	-	0	n<2	-	-	1	n<2
35	34	12.1%	4.8	1.4	6	20.3%	-	0.0	0	n<2	3.0	8.0	2	30.6%	-	-	0	n<2	-	-	1	n<2	-	-	0	n<2	-	-	1	n<2
35	36	8.5%	4.5	0.3	6	20.6%	-	0.0	0	n<2	3.0	8.0	2	31.7%	-	-	0	n<2	-	-	1	n<2	-	-	0	n<2	-	-	1	n<2
35	38	1.0%	4.2	1.8	6	8.6%	-	0.0	0	n<2	3.0	2.0	2	40.7%	-	-	0	n<2	-	-	1	n<2	-	-	0	n<2	-	-	1	n<2
35	40	24.5%	4.5	3.9	6	32.0%	-	0.0	0	n<2	4.0	8.0	2	48.4%	-	-	0	n<2	-	-	1	n<2	-	-	0	n<2	-	-	1	n<2
41	5	0.1%	5.3	0.3	3	12.5%	5.5	0.5	2	19.7%	5.5	0.5	2	19.7%	-	-	1	n<2	-	-	1	n<2	-	-	1	n<2	-	-	0	n<2
41	6	0.0%	11.5	20.3	4	4.8%	8.7	52.3	3	9.3%	3.5	4.5	2	3.5%	-	-	1	n<2	17.0	338.0	2	49.8%	-	-	1	n<2	-	-	0	n<2
41	7	21.6%	3.3	4.9	4	41.8%	2.3	2.3	3	26.4%	2.5	0.5	2	25.0%	-	-	1	n<2	-	-	1	n<2	-	-	1	n<2	-	-	0	n<2
41	8	7.1%	3.0	3.3	4	35.9%	2.3	1.3	3	34.7%	-	-	1	n<2	-	-	1	n<2	-	-	1	n<2	-	-	1	n<2	-	-	0	n<2
41	9	6.2%	4.3	5.6	4	36.9%	4.5	4.5	2	36.4%	1.5	0.5	2	6.8%	-	-	1	n<2	-	-	1	n<2	-	-	1	n<2	-	-	0	n<2
41	10	4.3%	5.8	0.3	4	0.8%	4.3	4.3	3	45.1%	3.0	8.0	2	29.5%	-	-	1	n<2	-	-	1	n<2	-	-	1	n<2	-	-	0	n<2
41	11	1.3%	4.8	0.9	4	9.0%	4.7	2.3	3	24.2%	2.5	0.5	2	10.8%	-	-	1	n<2	-	-	1	n<2	-	-	1	n<2	-	-	0	n<2
41	12	4.2%	4.7	0.3	3	7.5%	3.7	2.3	3	40.5%	2.5	0.5	2	10.9%	-	-	1	n<2	-	-	1	n<2	-	-	1	n<2	-	-	0	n<2
41	13	0.6%	5.3	0.3	3	7.1%	4.3	0.3	3	29.5%	3.5	0.5	2	14.2%	-	-	1	n<2	-	-	1	n<2	-	-	1	n<2	-	-	0	n<2
41	14	27.7%	4.8	0.9	4	12.7%	3.7	2.3	3	34.4%	3.0	2.0	2	23.8%	-	-	1	n<2	4.5	4.5	2	41.2%	-	-	1	n<2	-	-	0	n<2
41	15	0.0%	5.3	0.3	3	4.3%	4.3	0.3	3	43.6%	2.0	0.0	2	n<2	-	-	1	n<2	-	-	1	n<2	-	-	1	n<2	-	-	0	n<2
41	16	0.0%	5.7	0.3	3	5.5%	4.7	0.3	3	41.3%	4.0	0.0	2	n<2	-	-	1	n<2	5.5	0.5	2	18.7%	-	-	1	n<2	-	-	0	n<2
41	19	k<2	-	-	1	n<2	-	0.0	0	n<2	-	-	1	n<2	-	-	1	n<2	-	-	1	n<2	-	-	1	n<2	-	-	0	n<2
41	21	21.0%	4.3	2.9	4	49.2%	3.0	3.0	3	17.2%	4.5	4.5	2	44.3%	-	-	1	n<2	5.0	0.0	2	n<2	-	-	1	n<2	-	-	0	n<2
41	22	2.8%	1.7	1.3	3	23.7%	2.3	1.3	3	45.6%	2.0	2.0	2	42.2%	-	-	1	n<2	4.0	0.0	2	n<2	-	-	1	n<2	-	-	0	n<2
41	23	21.6%	3.3	0.9	4	31.9%	3.0	1.0	3	23.9%	3.5	4.5	2	50.0%	-	-	1	n<2	-	-	1	n<2	-	-	1	n<2	-	-	0	n<2
41	24	13.2%	4.5	0.3	4	16.6%	3.7	2.3	3	31.4%	4.5	0.5	2	31.3%	-	-	1	n<2	-	-	1	n<2	-	-	1	n<2	-	-	0	n<2
41	25	62.4%	4.0	4.7	4	42.2%	4.0	3.0	3	41.9%	2.5	0.5	2	11.9%	-	-	1	n<2	4.0	8.0	2	46.3%	-	-	1	n<2	-	-	0	n<2
41	26	0.3%	1.5	0.3	4	1.4%	3.0	2.0	2	39.8%	3.0	0.0	2	n<2	-	-	1	n<2	3.5	0.5	2	17.2%	-	-	1	n<2	-	-	0	n<2
41	28	1.6%	3.8	1.6	4	26.6%	1.0	0.0	3	n<2	3.5	12.5	2	47.6%	-	-	1	n<2	4.5	0.5	2	12.6%	-	-	1	n<2	-	-	0	n<2
41	29	54.0%	4.0	3.3	4	46.9%	4.0	4.0	3	47.6%	4.0	0.0	2	n<2	-	-	1	n<2	3.5	0.5	2	22.7%	-	-	1	n<2	-	-	0	n<2
41	30	0.9%	2.8	2.9	4	37.9%	1.0	0.0	3	n<2	4.5	0.5	2	7.7%	-	-	1	n<2	2.5	0.5	2	47.6%	-	-	1	n<2	-	-	0	n<2
41	32	16.1%	5.3	0.3	4	10.2%	5.3	0.3	3	14.1%	3.0	8.0	2	26.3%	-	-	1	n<2	5.0	2.0	2	45.1%	-	-	1	n<2	-	-	0	n<2
41	33	33.0%	5.5	0.3	4	9.1%	5.0	2.0	2	50.0%	4.5	4.5	2	39.8%	-	-	1	n<2	4.5	0.5	2	25.0%	-	-	1	n<2	-	-	0	n<2
41	34	33.4%	5.0	1.3	4	15.8%	4.0	1.0	3	32.4%	3.0	8.0	2	31.6%	-	-	1	n<2	4.5	0.5	2	38.3%	-	-	1	n<2	-	-	0	n<2
41	36	1.8%	4.8	0.3	4	0.8%	2.3	5.3	3	23.7%	2.5	4.5	2	31.3%	-	-	1	n<2	-	-	1	n<2	-	-	1	n<2	-	-	0	n<2
41	38	0.5%	3.8	4.3	4	17.6%	1.0	0.0	3	n<2	2.0	0.0	2	n<2	-	-	1	n<2	3.0	2.0	2	38.3%	-	-	1	n<2	-	-	0	n<2
41	40	24.1%	4.0	5.3	4	33.6%	3.0	3.0	3	34.5%	2.0	0.0	2	n<2	-	-	1	n<2	4.5	4.5	2	30.7%	-	-	1	n<2	-	-	0	n<2
42	5	87.1%	4.5	0.5	2	27.3%	5.3	0.9	4	27.8%	-	-	0	n<2	5.0	0.0	2	n<2	4.7	5.3	3	43.0%	5.0	0.7	4	44.0%	-	-	0	n<2
42	6	47.5%	52.5	#####	2	34.0%	60.0	8'739.3	4	26.2%	-	-	0	n<2	14.5	0.5	2	1.3%	5.3	1.6	4	0.0%	13.3	102.3	6	1.3%	-	-	0	n<2
42	7	66.8%	2.0	0.0	2	n<2	3.0	3.3	4	45.3%	-	-	0	n<2	4.0	8.0	2	36.8%	3.0	3.3	4	45.3%	3.4	2.3	5	34.9%	-	-	0	n<2
42	8	84.4%	-	-	1	n<2	3.3	4.9	4	39.8%	-	-	0	n<2	3.5	4.5	2	38.6%	3.0	2.0	4	46.8%	2.6	2.8	5	33.8%	-	-	0	n<2
42	9	1.5%	1.5	0.5	2	6.3%	4.3	2.3	3	37.1%	-	-	0	n<2	5.0	2.0	2	25.0%	6.0	0.0	3	n<2	3.2	3.2	5	18.7%	-	-	0	n<2
42	10	43.6%	3.0	8.0	2	30.4%	4.3	4.9	4	44.7%	-	-	0	n<2	6.0	0.0	2	n<2	4.5	3.0	4	46.3%	4.4	2.3	5	49.3%	-	-	0	n<2
42	11	61.0%	2.5	0.5	2	10.6%	3.8	3.6	4	42.6%	-	-	0	n<2	4.5	0.5	2	23.2%	4.5	1.7	4	22.5%	4.0	2.5	5	46.9%	-	-	0	n<2
42	12	45.7%	3.5	0.5	2	19.7%	4.7	0.3	3	14.8%	-	-	0	n<2	5.0	0.0	2	n<2	3.8	1.6	4	26.3%	4.3	2.9	4	47.8%	-	-	0	n<2
42	13	19.7%	4.0	0.0	2	n<2	5.3	0.3	3	12.5%	-	-	0	n<2	5.5	0.5	2	19.7%	4.5	0.3	4	18.8%	4.8	1.6	4	47.1%	-	-	0	n<2
42	14	53.4%	3.5	0.5	2	26.9%	3.3	4.9	4	28.8%	-	-	0	n<2	4.5	0.5	2	23.3%	5.0	0.7	4	4.1%	3.7	2.7	6	34.7%	-	-	0	n<2
42	15	24.8%	3.0	2.0	2	21.3%	4.0	3.0	3	40.7%	-	-	0	n<2	5.0	0.0	2	n<2	5.0	0.7	4	8.5%	4.0	2.0	4	36.6%	-	-	0	n<2
42	16	5.6%	4.0	0.0	2	n<2	3.3	0.3	3	3.6%	-	-	0	n<2	5.5	0.5	2	14.8%	4.8	1.6	4	35.9%	4.8	0.7	5	23.4%	-	-	0	n<2
42	19	31.3%	-	-	1	n<2	-	0.0	1	n<2	-	-	0	n<2	-	-	0	n<2	4.0	8.0	2	37.1%	2.7	4.3	3	36.5%	-	-	0	n<2
42	21	42.2%	4.0	2.0	2	35.2%	5.3	0.3	4	2.9%	-	-	0	n<2	3.0	2.0	2	18.7%	4.5	3.0	4	50.0%	4.7	1.9	6	38.9%	-	-	0	n<2

Nominal Frage 1	Intervall Frage 2	S' =	Wert 1 MW =	s^2 =	n=	S =	Wert 2 MW =	s^2 =	n=	S =	Wert 3 MW =	s^2 =	n=	S =	Wert 4 MW =	s^2 =	n=	S =	Wert 5 MW =	s^2 =	n=	S =	Wert 6 MW =	s^2 =	n=	S =	Wert 7 MW =	s^2 =	n=	S =
42	22	47.4%	2.5	0.5	2	29.2%	1.8	0.9	4	24.9%	-	-	0	n<2	2.0	2.0	2	46.3%	1.5	1.0	4	15.2%	2.8	1.7	5	15.3%	-	-	0	n<2
42	23	76.4%	3.5	4.5	2	45.7%	2.8	0.9	4	16.9%	-	-	0	n<2	3.0	2.0	2	40.9%	3.8	0.3	4	8.3%	3.4	1.3	5	42.3%	-	-	0	n<2
42	24	90.9%	4.0	2.0	2	39.2%	4.5	3.0	4	43.8%	-	-	0	n<2	4.5	0.5	2	40.9%	4.8	0.3	4	10.5%	4.0	2.0	5	30.3%	-	-	0	n<2
42	25	72.3%	3.0	0.0	2	n<2	4.0	2.7	4	47.5%	-	-	0	n<2	4.5	0.5	2	23.3%	4.5	3.0	4	28.3%	3.7	5.1	6	38.7%	-	-	0	n<2
42	26	47.8%	3.5	0.5	2	17.9%	3.3	2.3	4	26.0%	-	-	0	n<2	1.5	0.5	2	12.5%	2.5	1.7	4	38.5%	2.6	1.3	5	42.3%	-	-	0	n<2
42	28	81.0%	3.0	8.0	2	47.4%	3.0	3.3	4	43.3%	-	-	0	n<2	4.5	0.5	2	11.4%	2.5	3.0	4	24.9%	3.3	3.9	6	42.2%	-	-	0	n<2
42	29	16.6%	4.5	0.5	2	39.8%	5.0	0.7	4	10.0%	-	-	0	n<2	4.5	4.5	2	46.5%	5.0	0.7	4	10.0%	3.3	1.5	6	5.0%	-	-	0	n<2
42	30	45.3%	3.5	4.5	2	39.8%	4.3	1.6	4	7.1%	-	-	0	n<2	2.5	0.5	2	25.0%	2.3	3.6	4	24.3%	2.7	2.7	6	31.9%	-	-	0	n<2
42	32	7.8%	3.0	8.0	2	25.9%	5.0	0.7	4	40.2%	-	-	0	n<2	5.0	0.0	2	n<2	5.3	0.3	4	12.2%	5.2	0.6	6	20.4%	-	-	0	n<2
42	33	7.3%	3.5	0.5	2	11.6%	4.0	1.0	3	14.7%	-	-	0	n<2	5.5	0.5	2	20.0%	5.5	1.0	4	13.1%	5.0	0.5	5	29.3%	-	-	0	n<2
42	34	18.2%	2.5	4.5	2	23.9%	3.3	2.9	4	19.4%	-	-	0	n<2	5.0	2.0	2	26.9%	4.5	1.7	4	29.5%	4.7	0.3	6	2.3%	-	-	0	n<2
42	36	1.4%	1.0	0.0	2	n<2	4.7	0.3	3	5.5%	-	-	0	n<2	4.5	0.5	2	18.7%	3.0	5.3	4	28.1%	4.6	0.3	5	1.3%	-	-	0	n<2
42	38	36.3%	2.0	0.0	2	n<2	3.5	4.3	4	31.5%	-	-	0	n<2	4.0	0.0	2	n<2	3.0	6.0	4	48.3%	2.5	2.7	6	26.8%	-	-	0	n<2
42	40	87.4%	2.5	0.5	2	14.8%	3.0	3.3	4	31.1%	-	-	0	n<2	4.0	8.0	2	42.2%	3.8	4.3	4	41.2%	3.8	3.4	6	33.7%	-	-	0	n<2
43	5	3.2%	5.5	0.3	4	13.0%	-	0.0	0	n<2	5.3	0.9	4	38.7%	-	-	0	n<2	-	-	0	n<2	-	-	1	n<2	-	-	1	n<2
43	6	22.7%	49.0	#####	5	33.9%	-	0.0	0	n<2	4.3	0.3	4	0.0%	-	-	0	n<2	-	-	1	n<2	-	-	1	n<2	12.5	0.5	2	0.8%
43	7	4.6%	3.6	4.3	5	20.6%	-	0.0	0	n<2	2.8	0.9	4	50.0%	-	-	0	n<2	-	-	0	n<2	-	-	1	n<2	1.0	0.0	2	n<2
43	8	4.4%	3.6	4.3	5	27.6%	-	0.0	0	n<2	3.7	1.3	3	21.1%	-	-	0	n<2	-	-	0	n<2	-	-	1	n<2	1.0	0.0	2	n<2
43	9	2.8%	5.3	2.3	4	11.1%	-	0.0	0	n<2	4.3	4.9	4	45.0%	-	-	0	n<2	-	-	0	n<2	-	-	1	n<2	-	-	1	n<2
43	10	2.1%	5.6	0.3	5	0.2%	-	0.0	0	n<2	2.5	3.0	4	8.2%	-	-	0	n<2	-	-	0	n<2	-	-	1	n<2	3.0	8.0	2	34.2%
43	11	3.5%	5.0	0.5	5	0.8%	-	0.0	0	n<2	3.0	2.0	4	18.3%	-	-	0	n<2	-	-	0	n<2	-	-	1	n<2	2.5	4.5	2	27.9%
43	12	16.6%	4.4	0.3	5	8.9%	-	0.0	0	n<2	3.5	1.7	4	24.8%	-	-	0	n<2	-	-	0	n<2	-	-	1	n<2	-	-	0	n<2
43	13	4.3%	5.2	0.7	5	12.6%	-	0.0	0	n<2	4.3	0.3	4	8.5%	-	-	0	n<2	-	-	0	n<2	-	-	1	n<2	-	-	0	n<2
43	14	10.6%	4.6	2.8	5	26.2%	-	0.0	0	n<2	4.8	0.9	4	12.7%	-	-	0	n<2	-	-	1	n<2	-	-	1	n<2	2.5	4.5	2	24.2%
43	15	23.3%	5.0	1.5	5	20.6%	-	0.0	0	n<2	4.0	2.0	4	26.5%	-	-	0	n<2	-	-	0	n<2	-	-	1	n<2	-	-	0	n<2
43	16	18.9%	4.6	2.3	5	43.0%	-	0.0	0	n<2	4.8	0.3	4	46.7%	-	-	0	n<2	-	-	1	n<2	-	-	1	n<2	-	-	0	n<2
43	19	k<2	5.0	2.0	2	22.1%	-	0.0	0	n<2	-	-	1	n<2	-	-	0	n<2	-	-	1	n<2	-	-	1	n<2	-	-	0	n<2
43	21	11.0%	5.2	0.7	5	15.7%	-	0.0	0	n<2	4.0	3.3	4	23.1%	-	-	0	n<2	-	-	1	n<2	-	-	1	n<2	5.0	0.0	2	n<2
43	22	0.0%	1.4	0.8	5	4.0%	-	0.0	0	n<2	3.3	0.3	4	1.8%	-	-	0	n<2	-	-	1	n<2	-	-	1	n<2	-	-	1	n<2
43	23	1.8%	3.6	0.8	5	27.1%	-	0.0	0	n<2	2.8	0.9	4	15.5%	-	-	0	n<2	-	-	0	n<2	-	-	1	n<2	3.0	0.0	2	n<2
43	24	6.5%	4.6	0.3	5	5.1%	-	0.0	0	n<2	4.3	0.9	4	37.5%	-	-	0	n<2	-	-	0	n<2	-	-	1	n<2	3.0	2.0	2	23.7%
43	25	1.7%	4.6	0.8	5	3.5%	-	0.0	0	n<2	4.0	3.3	4	35.1%	-	-	0	n<2	-	-	1	n<2	-	-	1	n<2	1.5	0.5	2	7.4%
43	26	30.7%	2.8	2.7	5	47.6%	-	0.0	0	n<2	2.3	0.9	4	15.1%	-	-	0	n<2	-	-	1	n<2	-	-	1	n<2	3.0	2.0	2	45.1%
43	28	10.1%	3.2	2.7	5	47.6%	-	0.0	0	n<2	2.0	2.0	4	10.1%	-	-	0	n<2	-	-	1	n<2	-	-	1	n<2	3.5	4.5	2	42.8%
43	29	12.4%	5.0	1.5	5	16.2%	-	0.0	0	n<2	4.3	0.3	4	31.4%	-	-	0	n<2	-	-	1	n<2	-	-	1	n<2	3.5	4.5	2	33.0%
43	30	48.5%	3.6	4.3	5	30.1%	-	0.0	0	n<2	3.3	4.3	4	43.9%	-	-	0	n<2	-	-	1	n<2	-	-	1	n<2	2.0	2.0	2	23.8%
43	32	59.4%	5.2	0.2	5	4.9%	-	0.0	0	n<2	4.5	5.7	4	41.8%	-	-	0	n<2	-	-	1	n<2	-	-	1	n<2	4.5	0.5	2	34.3%
43	33	2.9%	5.4	0.8	5	5.5%	-	0.0	0	n<2	3.7	0.3	3	5.5%	-	-	0	n<2	-	-	1	n<2	-	-	1	n<2	4.0	2.0	2	33.2%
43	34	14.4%	4.8	1.7	5	8.6%	-	0.0	0	n<2	3.0	4.0	3	27.3%	-	-	0	n<2	-	-	1	n<2	-	-	1	n<2	2.5	4.5	2	26.9%
43	36	10.4%	3.8	2.7	5	29.2%	-	0.0	0	n<2	3.0	5.3	4	38.7%	-	-	0	n<2	-	-	0	n<2	-	-	1	n<2	-	-	1	n<2
43	38	32.5%	3.6	3.3	5	20.3%	-	0.0	0	n<2	2.0	2.0	4	15.9%	-	-	0	n<2	-	-	1	n<2	-	-	1	n<2	3.5	12.5	2	41.9%
43	40	10.7%	3.6	4.3	5	44.4%	-	0.0	0	n<2	4.3	2.9	4	21.2%	-	-	0	n<2	-	-	1	n<2	-	-	1	n<2	2.0	0.0	2	n<2
45	5	25.8%	-	-	1	n<2	5.0	1.0	5	31.7%	-	-	0	n<2	5.0	0.0	2	n<2	-	-	1	n<2	-	-	1	n<2	4.3	4.3	3	37.6%
45	6	39.7%	-	-	1	n<2	45.7	5'804.3	6	35.2%	-	-	0	n<2	32.5	612.5	2	48.8%	-	-	1	n<2	8.5	24.5	2	4.5%	8.0	43.0	3	1.1%
45	7	2.5%	-	-	1	n<2	3.2	2.7	5	35.2%	-	-	0	n<2	5.5	0.5	2	7.8%	-	-	1	n<2	1.5	0.5	2	7.8%	4.3	1.3	3	16.9%
45	8	18.2%	-	-	1	n<2	3.2	3.7	5	48.0%	-	-	0	n<2	4.5	0.5	2	11.3%	-	-	1	n<2	-	-	1	n<2	3.3	4.3	3	44.7%
45	9	0.8%	-	-	1	n<2	4.5	1.7	4	15.0%	-	-	0	n<2	5.0	2.0	2	20.8%	-	-	1	n<2	1.0	0.0	2	n<2	4.3	4.3	3	32.4%
45	10	31.6%	-	-	1	n<2	3.8	4.7	5	29.8%	-	-	0	n<2	5.5	0.5	2	13.1%	-	-	1	n<2	3.0	8.0	2	31.0%	4.7	0.3	3	22.6%
45	11	7.3%	-	-	1	n<2	3.4	3.3	5	30.2%	-	-	0	n<2	5.0	0.0	2	n<2	-	-	1	n<2	3.0	2.0	2	27.4%	4.0	1.0	3	41.4%
45	12	9.7%	-	-	1	n<2	4.5	0.3	4	39.6%	-	-	0	n<2	5.0	0.0	2	n<2	-	-	1	n<2	-	-	1	n<2	4.3	4.3	3	47.6%
45	13	1.6%	-	-	1	n<2	5.3	0.3	4	19.6%	-	-	0	n<2	6.0	0.0	2	n<2	-	-	1	n<2	-	-	1	n<2	4.7	2.3	3	37.1%
45	14	36.4%	-	-	1	n<2	3.7	4.3	6	47.0%	-	-	0	n<2	4.5	0.5	2	18.4%	-	-	1	n<2	4.0	0.0	2	n<2	4.0	3.0	3	40.7%
45	15	25.2%	-	-	1	n<2	4.3	2.3	4	38.0%	-	-	0	n<2	4.5	0.5	2	25.0%	-	-	1	n<2	-	-	1	n<2	4.0	3.0	3	50.0%
45	16	52.0%	-	-	1	n<2	4.2	1.7	5	48.0%	-	-	0	n<2	5.0	2.0	2	29.1%	-	-	1	n<2	-	-	1	n<2	4.0	1.0	3	36.4%
45	19	48.1%	-	-	1	n<2	2.5	4.5	2	48.5%	-	-	0	n<2	-	-	1	n<2	-	-	0	n<2	-	-	0	n<2	3.0	3.0	3	35.5%

Nominal	Intervall		Wert 1				Wert 2				Wert 3				Wert 4				Wert 5				Wert 6				Wert 7			
Frage 1	**Frage 2**	**S' =**	**MW =**	**s^2 =**	**n=**	**S =**	**MW =**	**s^2 =**	**n=**	**S =**	**MW =**	**s^2 =**	**n=**	**S =**	**MW =**	**s^2 =**	**n=**	**S =**	**MW =**	**s^2 =**	**n=**	**S =**	**MW =**	**s^2 =**	**n=**	**S =**	**MW =**	**s^2 =**	**n=**	**S =**
45	21	0.2%	-	-	1	n<2	5.2	0.2	6	2.4%	-	-	0	n<2	4.5	0.5	2	36.1%	-	-	1	n<2	4.0	2.0	2	29.9%	5.3	0.3	3	10.7%
45	22	11.9%	-	-	1	n<2	2.5	1.9	6	27.7%	-	-	0	n<2	1.5	0.5	2	21.0%	-	-	1	n<2	-	-	1	n<2	1.3	0.3	3	6.8%
45	23	2.3%	-	-	1	n<2	3.0	1.0	5	19.6%	-	-	0	n<2	4.5	0.5	2	13.9%	-	-	1	n<2	2.5	0.5	2	15.7%	4.0	1.0	3	21.3%
45	24	13.2%	-	-	1	n<2	4.4	2.3	5	43.7%	-	-	0	n<2	4.5	0.5	2	37.1%	-	-	1	n<2	4.5	0.5	2	37.1%	5.0	1.0	3	17.1%
45	25	25.2%	-	-	1	n<2	4.0	3.2	6	46.5%	-	-	0	n<2	5.0	2.0	2	24.0%	-	-	1	n<2	2.0	2.0	2	15.2%	4.3	4.3	3	38.5%
45	26	10.9%	-	-	1	n<2	3.3	1.5	6	19.0%	-	-	0	n<2	2.0	0.0	2	n<2	-	-	0	n<2	2.5	0.5	2	30.3%	2.3	1.3	3	25.7%
45	28	3.5%	-	-	1	n<2	3.5	2.7	6	48.1%	-	-	0	n<2	5.5	0.5	2	7.9%	-	-	1	n<2	1.5	0.5	2	7.7%	4.0	4.0	3	36.3%
45	29	5.5%	-	-	1	n<2	4.5	1.1	6	21.5%	-	-	0	n<2	4.0	2.0	2	45.8%	-	-	1	n<2	3.0	2.0	2	23.0%	4.7	0.3	3	12.5%
45	30	8.9%	-	-	1	n<2	3.7	1.9	6	16.6%	-	-	0	n<2	2.0	0.0	2	n<2	-	-	1	n<2	3.0	8.0	2	48.9%	3.7	2.3	3	28.3%
45	32	3.6%	-	-	1	n<2	5.0	0.8	6	36.5%	-	-	0	n<2	5.5	0.5	2	21.3%	-	-	1	n<2	3.0	8.0	2	26.1%	5.0	0.0	3	n<2
45	33	0.8%	-	-	1	n<2	4.2	0.7	5	10.1%	-	-	0	n<2	6.0	0.0	2	n<2	-	-	0	n<2	4.0	2.0	2	29.1%	5.7	0.3	3	5.7%
45	34	2.7%	-	-	1	n<2	3.7	2.3	6	24.1%	-	-	0	n<2	5.5	0.5	2	11.2%	-	-	1	n<2	2.5	4.5	2	23.6%	5.0	0.0	3	n<2
45	36	0.9%	-	-	1	n<2	4.8	0.3	4	2.9%	-	-	0	n<2	4.0	0.0	2	n<2	-	-	1	n<2	3.0	8.0	2	35.2%	4.3	0.3	3	21.1%
45	38	4.8%	-	-	1	n<2	3.3	3.1	6	33.0%	-	-	0	n<2	4.0	0.0	2	n<2	-	-	1	n<2	1.5	0.5	2	10.2%	3.7	2.3	3	26.4%
45	40	31.5%	-	-	1	n<2	3.5	3.5	6	41.8%	-	-	0	n<2	3.0	2.0	2	39.8%	-	-	1	n<2	2.0	0.0	2	n<2	4.0	4.0	3	31.1%

Deckungsgrad

Der "Deckungsgrad" beeinhaltet den prozentualen Anteil der Antworten, wo auf Frage 1 dieselbe Antwort wie auf Frage 2 gegeben wurde. "D min" berechnet den Prozentsatz im Verhältnis zur Frage mit mehr Antworten, "D max" zu den Resultaten der Frage mit weniger Antworten.

Nominal **Frage 1**	Nominal **Frage 2**	**D max**	**D min**
3	27	22%	18%
3	35	72%	54%
3	41	50%	35%
3	42	0%	0%
3	43	56%	31%
3	45	13%	11%
27	35	32%	29%
27	41	27%	23%
27	42	33%	27%
27	43	32%	22%
27	45	19%	14%
35	41	63%	58%
35	42	0%	0%
35	43	67%	50%
35	45	13%	8%
41	42	6%	4%
41	43	62%	50%
41	45	0%	0%
42	43	6%	3%
42	45	50%	44%
43	45	0%	0%

www.ingramcontent.com/pod-product-compliance
Lightning Source LLC
La Vergne TN
LVHW092332060326
832902LV00008B/607